DIRETÓRIO PARA A CATEQUESE

**PONTIFÍCIO CONSELHO PARA A PROMOÇÃO
DA NOVA EVANGELIZAÇÃO**

DIRETÓRIO PARA
A CATEQUESE

Título original:
Direttorio per la Catechesi

Direção-geral: *Flávia Reginatto*
Editora responsável: *Vera Bombonatto*
Tradução: *João Vítor Gonzaga Moura*
Revisão final: *Comissão Episcopal Pastoral para a Animação
Bíblico-Catequética/CNBB*

© dos textos originais, 2020: Amministrazione del Patrimonio
della Sede Apostolica
Libreria Editrice Vaticana 00120 Città del Vaticano

© da tradução em português para o Brasil 2020: Edições CNBB –
SAAN QUADRA 03, LOTES 590/600
Zona Industrial – Brasília-DF – CEP: 70.632-350

As citações bíblicas constantes desta obra foram transcritas da
Bíblia Sagrada – CNBB, 3. ed. 2019.

1ª edição – 2020
2ª reimpressão – 2022

Nenhuma parte desta obra poderá ser reproduzida ou transmitida
por qualquer forma e/ou quaisquer meios (eletrônico ou mecânico,
incluindo fotocópia e gravação) ou arquivada em qualquer sistema ou
banco de dados sem permissão escrita da Editora. Direitos reservados.

Paulinas
Rua Dona Inácia Uchoa, 62
04110-020 – São Paulo – SP (Brasil)
Tel.: (11) 2125-3500
http://www.paulinas.com.br – editora@paulinas.com.br
Telemarketing e SAC: 0800-7010081
© Pia Sociedade Filhas de São Paulo – São Paulo, 2020

SUMÁRIO

LISTA DE SIGLAS 9

APRESENTAÇÃO 13

INTRODUÇÃO 25

PRIMEIRA PARTE
A CATEQUESE NA MISSÃO EVANGELIZADORA DA IGREJA

CAPÍTULO I
A REVELAÇÃO E A SUA TRANSMISSÃO 37

    1. Jesus Cristo, revelador e revelação do Pai (n. 11-16) 37

    2. A fé em Jesus Cristo: a resposta a Deus
    que se revela (n. 17-21) 41

    3. A transmissão da Revelação na fé da Igreja (n. 22-37) 44

    4. A evangelização no mundo contemporâneo (n. 38-54) 54

CAPÍTULO II
A IDENTIDADE DA CATEQUESE 67

    1. Natureza da catequese (n. 55-65) 67

    2. A catequese no processo da evangelização (n. 66-74) 76

    3. Finalidade da catequese (n. 75-78) 82

    4. Atividades da catequese (n. 79-89) 84

    5. Fontes da catequese (n. 90-109) 90

CAPÍTULO III
O CATEQUISTA 102

    1. A identidade e a vocação do catequista (n. 110-113).......102

    2. O Bispo, primeiro catequista (n. 114) 105

    3. O presbítero na catequese (n. 115-116).........................107

4. O diácono na catequese (n. 117-118) 109
5. Os consagrados a serviço da catequese (n. 119-120) ... 110
6. Os leigos catequistas (n. 121-129) 111

Capítulo IV

A FORMAÇÃO DOS CATEQUISTAS 118
1. Natureza e finalidade da formação de catequistas
(n. 130-132)...118
2. A comunidade cristã, lugar privilegiado de
formação (n. 133-134) 120
3. Critérios para a formação (n. 135) 121
4. As dimensões da formação (n. 136-150).....................124
5. A formação catequética dos candidatos
à Ordem sagrada (n. 151-153)...133
6. Centros de formação (n. 154-156)................................134

Segunda parte
O processo da catequese

Capítulo V

A PEDAGOGIA DA FÉ 139
1. A pedagogia divina na história da salvação
(n. 157-163) 139
2. A Pedagogia da fé na Igreja (n. 164-178) 143
3. A pedagogia catequética (n. 179-181)...........................152

Capítulo VI

O *CATECISMO DA IGREJA CATÓLICA* 155
1. O *Catecismo da Igreja Católica* (n. 182-192) 155
2. O *Compêndio do Catecismo da Igreja Católica* (n. 193)...161

Capítulo VII

A METODOLOGIA DA CATEQUESE 162
1. A relação conteúdo-método (n. 194-196).....................162

2. A experiência humana (n. 197-200) 164
3. A memória (n. 201-203)......................................166
4. A linguagem (n. 204-217) 167
5. O grupo (n. 218-220) 174
6. O espaço (n. 221-223)......................................176

CAPÍTULO VIII
A CATEQUESE NA VIDA DAS PESSOAS 178
1. Catequese e família (n. 224-235) 179
2. Catequese com crianças e adolescentes (n. 236-243)...... 186
3. Catequese na realidade juvenil (n. 244-256)...............191
4. Catequese com adultos (n. 257-265) 200
5. Catequese com idosos (n. 266-268)........................207
6. Catequese com pessoas com deficiência (n. 269-272)..... 209
7. Catequese com migrantes (n. 273-276).....................212
8. Catequese com emigrantes (n. 277-278) 215
9. Catequese com pessoas marginalizadas (n. 279-282)..... 217

TERCEIRA PARTE
A CATEQUESE NAS IGREJAS PARTICULARES

CAPÍTULO IX
A COMUNIDADE CRISTÃ, SUJEITO DA CATEQUESE 223
1. A Igreja e o Ministério da Palavra de Deus
(n. 283-289) 223
2. As Igrejas Orientais (n. 290-292)..........................227
3. As Igrejas particulares (n. 293-297)........................229
4. As paróquias (n. 298-303) 232
5. As associações, os movimentos e os grupos
de fiéis (n. 304-308)..236
6. A escola católica (n. 309-312) 239
7. O ensino da religião católica na escola (n. 313-318).....242

Capítulo X

A CATEQUESE DIANTE DOS CENÁRIOS CULTURAIS CONTEMPORÂNEOS 246

   1. Catequese em contextos de pluralismo e complexidade (n. 319-342)...247

   2. Catequese em contexto ecumênico e de pluralismo religioso (n. 343-353) 261

   3. Catequese em contextos socioculturais (n. 354-393)......270

Capítulo XI

A CATEQUESE A SERVIÇO DA INCULTURAÇÃO DA FÉ 297

   1. Natureza e finalidade da inculturação da fé (n. 394-400)...297

   2. Os catecismos locais (n. 401-408)...............................301

Capítulo XII

ORGANISMOS A SERVIÇO DA CATEQUESE.................307

   1. A Santa Sé (n. 409-410)...307

   2. Os Sínodos dos Bispos ou os Conselhos dos Hierarcas das Igrejas orientais (n. 411)....................................308

   3. A Conferência Episcopal (n. 412-415) 309

   4. As dioceses (n. 416-425) 311

CONCLUSÃO 319

REFERÊNCIAS BIBLIOGRÁFICAS....................................323

ÍNDICE TEMÁTICO 353

LISTA DE SIGLAS

AA	*Apostolicam Actuositatem*
AG	*Ad Gentes*
AL	*Amoris Laetitia*
CCEO	*Codex Canonum Ecclesiarum Orientalium*: Código dos Cânones das Igrejas Orientais
CCL	*Corpus Christianorum Latinorum*
CD	*Christus Dominus*
CfL	*Christifideles Laici*
ChV	*Christus Vivit*
CIC	*Codex Iuris Canonici*: Código de Direito Canônico
CIgC	Catecismo da Igreja Católica
Comp. CIgC	Compêndio do Catecismo da Igreja Católica
CT	*Catechesi Tradendae*
CV	*Caritas in Veritate*
DAp	Documento de Aparecida
DCE	*Deus Caritas Est*
DGC	Diretório Geral para a Catequese
DV	*Dei Verbum*
Dve	*Donum Veritatis*
EAm	*Ecclesia in America*
EG	*Evangelii Gaudium*

EN	*Evangelii Nuntiandi*
EMCC	*Erga Migrantes Charitas Christi*
ES	*Ecclesiam Suam*
FC	*Familiaris Consortio*
FiD	*Fidei Depositum*
FR	*Fides et Ratio*
GE	*Gravissimum Educationis*
GeE	*Gaudete et Exsultate*
GS	*Gaudium et Spes*
IE	*Iuvenescit Ecclesia*
LE	*Laborem Exercens*
LF	*Lumen Fidei*
LG	*Lumen Gentium*
LS	*Laudato Si'*
MeM	*Misericordia et Misera*
MV	*Misericordiae Vultus*
NA	*Nostra Aetate*
NMI	*Novo Millennio Ineunte*
OE	*Orientalium Ecclesiarum*
OT	*Optatam Totius*
PF	*Porta Fidei*
PG	*Pastores Gregis*
PGr	*Patrologia Graeca*
PL	*Patrologia Latina*
PO	*Presbyterorum Ordinis*

PP	*Populorum Progressio*
RFIS	*Ratio Fundamentalis Institutionis Sacerdotalis*
RH	*Redemptor Hominis*
RICA	Ritual da Iniciação Cristã de Adultos
RMi	*Redemptoris Missio*
SC	*Sacrosanctum Concilium*
SCa	*Sacramentum Caritatis*
UR	*Unitatis Redintegratio*
US	*Ubicumque et Semper*
VC	*Vita Consecrata*
VeLM	*Vos estis Lux Mundi*
VD	*Verbum Domini*

APRESENTAÇÃO

O caminho da catequese destas últimas décadas ficou marcado pela Exortação Apostólica *Catechesi Tradendae*. Este texto não representa só o percurso feito a partir da renovação do Concílio Ecumênico Vaticano II, pois constitui também a síntese da contribuição de muitos Bispos do mundo reunidos no Sínodo de 1977. Usando palavras daquele documento, a catequese: "visa o duplo objetivo de fazer amadurecer a fé inicial e de educar o verdadeiro discípulo de Cristo, mediante um conhecimento mais aprofundado e sistemático da pessoa e da mensagem de Nosso Senhor Jesus Cristo" (CT, n. 19).[1] Uma tarefa árdua que não permite que se delimite de forma muito rígida as diferentes fases que o processo catequético contém. No entanto, o objetivo, ainda que desafiador, permanece o mesmo, sobretudo no contexto cultural destas últimas décadas. Tendo sempre como referência o que escrevia São João Paulo II, a catequese pretende "desenvolver, com a ajuda de Deus, uma fé ainda inicial, promover em plenitude e alimentar cotidianamente a vida cristã dos fiéis de todas as idades. Trata-se, com efeito, de fazer crescer, no plano do conhecimento e da vida, a semente de fé lançada pelo Espírito Santo, com

---

[1] SÃO JOÃO PAULO II. Exortação Apostólica Pós-sinodal *Catechesi Tradendae*. Roma, 16 de outubro de 1979. NdT: as referências completas das obras citadas se encontram nas Referências Bibliográficas, ao final do Documento.

o primeiro anúncio do Evangelho, e transmitido eficazmente pelo Batismo" (CT, n. 20). Desse modo, a catequese permanece enxertada na sólida tradição que caracterizou a história do cristianismo desde suas origens. Ela permanece como uma peculiar atividade formativa da Igreja que, no respeito pelas diversas faixas etárias dos fiéis, esforça-se por tornar o Evangelho de Jesus Cristo sempre atual, para que sirva de amparo a um testemunho coerente.

Este *Diretório para a Catequese* situa-se em uma dinâmica de continuidade com os dois que o precederam. Em 18 de março de 1971, São Paulo VI aprovava o *Diretório Catequético Geral*, redigido pela Congregação para o Clero. Esse Diretório caracterizava-se por dar uma primeira sistematização ao ensinamento que tinha emergido do Vaticano II (CD, n. 44).[2] Não se pode esquecer que São Paulo VI considerava todo o ensinamento conciliar como o "grande catecismo dos tempos modernos".[3] Contudo, no Decreto *Christus Dominus*, ofereciam-se indicações pontuais e esclarecedoras a propósito da catequese. Os Padres conciliares diziam:

> [Os Bispos] proponham a doutrina cristã por um método adaptado às necessidades dos tempos, isto é, que responda às dificuldades e aos problemas que mais preocupam e angustiam os homens. [...] Para anunciar

---

[2] CONCÍLIO VATICANO II. Decreto *Christus Dominus*: sobre o múnus pastoral dos Bispos na Igreja. In: SANTA SÉ. *Concílio Ecumênico Vaticano II*: Documentos. Brasília: Edições CNBB, 2018, p. 395-33.

[3] SÃO PAULO VI. *Discurso aos membros da Primeira Assembleia Geral da Conferência Episcopal Italiana*, 23 de junho de 1966.

a doutrina cristã, procurem empregar os vários meios que no tempo moderno estão à disposição, isto é, primeiramente a pregação e a formação catequética, que sempre ocupam o primeiro lugar [...]. Vigiem para que a instrução catequética, que nos homens tem a finalidade de tornar viva, explícita e operosa a fé ilustrada pela doutrina, seja ministrada com diligente cuidado tanto às crianças e aos adolescentes, como aos jovens e também aos adultos; ao transmiti-la, observem-se a ordem adequada e o método conveniente não só em relação à matéria da qual se trata, mas também à índole, às capacidades, à idade e às condições de vida dos ouvintes, para que essa instrução se baseie na Sagrada Escritura, na Tradição, na Liturgia, no Magistério e na vida da Igreja. Além disso, zelem para que os catequistas sejam devidamente preparados, de forma que conheçam perfeitamente a doutrina da Igreja e aprendam teórica e praticamente as normas da psicologia e as disciplinas da pedagogia. Além disso, providenciem que se restabeleça ou seja mais bem adaptada à formação dos catecúmenos adultos (CD 13-14).

Como se vê, esse ensinamento tem critérios normativos para a constante renovação da catequese, que não pode ser uma atividade isolada do contexto histórico e cultural em que se realiza. Um sinal palpável disso mesmo está no fato de, como primeira consequência, ter sido instituído em 7 de junho de 1973 o Conselho Internacional para a Catequese, órgão mediante o qual vários especialistas do mundo ajudam o Dicastério competente a ter conhecimento das instâncias presentes nas diversas Igrejas, para que a catequese seja cada vez mais conforme ao tecido eclesial, cultural e histórico.

No trigésimo aniversário do Concílio, em 11 de outubro de 1992, São João Paulo II publicava o *Catecismo da Igreja Católica*. Segundo as suas palavras, "este Catecismo não se destina a substituir os catecismos locais [...]. Destina-se a encorajar e ajudar a redação de novos catecismos locais, que tenham em conta as diversas situações e culturas" (FiD, IV).[4] Por conseguinte, em 15 de agosto de 1997, vinha à luz o *Diretório Geral para a Catequese*. Está ao alcance dos nossos olhos o grande trabalho que foi realizado no seguimento dessa publicação. O vasto e diversificado mundo da catequese encontrou mais um impulso positivo para dar vida a novos estudos que permitissem uma melhor compreensão da exigência pedagógica e formativa da catequese, sobretudo à luz de uma renovada interpretação do catecumenato. Muitas Conferências Episcopais, por intermédio das instâncias que surgiam, deram vida a novos itinerários de catequese para as várias faixas etárias. Das crianças aos adultos, dos jovens às famílias, assistia-se a uma ulterior renovação da catequese.

Em 23 de março de 2020, o Papa Francisco aprovou o novo *Diretório para a Catequese*, que temos a honra e a responsabilidade de apresentar à Igreja. Ele representa uma etapa ulterior na renovação dinâmica que a catequese está realizando. Por outro lado, os estudos catequéticos e

---

[4] SÃO JOÃO PAULO II. Constituição Apostólica *Fidei Depositum*: para a publicação do *Catecismo da Igreja Católica* redigido depois do Concílio Vaticano II. Roma, 11 de outubro de 1992.

o esforço constante de tantas Conferências Episcopais permitiram alcançar objetivos altamente significativos para a vida da Igreja e o amadurecimento dos fiéis, que requerem uma nova sistematização.

A breve panorâmica histórica mostra que cada Diretório foi redigido no seguimento de alguns documentos importantes do Magistério. O primeiro teve como referência o ensinamento conciliar; o segundo, o *Catecismo da Igreja Católica*; e o nosso, o Sínodo sobre *A nova evangelização para a transmissão da fé cristã*, juntamente com a Exortação Apostólica do Papa Francisco *Evangelii Gaudium*. Nos três textos, permanecem exigências comuns, que são a finalidade e as tarefas da catequese, enquanto cada um deles se caracteriza pelo contexto histórico transformado e pela atualização do Magistério. Entre o primeiro e o segundo Diretório, passaram-se 26; entre o segundo e o nosso, 23 anos. Em alguns aspectos, a cronologia mostra a exigência da dinâmica histórica a ser enfrentada. De um olhar mais aprofundado pelo contexto cultural, podem emergir as novas problemáticas que a Igreja é chamada a viver. Particularmente duas. A primeira é o fenômeno da *cultura digital*, que traz consigo a segunda conotação, a *globalização da cultura*. Tanto uma quanto a outra estão tão relacionadas entre si que determinam reciprocamente e produzem fenômenos que evidenciam uma transformação radical na existência das pessoas. A exigência de uma formação que esteja atenta a cada pessoa parece muitas vezes dificultada diante dos modelos globais que se impõem. A tentação de se adequar a formas de homologação internacional é um risco que não deve ser subestimado, sobretudo no contexto da formação para a vida de fé. Com efeito, esta se transmite com o encontro interpessoal e alimenta-se na esfera da comunidade. A exigência de exprimir a fé com a oração litúrgica e de testemunhá-la com a força da caridade exige saber ultrapassar o caráter fragmentário das propostas para recuperar a unidade originária do ser cristão. Ela encontra seu fundamento na Palavra de Deus anunciada e transmitida pela Igreja por meio de uma Tradição viva, que sabe acolher em si o antigo e o novo (Mt 13,52) de gerações de fiéis espalhadas por toda parte no mundo.

Nas décadas que se seguiram ao Concílio Vaticano II, a Igreja pôde voltar várias vezes a refletir sobre a grande missão que Cristo lhe confiou. São dois os documentos que marcam particularmente essa exigência de evangelização. São Paulo VI, com a *Evangelii Nuntiandi*, e o Papa Francisco, com a *Evangelii Gaudium*, traçam o percurso que não pode encontrar desculpas no compromisso cotidiano dos fiéis para com a evangelização. "A Igreja existe para evangelizar" (EN, n. 14),[5] afirmava com força São Paulo VI; "Eu sou uma missão" (EG, n. 273),[6] reitera com clareza semelhante o Papa Francisco. Não há desculpas que possam desviar o olhar de uma responsabilidade que alcança cada fiel e toda a Igreja. Portanto, a estreita relação entre evangelização e catequese torna-se a peculiaridade deste Diretório.

---

[5] SÃO PAULO VI. Exortação Apostólica *Evangelii Nuntiandi*: sobre a Evangelização no Mundo Contemporâneo. Vaticano, 8 de dezembro de 1975.

[6] FRANCISCO. Exortação Apostólica *Evangelii Gaudium*: sobre o anúncio do Evangelho no mundo atual. (Documentos Pontifícios, 17). Brasília: Edições CNBB, 2015.

Ele tenciona propor um percurso em que o anúncio do querigma e o seu amadurecimento estão intimamente unidos.

O critério que motivou a reflexão e a redação deste Diretório encontra o seu ponto fundamental nas palavras do Papa Francisco:

> Voltamos a descobrir que também na catequese tem um papel fundamental o primeiro anúncio ou *querigma*, que deve ocupar o centro da atividade evangelizadora e de toda a tentativa de renovação eclesial. [...] Ao designar-se como "primeiro" este anúncio, não significa que o mesmo se situa no início e que, em seguida, se esquece ou substitui por outros conteúdos que o superam; é o primeiro em sentido qualitativo, porque é o anúncio *principal*, aquele que sempre se tem de voltar a ouvir de diferentes maneiras e aquele que sempre se tem de voltar a anunciar, de uma forma ou de outra, durante a catequese, em todas as suas etapas e momentos. [...] Não se deve pensar que, na catequese, o querigma é deixado de lado em favor de uma formação supostamente mais "sólida". Nada há de mais sólido, mais profundo, mais seguro, mais consistente e mais sábio que esse anúncio. Toda a formação cristã é, primariamente, o aprofundamento do querigma que se vai, cada vez mais e melhor, fazendo carne, que nunca deixa de iluminar a tarefa catequética, e que permite compreender adequadamente o sentido de qualquer tema que se desenvolve na catequese. É o anúncio que dá resposta ao anseio de infinito que existe em todo o coração humano (EG, n. 164-165).

O primado dado ao querigma, a ponto de nos levar a propor uma *catequese querigmática*, não reduz em nada o valor da mistagogia, nem do testemunho da caridade. Só uma "visão *extrinsequista*" poderia levar a pensar no primeiro anúncio como um discurso articulado para convencer o interlocutor. O anúncio do Evangelho é o testemunho de um encontro que permite que se tenha os olhos fixos em Jesus Cristo, o Filho de Deus encarnado na história dos homens, para consumar a revelação do amor salvífico do Pai. Partindo desse núcleo da fé, a *lex credendi* abandona-se à *lex orandi* e, juntas, realizam o estilo de vida do fiel como testemunho de amor que torna o anúncio credível. Com efeito, cada um se sente envolvido em um processo de realização de si mesmo, que leva a dar a resposta última e definitiva à procura de sentido.

As três partes deste *Diretório para a Catequese* concebem, portanto, o percurso catequético sob o primado da evangelização. Os Bispos, que são os primeiros destinatários deste documento, em união com as Conferências Episcopais, as Comissões para a catequese e os numerosos catequistas, terão a possibilidade de verificar a elaboração sistemática que se quis compor, de modo a tornar mais evidente a finalidade da catequese, que é o encontro vivo com o Senhor, que transforma a vida. O processo da catequese foi descrito com insistência no tecido existencial que envolve as várias categorias de pessoas no seu ambiente vital. Deu-se amplo espaço ao tema da formação dos catequistas, porque parece urgente que se recupere o seu ministério na comunidade cristã. Por outro lado, só catequistas que vivem o seu ministério como vocação contribuem para a eficácia da catequese. Por fim, precisamente por se realizar à luz do encontro, a catequese tem a grande responsabilidade de colaborar na inculturação da fé. Mediante esse processo encontra espaço a criação de novas linguagens e metodologias que, na pluralidade das suas expressões, tornam ainda mais evidente a riqueza da Igreja universal.

O Pontifício Conselho para a Promoção da Nova Evangelização, ao qual cabe a competência da catequese desde 16 de janeiro de 2013, com a publicação do *Motu Proprio Fides per Doctrinam*, está consciente de que o *Diretório para a Catequese* é um instrumento que pode ser aperfeiçoado. Não tem nenhuma pretensão de estar completo, porque, por sua natureza, se destina às Igrejas particulares, de modo que estas sejam estimuladas e auxiliadas na redação do seu próprio Diretório. A elaboração deste Diretório envolveu diversos especialistas, expressão da universalidade da Igreja. Além disso, nas várias fases de redação, foi submetido à consideração de vários Bispos, presbíteros e catequetas. Homens e mulheres estiveram envolvidos nesse delicado trabalho que desejamos que possa constituir um contributo válido para o momento atual. Para todos eles, sem retórica, vai o nosso agradecimento pessoal e a nossa gratidão pelo grande trabalho que desenvolveram com competência, paixão e gratuidade.

Por um acaso totalmente fortuito, a aprovação deste Diretório aconteceu na memória litúrgica de São Turíbio de Mogrovejo (1538-1606), um santo que talvez não seja muito conhecido, mas que, no entanto, deu um forte impulso à evangelização e à catequese. Voltando a percorrer os passos de Santo Ambrósio, este leigo e ilustre jurista, nascido em Maiorca, de uma família nobre – formado nas Universidades de Valladolid e Salamanca, onde foi docente enquanto presidente do tribunal de Granada –, foi consagrado bispo e enviado pelo Papa Gregório XIII para Lima, no Peru. Compreendeu o seu ministério episcopal como evangelizador e catequista. Fazendo eco a Tertuliano, gostava de repetir: "Cristo é verdade, não costume". Repetia-o, sobretudo, em relação aos conquistadores que oprimiam os índios em nome de uma superioridade cultural e aos sacerdotes que não tinham coragem de defender os mais pobres. Missionário incansável, percorria os territórios da sua Igreja, procurando, sobretudo, os indígenas para lhes anunciar a Palavra de Deus com uma linguagem simples e facilmente acessível. Nos seus vinte e cinco anos de episcopado, organizou Sínodos diocesanos e provinciais, fez-se catequista, com a produção dos primeiros catecismos para os indígenas da América do Sul, em língua espanhola, em *quéchua* e em *aymara*. A sua obra de evangelização deu frutos inesperados com milhares de índios que chegaram à fé, tendo encontrado Cristo na caridade do Bispo. Foi ele a conferir o sacramento da Confirmação a dois santos daquela Igreja: Martinho de Porres e Rosa de Lima. Em 1983, São João Paulo II o proclamou patrono do Episcopado Latino-Americano. Assim, é sob a proteção desse grande catequista que se coloca também o novo *Diretório para a Catequese*.

O Papa Francisco escreveu que

> [...] O Espírito Santo derrama a santidade, por toda parte, no santo povo fiel de Deus. [...] Gosto de ver a santidade

no povo paciente de Deus: nos pais que criam os seus filhos com tanto amor, nos homens e nas mulheres que trabalham a fim de trazer o pão para casa, nos doentes, nas consagradas idosas que continuam a sorrir. Nesta constância de continuar a caminhar dia após dia, vejo a santidade da Igreja militante. Esta é muitas vezes a santidade "ao pé da porta", daqueles que vivem perto de nós e são um reflexo da presença de Deus, [...] Todos somos chamados a ser santos, vivendo com amor e oferecendo o próprio testemunho nas ocupações de cada dia, onde cada um se encontra. És uma consagrada ou um consagrado? Sê santo, vivendo com alegria a tua doação. Estás casado? Sê santo, amando e cuidando do teu marido ou da tua esposa, como Cristo fez com a Igreja. És um trabalhador? Sê santo, cumprindo com honestidade e competência o teu trabalho ao serviço dos irmãos. És progenitor, avó ou avô? Sê santo, ensinando com paciência as crianças a seguirem Jesus. Estás investido em autoridade? Sê santo, lutando pelo bem comum e renunciando aos teus interesses pessoais (GeE, n. 6-7.14).[7]

A santidade é a palavra decisiva que se pode pronunciar ao apresentar um novo *Diretório para a Catequese*. Ela constitui-se como portadora de um programa de vida que os catequistas também são chamados a seguir com constância e fidelidade. Não estão sozinhos neste caminho difícil. Por

---

[7] FRANCISCO. Exortação Apostólica *Gaudete et Exsultate*: sobre o chamado à santidade no mundo atual. (Documentos Pontifícios, 33). 3. ed. Brasília: Edições CNBB, 2019.

toda parte, em toda terra, a Igreja pode apresentar modelos de catequistas que alcançaram a santidade e até mesmo o martírio, vivendo todos os dias o seu ministério. O seu testemunho é fecundo e permite que, ainda nos nossos dias, se pense que cada um de nós pode seguir essa aventura mesmo na dedicação silenciosa, difícil e, por vezes, ingrata de ser catequista.

Vaticano, 23 de março de 2020.

Memória litúrgica de São Turíbio de Mogrovejo.

✠ Rino Fisichella
Arcebispo titular de Voghenza
Presidente

✠ Octavio Ruiz Arenas
Arcebispo emérito de Villavicencio
Secretário

INTRODUÇÃO
(n. 1-10)

1. A catequese pertence plenamente a um processo mais amplo de renovação que a Igreja é chamada a realizar para ser fiel ao mandado de Jesus Cristo de anunciar seu Evangelho sempre e em todos os lugares (Mt 28,19). A catequese participa no empenho da evangelização, conforme sua natureza própria, a fim de que a fé possa ser sustentada em um permanente amadurecimento que se expressa em um estilo de vida que deve caracterizar a existência dos discípulos de Cristo. Por isso, a catequese se relaciona com a liturgia e com a caridade para evidenciar a unidade constitutiva da nova vida emanada do Batismo.

2. Considerando essa renovação, o Papa Francisco, na Exortação Apostólica *Evangelii Gaudium*, indicou algumas características peculiares da catequese que mais diretamente a unem ao anúncio do Evangelho no mundo atual.

A *catequese querigmática* (EG, n. 164-165), que está presente no coração da fé e reúne o essencial da mensagem cristã, é uma catequese que manifesta a ação do Espírito Santo, que comunica o amor salvífico de Deus em Jesus Cristo e que continua a se doar pela plenitude da vida de cada pessoa. As diversas formulações do querigma, que necessariamente se abrem a percursos de aprofundamento, são como portas existenciais de acesso ao mistério.

A *catequese como iniciação mistagógica* (EG, n. 166) insere o fiel na experiência viva da comunidade cristã, verdadeiro lugar da vida de fé. Essa experiência formativa é progressiva e dinâmica; rica em sinais e linguagens; favorável à integração de todas as dimensões da pessoa. Tudo isso se refere diretamente à conhecida intuição, bem enraizada na reflexão catequética e na pastoral eclesial, da *inspiração catecumenal da catequese*, que se torna cada vez mais urgente.

3. À luz dessas particularidades que caracterizam a catequese em uma perspectiva missionária, realiza-se uma releitura da finalidade do processo catequético.[8] A compreensão atual dos dinamismos formativos da pessoa exige que a *íntima comunhão com Cristo*, anteriormente indicada no Magistério como fim ulterior da proposta catequética, seja não apenas indicada como um valor, mas também concretizada em um processo de acompanhamento (EG, n. 169-173). De fato, o complexo processo de interiorização do Evangelho envolve toda a pessoa em sua singular experiência de vida. Somente uma catequese que se empenhe para que cada um amadureça sua própria e original *resposta de fé* pode alcançar a finalidade indicada. Por essa razão, este *Diretório* ratifica a importância de a catequese acompanhar o amadurecimento de uma *mentalidade de fé* em

---

[8] Nota da revisão final: embora a palavra "catequístico(a)" exista na língua portuguesa (ver: *Vocabulário Ortográfico da Língua Portuguesa –* VOLP/ABL), optou-se pelo uso de "catequético(a)" – termo recorrente nos textos da Igreja no Brasil – para indicar seja a reflexão catequética, seja a ação ou a atividade da catequese. Além disso, cuidou-se de evitar o uso repetitivo dos termos.

uma dinâmica de *transformação*, que em definitivo é uma *ação espiritual*. Essa é uma forma original e necessária de *inculturação da fé*.

4. Como consequência da releitura da natureza e da finalidade da catequese, o *Diretório* oferece algumas perspectivas, fruto do discernimento realizado no contexto eclesial das últimas décadas, que estão presentes de modo transversal em todo o documento, de modo que se entrelaçam em um tecido estrutural.

- Reitera-se a firme *confiança no Espírito Santo*, presente e atuante na Igreja, no mundo e nos corações das pessoas. Isso cumula o empenho da catequese no sentido de alegria, serenidade e responsabilidade.

- O ato de fé nasce do *amor que deseja conhecer cada vez mais o Senhor Jesus*, vivente na Igreja, e, por essa razão, iniciar os fiéis à vida cristã significa introduzi-los no encontro vivo com Ele.

- A Igreja, mistério de comunhão, é animada pelo Espírito e feita fecunda para gerar vida nova. Com esse olhar de fé, reafirma-se o *papel da comunidade cristã* como lugar natural da geração e do amadurecimento da vida cristã.

- O processo de evangelização, e nele a catequese, é, antes de tudo, uma *ação espiritual*. Isso exige que os catequistas sejam verdadeiros "evangelizadores com Espírito" (EG, n. 259-283) e fiéis colaboradores dos pastores.

- Reconhece-se o papel fundamental dos batizados. Em sua dignidade de filhos de Deus, todos os fiéis são *sujeitos ativos* da proposta da catequese, não beneficiários passivos ou destinatários de um serviço e, por essa razão, são chamados a se tornarem autênticos discípulos missionários.
- Viver o mistério da fé em termos de uma relação com o Senhor tem implicações para o anúncio do Evangelho. Exige, com efeito, a *superação de toda contraposição entre conteúdo e método, entre fé e vida.*

5. O critério que norteou a redação deste *Diretório para a Catequese* encontra-se na vontade de aprofundar o papel da catequese na dinâmica da evangelização. A renovação teológica da primeira metade do século passado trouxe à tona a necessidade de uma compreensão missionária da catequese. O Concílio Ecumênico Vaticano II e o sucessivo Magistério coletaram e reuniram o elo essencial entre evangelização e catequese, adaptando-o de tempos em tempos às exigências históricas. Portanto, a Igreja, que é "missionária por própria natureza" (AG, n. 2),[9] encontra-se ainda disponível para uma confiante concretização dessa nova etapa de evangelização à qual o Espírito Santo a chama. Isso requer comprometimento e responsabilidade para identificar as novas linguagens com as quais comunicar a fé. Em um momento em que se modificam as formas de transmissão

---

[9] CONCÍLIO VATICANO II. Decreto *Ad Gentes*. In: SANTA SÉ. *Concílio Ecumênico Vaticano II*: Documentos. Brasília: Edições CNBB, 2018, p. 529-588.

da fé, a Igreja está comprometida em decifrar alguns sinais dos tempos com os quais o Senhor indica o caminho a ser percorrido. Entre esses muitos sinais, podem ser reconhecidos: a centralidade do fiel e da sua experiência de vida; o importante papel das relações e dos afetos; o interesse pelo que oferece significados verdadeiros; a redescoberta do que é belo e do que eleva o ânimo. Nesses e em outros movimentos da cultura contemporânea, a Igreja recolhe as oportunidades de encontro e de anúncio da novidade da fé. Esse é o pilar de sua *transformação missionária*, que motiva a *conversão pastoral*.

6. Assim como o *Diretório Geral para a Catequese* (1997) estava em continuidade com o *Diretório Catequético Geral* (1971), também o presente *Diretório para a Catequese* se coloca na mesma dinâmica de continuidade e desenvolvimento com relação aos documentos que o precederam. Não se pode esquecer que a Igreja vivenciou, nestas duas décadas, alguns eventos importantes que, embora com ênfases diferentes, figuraram como momentos significativos para o percurso eclesial, para uma compreensão mais profunda dos mistérios da fé e da evangelização.

Vale lembrar, primeiramente, o frutuoso pontificado de São João Paulo II que, com sua Exortação Apostólica *Catechesi Tradendae* (1979), gerou um verdadeiro impulso inovador para a catequese. Bento XVI muitas vezes reiterou a importância da catequese no processo da nova evangelização e, com a Carta Apostólica *Fides per doctrinam* (2013), ofereceu uma implementação concreta a esse compromisso. Por fim, o Papa Francisco, com sua

Exortação Apostólica *Evangelii Gaudium* (2013), quis reafirmar o elo inseparável entre evangelização e catequese à luz da cultura do encontro.

Outros grandes eventos marcaram a renovação da catequese. Entre eles, não se pode esquecer o *Grande Jubileu do ano 2000*, o *Ano da Fé* (2012-2013), o *Jubileu Extraordinário da Misericórdia* (2015-2016) e os recentes Sínodos dos Bispos sobre alguns conteúdos importantes para a vida da Igreja. Em particular, recordam-se aqueles sobre *A Palavra de Deus na vida e na missão da Igreja* (2008); *A nova evangelização para a transmissão da fé cristã* (2012); *A vocação e a missão da família na Igreja e no mundo contemporâneo* (2015); e *Os jovens, a fé e o discernimento vocacional* (2018). Por fim, é preciso mencionar a publicação do *Compêndio do Catecismo da Igreja Católica* (2005), uma ferramenta simples e imediata para o conhecimento da fé.

7. O *Diretório para a Catequese* articula seus conteúdos em uma estrutura renovada e sistemática. A organização dos temas buscou considerar as diversas e legítimas sensibilidades eclesiais. A *Primeira Parte* (*A catequese na missão evangelizadora da Igreja*) oferece os fundamentos do percurso inteiro. A Revelação de Deus e a sua transmissão na Igreja abrem a reflexão sobre a dinâmica da evangelização no mundo contemporâneo, assumindo o desafio da conversão missionária, que atinge a catequese (*Capítulo I*). A catequese é delineada na caracterização de sua natureza, finalidade, atividades e fontes (*Capítulo II*). O catequista – cuja identidade (*Capítulo III*) e formação

(*Capítulo IV*) são apresentadas – faz visível e operativo o ministério eclesial da catequese. Nessa primeira parte, além de atualizar as questões subjacentes esclarecidas, vale destacar o capítulo sobre a formação que reúne perspectivas importantes no que diz respeito à renovação da catequese.

8. Com a *Segunda Parte* (*O processo da catequese*), entra-se nos méritos da dinâmica catequética. Em primeiro lugar, apresenta-se o paradigma de referência que é a pedagogia de Deus na história da salvação, que inspira a pedagogia da Igreja e a catequese como ação educativa (*Capítulo V*). À luz desse paradigma, os critérios teológicos para o anúncio da mensagem do Evangelho são reorganizados e adequados às exigências da cultura contemporânea. Além disso, o *Catecismo da Igreja Católica* é apresentado em seu significado teológico-catequético (*Capítulo VI*). O *Capítulo VII* apresenta algumas questões acerca do método na catequese com referências, entre outras coisas, ao tema das linguagens. A segunda parte termina com a apresentação da catequese com os diversos interlocutores (*Capítulo VIII*). Tendo conhecimento de que as condições culturais no mundo são muito diversas e que, portanto, são necessárias pesquisas em âmbito local, decidiu-se, todavia, oferecer uma análise das características gerais desse tema amplo, acolhendo o ecoar dos Sínodos sobre a família e sobre os jovens. Finalmente, o *Diretório* convida as Igrejas particulares a prestar atenção à catequese para as pessoas com deficiência, os migrantes, os emigrantes, e os encarcerados.

9. A *Terceira Parte* (*A catequese nas Igrejas particulares*) mostra como o ministério da Palavra de Deus toma forma na concretude da vida eclesial. As Igrejas particulares, em todas as suas articulações, cumprem a missão do anúncio do Evangelho nos diversos contextos em que estão inseridas (*Capítulo IX*). Nessa parte, reconhece-se a peculiaridade das Igrejas Orientais, que têm uma tradição catequética própria. Cada comunidade cristã é convidada a se confrontar com a complexidade do mundo contemporâneo, no qual se fundem elementos muito diversos (*Capítulo X*). Diferentes contextos geográficos, cenários religiosos, tendências culturais – embora não afetem diretamente a catequese eclesial – plasmam a fisionomia interior do nosso contemporâneo, ao qual a Igreja se coloca a serviço e, portanto, não podem deixar de ser objeto de discernimento em vista da proposta da catequese. Vale ressaltar a reflexão sobre a cultura digital e sobre algumas questões da bioética, que fazem parte do grande debate dos nossos anos. O *Capítulo XI*, retomando o tema da ação da Igreja particular, indica a natureza e os critérios teológicos da inculturação da fé, que se expressa também com a elaboração de catecismos locais. O *Diretório* termina com a apresentação dos organismos que, em diferentes âmbitos, estão a serviço da catequese (*Capítulo XII*).

10. O novo *Diretório para a Catequese* oferece os princípios teológico-pastorais fundamentais e algumas orientações gerais relevantes para a prática da catequese em nosso tempo. É natural que sua aplicação e indicações operacionais sejam um compromisso para as Igrejas particulares, chamadas a prover a elaboração desses princípios comuns para que sejam inculturados em seu próprio contexto eclesial. Este *Diretório*, portanto, é uma ferramenta para a elaboração do diretório nacional ou local, emanado pela autoridade competente e capaz de traduzir as indicações gerais para a linguagem das respectivas comunidades eclesiais. O presente *Diretório*, portanto, está a serviço dos Bispos, das Conferências Episcopais, dos organismos pastorais e acadêmicos engajados na catequese e na evangelização. Os catequistas encontrarão sustento e desafio em seu ministério diário de amadurecimento na fé de seus irmãos e irmãs.

PRIMEIRA PARTE

A CATEQUESE NA MISSÃO EVANGELIZADORA DA IGREJA

Capítulo I

A REVELAÇÃO E A SUA TRANSMISSÃO

1. Jesus Cristo, revelador e revelação do Pai
(n. 11-16)

A Revelação do desígnio providencial de Deus

11. Tudo o que a Igreja é e tudo o que a Igreja faz encontra seu fundamento último no fato de que Deus, em sua bondade e sabedoria, quis revelar o mistério de sua vontade, comunicando si mesmo às pessoas. São Paulo descreve esse mistério nestas palavras: Deus, em Cristo, "nos escolheu, antes da fundação do mundo, para sermos santos e íntegros diante dele, no amor. [...] ele nos predestinou à adoção como filhos, por obra de Jesus Cristo" (Ef 1,4-5). Desde o princípio da criação, Deus nunca deixou de comunicar ao ser humano esse desígnio de salvação e de lhe mostrar sinais de seu amor; afinal, ainda que a pessoa possa "esquecer ou rejeitar a Deus, este, de sua parte, não cessa de chamar todo homem a procurá-lo, para que viva e encontre a felicidade" (CIgC, n. 30).[10]

---

[10] SANTA SÉ. *Catecismo da Igreja Católica*. Brasília: Edições CNBB, 2013.

12. Deus se manifesta e realiza seu desígnio de maneira nova e definitiva na pessoa do Filho, enviado em nossa carne, por meio do qual a humanidade "tem acesso ao Pai no Espírito Santo e se tornam participantes da natureza divina" (DV, n. 2).[11] A Revelação é a iniciativa amorosa de Deus e é orientada para a comunhão: "Por esta revelação, o Deus invisível (Cl 1,15; 1Tm 1,17), na abundância de sua caridade, fala aos homens como a amigos (Ex 33,11; Jo 15,14-15) e com eles convive (Br 3,38), a fim de os convidar à comunhão com ele e de nela os acolher" (DV, n. 2). A economia da Revelação, portanto, "se realiza através de atos e palavras intimamente relacionados entre si, de forma que as obras, operadas por Deus, na história da salvação, manifestam e confirmam a doutrina e as realidades significadas pelas palavras; enquanto as palavras proclamam as obras e elucidam o mistério nelas contido" (DV, n. 2). Habitando como homem entre os homens, Jesus não somente revela os segredos de Deus como também leva a cumprimento a obra da salvação. Com efeito, "aquele que o vê, vê o Pai (Jo 14,9) através de toda a sua presença e manifestação – por palavras e obras, por sinais e milagres, e sobretudo por sua morte gloriosa e por sua ressurreição dentre os mortos – tendo enviado o Espírito da verdade, leva a pleno cumprimento a revelação e a confirma com o testemunho divino: que Deus está conosco para nos libertar do pecado e das trevas da morte e para nos ressuscitar para a vida eterna" (DV, n. 4).

---

[11] CONCÍLIO VATICANO II. Constituição Dogmática *Dei Verbum*: sobre a Divina Revelação. In: SANTA SÉ. *Concílio Ecumênico Vaticano II*: Documentos. Brasília: Edições CNBB, 2018, p. 175-198.

13. Deus revelou o seu amor e do íntimo do desígnio divino brota a novidade do anúncio cristão, "a possibilidade de dizer a todos os povos: Ele mostrou-se. Ele em pessoa. E agora está aberto o caminho para Ele" (VD, n. 92).[12] Precisamente porque revela uma nova vida – vida sem pecado, vida de filhos, vida em abundância, vida eterna –, esse anúncio é muito bonito: "O perdão dos pecados, a justiça, a santificação, a redenção, a adoção dos filhos de Deus, a herança do céu, o parentesco com o Filho de Deus. Que notícia é melhor que essa? Deus na terra e o homem no céu!".[13]

14. O anúncio cristão comunica o desígnio divino, que é:

- um mistério de amor: os seres humanos, amados por Deus, são chamados a responder-lhe, tornando-se sinal de amor pelos irmãos;

- a revelação da verdade íntima de Deus como Trindade e da vocação do ser humano a uma vida filial em Cristo, fonte de sua dignidade;

- a oferenda da salvação a todas as pessoas, por meio do mistério pascal de Jesus Cristo, dom da graça e da misericórdia de Deus, que implica a libertação do mal, do pecado e da morte;

---

[12] BENTO XVI. Exortação Apostólica Pós-Sinodal *Verbum Domini*: sobre a Palavra de Deus na vida e na missão da Igreja. (Documentos Pontifícios, 6). Brasília: Edições CNBB, 2011.

[13] SÃO JOÃO CRISÓSTOMO. *In Mattheum*, homilia 1, 2: PGr 57, 15.

- o chamado definitivo para reunir na Igreja a humanidade dispersa, realizando a comunhão com Deus e a união fraterna entre as pessoas no hoje, mas plenamente realizada no fim dos tempos.

Jesus anuncia o Evangelho da salvação

15. No início de seu ministério, Jesus anuncia o cumprimento do Reino de Deus, acompanhando-o com sinais: "No início do seu ministério, Jesus proclama ter sido enviado para anunciar aos pobres a Boa-Nova (Lc 4,18), fazendo transparecer, e confirmando-o depois, com a sua vida, que o Reino de Deus é destinado a todos os homens" (DGC, n. 163),[14] começando pelos mais pobres e pecadores, chamando à conversão (Mc 1,15). Ele inaugura e anuncia o Reino de Deus para cada pessoa. Jesus Cristo, com a sua vida, é a plenitude da Revelação: é a plena manifestação da misericórdia de Deus e, ao mesmo tempo, do chamado ao amor que está no coração da pessoa humana. "Ele nos revela que 'Deus é amor' (1Jo 4,8) e, ao mesmo tempo, nos ensina que a lei fundamental da perfeição humana e, portanto, da transformação do mundo, é o novo mandamento do amor" (GS, n. 38).[15] Entrar em comunhão com Ele e segui-lo conferem plenitude e verdade à vida humana: "Todo aquele que segue o Cristo, o Homem perfeito, torna-se também mais homem" (GS, n. 41).

---

[14] CONGREGAÇÃO PARA O CLERO. *Diretório Geral para a Catequese*. Vaticano, 17 de abril de 1998.

[15] CONCÍLIO VATICANO II. Constituição *Gaudium et Spes*. In: SANTA SÉ. *Concílio Ecumênico Vaticano II*: Documentos. Brasília: Edições CNBB, 2018, p. 199-329.

16. O Senhor, após sua morte e ressurreição, deu o Espírito Santo para cumprir a obra de salvação e enviou os discípulos para continuar a sua missão no mundo. É a partir do envio missionário do Ressuscitado que emergem os verbos da evangelização, intimamente interligados: "proclamai" (Mc 16,15), "fazei discípulos [...] Ensinai-os" (Mt 28,19-20), "sereis minhas testemunhas" (At 1,8), "Fazei isto em memória de mim" (Lc 22,19), "ameis uns aos outros" (Jo 15,12). Assim se configuram as características de uma dinâmica do anúncio, na qual são conjugados intimamente: o reconhecimento da ação de Deus no coração de cada indivíduo, a primazia do Espírito Santo e a abertura universal a cada pessoa. A evangelização é, portanto, uma realidade "rica, complexa e dinâmica" (EN, n. 17),[16] que, em seu desenvolvimento, incorpora diversas possibilidades: testemunho e anúncio, palavra e sacramento, mudança interior e transformação social. Todas essas ações são complementares e enriquecem umas às outras. A Igreja continua a cumprir essa missão com uma imensa variedade de experiências de anúncio, continuamente suscitadas pelo Espírito Santo.

2. A fé em Jesus Cristo: a resposta a Deus que se revela (n. 17-21)

17. Cada pessoa, saindo da inquietação que habita em seu coração, por meio da busca sincera pelo sentido da

---

[16] SÃO PAULO VI. Exortação Apostólica *Evangelii Nuntiandi*: sobre a Evangelização no Mundo Contemporâneo. Vaticano, 8 de dezembro de 1975.

própria existência, em Cristo é capaz de se compreender plenamente; na intimidade com Ele, percebe estar caminhando em veredas da verdade. A Palavra de Deus manifesta a natureza relacional de cada um e a sua vocação filial para se conformar a Cristo: "Fizeste-nos, Senhor, para ti, e o nosso coração anda inquieto enquanto não descansar em ti".[17] Quando o ser humano é alcançado por Deus, é chamado a responder com a obediência da fé e a aderir com total assentimento do intelecto e da vontade, acolhendo livremente o "Evangelho da graça de Deus" (At 20,24). Assim, o fiel "encontra tudo aquilo que sempre buscou e o encontra abundantemente. A fé responde àquela 'ânsia', frequentemente inconsciente e sempre limitada, de conhecer a verdade sobre Deus, sobre o próprio homem e sobre o destino que o espera" (DGC, n. 55).

18. A fé cristã é, primeiramente, acolhimento do amor de Deus revelado em Jesus Cristo, adesão sincera à sua pessoa e uma livre decisão de caminhar em seu seguimento. Esse *"sim"* a Jesus Cristo abrange duas dimensões: o abandono confiante em Deus (*fides qua*) e o consentimento amoroso a tudo o que Ele nos revelou (*fides quae*). De fato, "São João exprimiu a importância que a relação pessoal com Jesus tem para a nossa fé através de vários usos do verbo crer. Juntamente com o 'crer que' é verdade o que Jesus nos diz (Jo 14,10; 20,31), João usa mais duas expressões: 'crer a' (sinônimo de 'dar crédito a') Jesus e 'crer em' Jesus. 'Cremos a' Jesus, quando aceitamos a sua Palavra, o seu testemunho, porque Ele é verdadeiro (Jo 6,30). 'Cremos em'

---

[17] AGOSTINHO DE HIPONA. *Confessiones*, 1, 1, 1: CCL 27, 1 (PL 32, 661).

Jesus, quando o acolhemos pessoalmente na nossa vida e nos confiamos a Ele, aderindo a Ele no amor e seguindo-o ao longo do caminho (Jo 2,11; 6,47; 12,44)" (LF, n. 18),[18] em um caminho dinâmico que dura a vida inteira. *Crer* implica, portanto, uma dupla adesão: "à pessoa e à verdade; à verdade, por confiança na pessoa que a atesta" (CIgC, n. 177), e à pessoa porque ela mesma é a verdade atestada. É uma adesão do coração, da mente e da ação.

19. A fé é um dom de Deus e uma virtude sobrenatural que pode nascer no íntimo, como fruto da graça e como uma resposta livre ao Espírito Santo, que move o coração à conversão e o volta para Deus, dando-lhe "a doçura para consentirem e crerem na verdade" (DV, n. 5). Guiada pela fé, a pessoa chega a contemplar e a experimentar a Deus como amor (1Jo 4,7-16). A fé, como acolhimento pessoal do dom de Deus, não é irracional ou cega. "A luz da razão e a luz da fé provêm ambas de Deus: [...] por isso, não se podem contradizer entre si" (FR, n. 43).[19] A fé e a razão, na verdade, são complementares umas às outras: enquanto a razão não permite que a fé caia no fideísmo ou no fundamentalismo, "somente a fé permite entrar dentro do mistério, proporcionando uma sua compreensão coerente" (FR, n. 13).

20. A fé implica uma profunda transformação realizada pelo Espírito, uma *metanoia* que se manifesta "em todos os níveis da existência do cristão: na sua vida interior de

---

[18] FRANCISCO. Carta Encíclica *Lumen Fidei*: a luz da fé. (Documentos Pontifícios, 16). Brasília: Edições CNBB, 2013; cf. TOMÁS DE AQUINO. *Summa theologiae*, II-II, q. 2, a. 2.

[19] SÃO JOÃO PAULO II. Carta Encíclica *Fides et Ratio*: sobre as relações entre fé e razão. Roma, 14 de setembro de 1998.

adoração e de acolhimento da vontade divina; na sua participação ativa na missão da Igreja; na sua vida matrimonial e familiar; no exercício da vida profissional; no cumprimento das atividades econômicas e sociais" (DGC, n. 55). O fiel, aceitando o dom da fé, "é transformado em uma nova criatura, recebe um novo ser, um ser filial, torna-se filho no Filho" (LF, n. 19).

21. A fé é certamente um ato pessoal e, todavia, não é uma escolha individual e privada; tem um caráter relacional e comunitário. O cristão nasce do seio materno da Igreja; a sua fé é uma participação na fé eclesial que sempre o precede. De fato, o seu ato pessoal de fé representa a resposta à memória viva de um evento que a Igreja lhe transmitiu. Portanto, a fé do discípulo de Cristo é acesa, sustentada e transmitida somente na comunhão da fé eclesial, na qual o "eu creio" do Batismo se conjuga com o "nós cremos" de toda a Igreja (CIgC, n. 166-167). Cada fiel, portanto, se une à comunidade de discípulos e faz sua a fé da Igreja. Com a Igreja, povo de Deus a caminho na história e sacramento universal de salvação, faz parte de sua missão.

3. A transmissão da Revelação na fé da Igreja
(n. 22-37)

22. A Revelação é para toda a humanidade: "[Deus] quer que todos sejam salvos e cheguem ao conhecimento da verdade" (1Tm 2,4). Por essa vontade salvífica universal, "aquelas realidades que Deus revelara para a salvação de todos os povos, quis Ele, em sua imensa bondade, que permanecessem íntegras para sempre e fossem transmitidas a todas as gerações" (DV, n. 7). Por essa razão, Jesus Cristo instituiu a Igreja sobre o fundamento dos Apóstolos. A Igreja realiza na história a mesma missão que Jesus recebera do Pai. A Igreja é inseparável da *missão do Filho* (AG, n. 3) e da *missão do Espírito Santo* (AG, n. 4), porque constituem uma única economia da salvação.

23. O Espírito Santo, o verdadeiro protagonista de toda a missão eclesial, age tanto na Igreja quanto naqueles aos quais ela deve alcançar e com os quais, de alguma forma, ela deve fazer-se presente, uma vez que Deus trabalha no coração de cada pessoa. O Espírito Santo continua a fecundar a Igreja que vive da Palavra de Deus e a faz sempre crescer na inteligência do Evangelho, enviando-a e sustentando-a na obra de evangelização do mundo. O próprio Espírito, no interior da humanidade, semeia a semente da Palavra; suscita desejos e obras de bem; prepara o acolhimento do Evangelho e concede a fé, para que, por meio do testemunho da Igreja, as pessoas possam reconhecer a presença e a comunicação amorosas de Deus. A Igreja acolhe com obediência e gratidão essa misteriosa ação do Espírito; age como seu instrumento vivo e dócil para guiar à verdade (Jo 16,13), enquanto ela mesma se enriquece no encontro com aqueles aos quais ela entrega o Evangelho.

24. Os apóstolos, fiéis ao mandado divino, com o testemunho e os atos, com as pregações orais, as instituições e os escritos inspirados pelo Espírito Santo, transmitiram o que haviam recebido e, "para que o Evangelho fosse para sempre preservado íntegro e vivo na Igreja, os apóstolos deixaram como sucessores os Bispos, *transmitindo-lhes* *seu próprio múnus magisterial*" (DV, n. 7). Essa Tradição apostólica "se desenvolve na Igreja sob o auxílio do Espírito Santo. De fato, cresce a percepção tanto das realidades quanto das palavras transmitidas, seja pela contemplação e estudo dos fiéis, que a guardam no coração (Lc 2,19.51), seja pela compreensão profunda das realidades espirituais que experimentam, ou ainda pelo anúncio daqueles que, em virtude da sucessão episcopal, receberam o carisma certo da verdade" (DV, n. 8).

25. A transmissão do Evangelho, segundo o mandado do Senhor, foi realizada de duas maneiras: "pela transmissão viva da Palavra de Deus (chamada também simplesmente de Tradição) e por meio da Sagrada Escritura, que é o próprio anúncio da salvação transmitido por escrito" (Comp. CIgC, n. 13).[20] Desse modo, a Tradição e a Sagrada Escritura estão intimamente unidas e inter-relacionadas e derivam da mesma fonte: a Revelação de Jesus Cristo. Elas se unem em um único fluxo, a vida de fé eclesial, e condividem a mesma finalidade: tornar ativo e dinâmico na Igreja todo o mistério de Jesus Cristo.

26. A Tradição não é primariamente um conjunto de doutrinas, mas uma vida de fé que se renova a cada dia. A Tradição progride, "consolidando-se com o passar dos anos, desenvolvendo-se com o tempo, aprofundando-se com a idade".[21] O Magistério da Igreja, sustentado pelo Espírito

---

[20] SANTA SÉ. *Compêndio do Catecismo da Igreja Católica*. Brasília: Edições CNBB, 2013.

[21] VICENTE DE LÉRINS. *Commonitorium primum*, 23, 9: CCL 64, 178 (PL 50, 668).

Santo e dotado do carisma da verdade, exerce o seu ministério de interpretar autenticamente a Palavra de Deus, da qual está a serviço. O Magistério, portanto, desempenha o ministério de custodiar integralmente a Revelação, Palavra de Deus contida na Tradição e na Sagrada Escritura, assim como sua contínua transmissão. É esse Magistério vivo que a interpreta de maneira coerente e à qual está sujeito (DV, n. 10).

27. "Em última análise, através da obra do Espírito Santo e sob a guia do Magistério, a Igreja transmite a todas as gerações aquilo que foi revelado em Cristo. A Igreja vive na certeza de que o seu Senhor, tendo falado outrora, não cessa de comunicar hoje a sua Palavra na Tradição viva da Igreja e na Sagrada Escritura. De fato, a Palavra de Deus nos é dada na Sagrada Escritura, como testemunha inspirada da revelação, que, juntamente com a Tradição viva da Igreja, constitui a regra suprema da fé" (VD, n. 18) e a principal fonte da evangelização. Todas as outras fontes são ordenadas à Palavra de Deus.

Revelação e evangelização

28. A Igreja, sacramento universal de salvação, obediente às indicações do Espírito Santo, à escuta da Revelação, transmite e sustenta a resposta de fé; "na sua doutrina, vida e culto, perpetua e transmite a todas as gerações tudo o que é e tudo no que crê" (DV, n. 8). Por essa razão, o compromisso de evangelizar todas as pessoas constitui sua missão essencial. "Evangelizar constitui, de fato, a graça e a vocação própria da Igreja, a sua mais profunda identidade. Ela existe para evangelizar [...]" (EN, n. 14). No entanto, nessa missão, "a Igreja começa por evangelizar a si mesma. Comunidade de crentes, comunidade de esperança vivida e comunicada, comunidade de amor fraterno, ela tem necessidade de ouvir sem cessar aquilo que ela deve acreditar, as razões da sua esperança e o mandamento novo do amor [...] ela tem sempre necessidade de ser evangelizada, se quiser conservar frescor, alento e força para anunciar o Evangelho" (EN, n. 15).

29. Evangelizar não significa prioritariamente "levar uma doutrina"; significa sim fazer presente e anunciar Jesus Cristo. A missão de evangelização da Igreja expressa a economia da Revelação; com efeito, o Filho de Deus se encarna, entra na história e se torna Homem entre os homens. A evangelização torna concreta essa presença perene de Cristo, de modo que aqueles que se aproximam da Igreja possam encontrar em sua pessoa o caminho para "salvar sua vida" (Mt 16,25) e se abrir para um novo horizonte.

30. A evangelização tem como finalidade o cumprimento da vida humana. O Ocidente cristão, ao apresentar este ensinamento, tem adotado o uso da categoria de *salvação*, enquanto o Oriente cristão preferiu falar de *divinização*. Por que Deus se fez homem? "Para salvar-nos", diz o Ocidente.[22] "Para que o homem se torne Deus", afirma o Oriente.[23] As duas expressões, na verdade, são comple-

---

[22] ANSELMO DE CANTUÁRIA. *Cur Deus homo*, 2, 18: PL 158, 425: "Deus se fez homem para salvar o homem".

[23] GREGÓRIO DE NISSA. *Oratio catechetica*, 37: *Gregorii Nysseni Opera* 3/4, 97-98 (PGr 45, 97): "Em sua manifestação, Deus se uniu à natureza mortal para que a humanidade fosse junto a Ele divinizada com a participação em sua divindade".

mentares: Deus se fez homem para que o homem realmente se torne verdadeiro homem assim como Ele o quis e criou; homem cuja imagem é o Filho; homem salvo do mal e da morte, para participar da mesma natureza divina. Aqueles que creem já podem experimentar essa salvação aqui e agora, mas ela encontrará sua plenitude na ressurreição.

O processo da evangelização

31. A evangelização é um processo eclesial, inspirado e sustentado pelo Espírito Santo, por meio do qual o Evangelho é anunciado e se espalha pelo mundo. No processo de evangelização (DGC, n. 48), a Igreja:

- impulsionada pela *caridade*, impregna e transforma toda a ordem temporal, assumindo as culturas e oferecendo a contribuição do Evangelho para que possam ser renovadas a partir do seu interior;

- aproxima-se de todos com atitude de solidariedade, coparticipação e diálogo, assim dando *testemunho* da novidade da vida cristã, para que aqueles que os encontram possam ser provocados a se interrogar sobre o significado da existência e sobre as razões de sua fraternidade e esperança;

- anuncia explicitamente o Evangelho por meio do *primeiro anúncio*, chamando à *conversão*;

- inicia à fé e à vida cristã, mediante o *itinerário catecumenal* (catequeses, sacramentos, testemunho de caridade, experiência fraternal), aqueles que se convertem a Jesus Cristo, ou aqueles que retomam o caminho de seu seguimento, incorporando alguns e reconduzindo outros à comunidade cristã;

- mediante a educação permanente da fé, a celebração dos sacramentos e o exercício da caridade, alimenta nos fiéis o dom da *comunhão* e suscita a *missão*, enviando todos os discípulos de Cristo para anunciar o Evangelho no mundo, com obras e palavras.

32. A evangelização tem várias etapas e momentos que podem ser reiterados, se necessário, a fim de dar alimento evangélico mais adequado ao crescimento espiritual de cada pessoa ou comunidade. Observa-se que esses não são meramente passos sucessivos, mas também dimensões do processo.

33. A *ação missionária* é o primeiro momento da evangelização.

a. *O testemunho* (EN, n. 21) inclui a abertura do coração, a capacidade de diálogo e de relações de reciprocidade, a disponibilidade de reconhecer os sinais do bem e da presença de Deus nas pessoas que encontram. De fato, Deus se encontra no coração das pessoas a quem se quer comunicar o Evangelho: Ele sempre chega primeiro. O reconhecimento da primazia da graça é fundamental na evangelização, desde o primeiro momento. Os discípulos de Jesus, por isso, condividem a vida com todos, testemunham, mesmo sem palavras, a alegria do Evangelho que suscita questionamentos. O testemunho, que também se exprime como diálogo respeitoso, no momento oportuno, se faz anúncio.

b. A *sensibilização à fé e à conversão inicial* visam suscitar o interesse pelo Evangelho por meio do *primeiro anúncio*. Essa é a mediação da qual o Espírito pode se servir para tocar os corações das pessoas: os que buscam a Deus, aqueles que não creem, os indiferentes, os membros de outras religiões, pessoas que têm um conhecimento superficial ou distorcido da fé cristã, cristãos com uma fé enfraquecida ou que se distanciaram da Igreja. O interesse despertado, sem ser ainda uma decisão estável, cria as disposições para a aceitação da fé. Esse "primeiro movimento do espírito humano para a fé, que já é fruto da graça, recebe diversos nomes: 'propensão à fé', 'preparação evangélica', 'inclinação a crer', 'procura religiosa'. A Igreja denomina *simpatizantes* aqueles que mostram essa inquietação" (DGC, n. 56a; cf. RICA, n. 12; 111).[24]

c. O *tempo de procura e de amadurecimento* é necessário para transformar o primeiro interesse pelo Evangelho em uma escolha consciente (DGC, n. 56b). A comunidade cristã, segundo a obra do Espírito Santo, acolhe o pedido daqueles que procuram o Senhor e, durante o período necessário, por intermédio daqueles que designa, realiza uma primeira forma de evangelização e de discernimen-

---

[24] CONFERÊNCIA EPISCOPAL PORTUGUESA. *Ritual Romano de Iniciação Cristã dos Adultos.* 2. ed. Disponível em: <http://www.liturgia.pt/rituais/RICA.pdf>.

to, mediante o acompanhamento e a explicitação do *querigma*. Esse tempo, também chamado de *pré-catecumenato* (RICA, n. 7; 9-13) no itinerário catecumenal, é importante para o acolhimento do anúncio e para uma *resposta* inicial e uma *conversão* inicial. Com efeito, já contém em si o desejo de se afastar do pecado e de caminhar seguindo os passos de Cristo.

34. A *ação da catequese iniciática* está a serviço da *profissão de fé*. Aqueles que já conheceram Jesus Cristo sentem crescente o desejo de conhecê-lo mais intimamente, expressando uma primeira opção pelo Evangelho. Na comunidade cristã, a catequese, juntamente com os ritos litúrgicos, as obras de caridade e a experiência da fraternidade, "inicia-se no conhecimento da fé e no aprendizado da vida cristã, favorecendo um caminho espiritual que provoca uma 'progressiva mudança de mentalidade e de costumes' (AG, n. 13), feita de renúncias e de lutas, mas também de alegrias que Deus concede sem medida" (DGC, n. 56c). O discípulo de Jesus Cristo está, então, pronto para a profissão de fé quando, por meio da celebração dos sacramentos de iniciação, ele é enxertado em Cristo. Essa etapa correspondente ao tempo do *catecumenato* e ao tempo da *purificação e iluminação* do itinerário catecumenal (RICA, n. 7; 14-36).

35. A *ação pastoral* alimenta a fé dos batizados e os ajuda no processo permanente de conversão da vida cristã. Na Igreja, "o batizado, impulsionado sempre pelo Espírito Santo, alimentado pelos sacramentos, pela oração e pelo exercício da caridade, e ajudado pelas múltiplas formas de educação permanente da fé, procura tornar seu o desejo de Cristo: 'Sede perfeitos como o vosso Pai celeste é perfeito' (Mt 5,48)" (DGC, n. 56d). Nisso consiste o chamado à santidade para entrar na vida eterna. O início dessa etapa corresponde ao tempo da *mistagogia* no itinerário catecumenal (RICA, n. 7; 37-40).

36. Ao longo desse processo de evangelização, realiza-se o *ministério da Palavra de Deus*, para que a mensagem do Evangelho alcance a todos. Esse ministério, ou serviço da Palavra (At 6,4), transmite a Revelação: Deus, de fato, que fala "através dos homens, à maneira humana" (DV, n. 12), serve-se da palavra da Igreja. Através dela, o Espírito Santo chega a toda a humanidade; Ele é aquele para o qual "ressoa a viva voz do Evangelho na Igreja, e através dela, no mundo" (DV, n. 8).

37. Uma vez que "não haverá nunca evangelização verdadeira se o nome, a doutrina, a vida, as promessas, o reino, o mistério de Jesus de Nazaré, Filho de Deus, não forem anunciados" (EN, n. 22), a Igreja, desde a era apostólica, em seu desejo de difundir a Palavra de Deus entre os que não creem e oferecer àqueles que creem uma compreensão mais profunda dela, tem se servido de várias *formas*, para que esse ministério possa se realizar nos diversos âmbitos e expressões da vida. Entre essas formas se destacam:

- o primeiro anúncio;
- as várias tipologias de catequese;
- a homilia e a pregação;

- a leitura orante, também na forma da *lectio divina*;
- a piedade popular;
- o apostolado bíblico;
- o ensino da teologia;
- o ensino da religião nas escolas;
- os estudos e encontros que relacionam a Palavra de Deus com a cultura contemporânea, também em uma relação inter-religiosa e intercultural.

4. A evangelização no mundo contemporâneo
(n. 38-54)

Uma nova etapa evangelizadora

38. A Igreja está diante de uma "nova etapa evange-lizadora" (EG, n. 1; 17), porque também nesta mudança de época o Senhor ressuscitado continua a fazer novas todas as coisas (Ap 21,5). O nosso tempo é complexo, atravessado por profundas mudanças e, nas Igrejas de tradição antiga, é muitas vezes marcado por fenômenos de desvinculação entre a experiência de fé e a experiência eclesial. O próprio caminho eclesial encontra-se marcado por dificuldades e exigências de renovação espiritual, moral e pastoral. Entretanto, o Espírito Santo continua a despertar nas pessoas a sede de Deus e, na Igreja, um novo fervor, novos métodos e novas expressões para o anúncio da Boa Notícia de Jesus Cristo.

39. O Espírito Santo é a alma da Igreja evangeliza-dora. Por essa razão, o apelo por uma *nova evangelização*

(EN, n. 2)[25] não coincide tanto com uma dimensão temporal, mas com todos os momentos do processo de evangelização ainda mais abertos à ação renovadora do Espírito do Ressuscitado. Os desafios que os novos tempos apresentam para a Igreja podem ser enfrentados primeiramente com um dinamismo de renovação; e, da mesma forma, esse dinamismo é possível mantendo uma decidida confiança no Espírito Santo: "não há maior liberdade do que a de se deixar conduzir pelo Espírito, renunciando a calcular e controlar tudo e permitindo que Ele nos ilumine, guie, dirija e impulsione para onde Ele quiser. O Espírito Santo bem sabe o que faz falta em cada época e em cada momento" (EG, n. 280).

40. De modo particular, a espiritualidade da nova evangelização se realiza hoje em uma *conversão pastoral*, por meio da qual a Igreja é provocada a se realizar *em saída*, segundo um dinamismo que atravessa toda a Revelação, e se coloca em um *estado permanente de missão* (EG, n. 20-33). Esse impulso missionário conduz também a uma verdadeira *reforma das estruturas* e das dinâmicas eclesiais, de modo que todos se tornem mais missionários, ou seja, capazes de viver com audácia e criatividade tanto a perspectiva cultural e religiosa quanto o horizonte pessoal de cada pessoa.

---

[25] SÃO JOÃO PAULO II. *Homilia do Santo Padre no Santuário da Santa Cruz*. Mogila, 9 de julho de 1979; cf. CfL, n. 34 (SÃO JOÃO PAULO II. Exortação Apostólica Pós-Sinodal *Christifideles Laici* sobre a vocação e a missão dos leigos na Igreja e no mundo. Roma, 30 de dezembro de 1988); PONTIFÍCIO CONSELHO PARA A PROMOÇÃO DA NOVA EVANGELIZAÇÃO. *Enchiridion da nova evangelização*: textos do Magistério pontifício e conciliar 1939-2012 (2012); cf. EG, n. 14-18.

Cada batizado, enquanto "discípulo missionário" (EG, n. 120; DAp, 129-346),[26] é sujeito ativo dessa missão eclesial.

41. Essa nova etapa da evangelização diz respeito a toda a vida da Igreja e fundamentalmente se concretiza em três âmbitos:

a. Em primeiro lugar, no âmbito da *pastoral ordinária*, que se realiza nas "comunidades cristãs que possuem sólidas e adequadas estruturas eclesiais, são fermento de fé e de vida, irradiando o testemunho do Evangelho no seu ambiente, e sentindo o compromisso da missão universal (RMi, n. 33).[27] "Devem ser incluídos também neste âmbito os fiéis que conservam uma fé católica intensa e sincera, exprimindo-a de diversos modos, embora não participem frequentemente no culto. Esta pastoral está orientada para o crescimento dos crentes, a fim de corresponderem cada vez melhor e com toda a sua vida ao amor de Deus" (EG, n. 14).

b. Em segundo lugar, há "o âmbito das *'pessoas batizadas* que, porém, *não vivem as exigências do Batismo'*, não sentem uma pertença cordial à Igreja e já não experimentam a consolação da fé" (EG, n. 14). Nesse grupo, há muitos que concluíram o

---

[26] CELAM. *Documento de Aparecida*: Documento Conclusivo da V Conferência Geral do Episcopado Latino-Americano e do Caribe. Brasília/São Paulo: Edições CNBB/Paulus/Paulinas, 2008.

[27] SÃO JOÃO PAULO II. Carta Encíclica *Redemptoris Missio*: sobre a validade permanente do mandato missionário. Roma, 7 de dezembro de 1990.

itinerário da iniciação cristã e já participaram dos caminhos de catequese ou de educação religiosa na escola, para os quais, "para além dos métodos tradicionais de pastoral, sempre válidos, a Igreja procura lançar mão de novos métodos, valendo-se também de novas linguagens, apropriadas às diversas culturas do mundo, para implementar um diálogo de simpatia e amizade que se fundamenta em Deus que é amor".[28]

c. Em terceiro lugar, há o âmbito daqueles *que não conhecem Jesus Cristo ou que sempre o recusaram*. Muitos deles buscam secretamente a Deus, movidos pela nostalgia do seu rosto, mesmo em países de antiga tradição cristã. Todos têm o direito de receber o Evangelho. Os cristãos têm o dever de anunciá-lo, sem excluir ninguém, e não como quem impõe uma nova obrigação, mas como quem partilha uma alegria, indica um horizonte estupendo, oferece um banquete apetecível. A Igreja não cresce por proselitismo, mas 'por atração'" (EG, n. 14).[29] Esse espontâneo impulso missionário deve ser sustentado por uma autêntica e própria *pastoral do primeiro anúncio*, capaz de empreender iniciativas para, de modo explícito, propor a Boa Notícia da fé, manifestando concretamente

---

[28] BENTO XVI. *Homilia na conclusão da XIII Assembleia Geral Ordinária do Sínodo dos Bispos*. Basílica Vaticana, 28 de outubro de 2012.

[29] BENTO XVI. *Homilia na Santa Missa de Inauguração da V Conferência Geral do Episcopado da América Latina e do Caribe*. Esplanada do Santuário de Aparecida, 13 de maio de 2007.

a força da misericórdia, coração do Evangelho, promovendo a inclusão daqueles que se convertem na comunidade eclesial.

Evangelização das culturas e inculturação da fé

42. Para estar a serviço da Revelação, a Igreja é chamada a olhar para a história com os mesmos olhos de Deus, a fim de reconhecer a ação do Espírito Santo, que, soprando onde quer (Jo 3,8), "[suscita] na experiência humana universal, não obstante as suas múltiplas contradições, sinais da sua presença, que ajudam os próprios discípulos de Cristo a compreenderem mais profundamente a mensagem de que são portadores" (NMI, n. 56).[30] Assim se faz possível que a Igreja reconheça *os sinais dos tempos* (GS, n. 4) no coração de cada pessoa e de cada cultura, em tudo o que é autenticamente humano e o promove. "Apesar de ter efetuado um discernimento diligente e cuidadoso para identificar 'os verdadeiros sinais da presença ou do desígnio de Deus' (GS, n. 11), a Igreja reconhece que não se limitou a dar, mas também 'recebeu da história e da evolução do gênero humano' (GS, n. 44)" (NMI, n. 56).

43. Evangelizar não significa ocupar um território, mas suscitar *processos espirituais* na vida das pessoas, de modo que a fé seja enraizada e seja significativa. A evangelização da cultura exige alcançar o coração da própria cultura, no local onde se geram os novos temas e paradigmas, atingindo

---

[30] SÃO JOÃO PAULO II. Carta Apostólica *Novo Millennio Ineunte*: ao episcopado, ao clero e aos fiéis no encerramento do grande Jubileu do ano 2000. Vaticano, 6 de janeiro de 2001.

os núcleos mais profundos dos indivíduos e das sociedades, para iluminá-los a partir do seu interior com a luz do Evangelho. "Há uma necessidade imperiosa de evangelizar as culturas para inculturar o Evangelho. Nos países de tradição católica, tratar-se-á de acompanhar, cuidar e fortalecer a riqueza que já existe e, nos países de outras tradições religiosas ou profundamente secularizados, há que procurar novos processos de evangelização da cultura, ainda que suponham projetos de longo prazo" (EG, n. 69).

44. A relação entre o Evangelho e a cultura sempre desafiou a vida da Igreja. Sua missão é custodiar fielmente o depósito da fé, mas ao mesmo tempo "é necessário que esta doutrina certa e imutável, que deve ser fielmente respeitada, seja aprofundada e exposta de forma a responder às exigências do nosso tempo".[31] Na situação atual, marcada por uma grande distância entre a fé e a cultura, é urgente repensar o trabalho de evangelização com novas categorias e novas linguagens que ressaltem a dimensão missionária.

45. Toda cultura tem sua peculiaridade, mas atualmente muitas expressões culturais se difundem com o fenômeno da *globalização*. Essa é fortalecida pelas mídias de comunicação de massa e pelos movimentos populacionais. "As transformações sociais às quais assistimos nos últimos decênios têm causas complexas, que afundam as suas raízes no tempo longínquo e modificaram profundamente a percepção do nosso mundo. Considerem-se os gigantescos

---

[31] SÃO JOÃO XXIII. *Discurso de sua Santidade na abertura solene do Concílio*. Basílica de São Pedro, 11 de outubro de 1962.

progressos da ciência e da técnica, o ampliar-se das possibilidades de vida e dos espaços de liberdade individual, as profundas mudanças em âmbito econômico, o processo de mistura de etnias e culturas causado por maciços fenômenos migratórios, a crescente interdependência entre os povos" (US, Introdução).[32]

46. Embora sejam diversas as oportunidades que se projetam nesse novo cenário global, não se pode deixar de notar as ambiguidades e, frequentemente, também as dificuldades que acompanham as transformações em curso. Juntamente com uma preocupante *desigualdade social*, que muitas vezes resulta em alarmantes *tensões planetárias*, o *horizonte de significado* da própria experiência humana está em profunda mudança. "Na cultura dominante, ocupa o primeiro lugar aquilo que é exterior, imediato, visível, rápido, superficial, provisório" (EG, n. 62). Um papel central é agora confiado à *ciência* e à *técnica*, como se sozinhas pudessem dar respostas às mais profundas questões. Muitos processos formativos são organizados tendo por base essas premissas, em detrimento de uma formação integral, capaz de dar razão às aspirações mais autênticas da alma humana. Está em curso uma verdadeira *revolução antropológica*, que tem consequências também para a experiência religiosa e que fortemente interpela a comunidade eclesial.

---

[32] BENTO XVI. Carta Apostólica em forma de *Motu Proprio Ubicumque et Semper,* com a qual se institui o Pontifício Conselho para a promoção da Nova Evangelização. (Documentos Pontifícios, 8). Brasília: Edições CNBB, 2011.

47. Na formação desse contexto cultural, é inegável o papel desempenhado pelos *meios de comunicação* de *massa*, que redefiniram as coordenadas humanas basilares, para muito além das finalidades mais intimamente relacionadas às exigências de comunicação. "As novas tecnologias não mudam só o modo de comunicar, mas levam a cabo uma vasta transformação cultural. Desenvolve-se um novo modo de aprender e de pensar, com oportunidades inéditas de estabelecer relações e construir a comunhão".[33] A transformação, portanto, toca a esfera da identidade e da liberdade da pessoa, bem como as habilidades cognitivas e os sistemas de aprendizado; inevitavelmente influencia suas modalidades relacionais e, por fim, modifica a própria abordagem da experiência da fé. Para a Igreja, portanto, "a revolução nos meios de comunicação e de informação é um grande e apaixonante desafio que requer energias frescas e uma imaginação nova para transmitir aos outros a beleza de Deus".[34]

A catequese a serviço da nova evangelização

48. No contexto do renovado anúncio do Evangelho nos cenários em mudança da cultura contemporânea, a Igreja tem cuidado para que cada uma de suas atividades tenha

---

[33] BENTO XVI. *Discurso do Papa aos participantes na Assembleia Plenária do Pontifício Conselho para as Comunicações Sociais*. Sala Clementina, 28 de fevereiro de 2011.

[34] FRANCISCO. *Mensagem do Santo Padre para o XLVIII Dia Mundial das Comunicações Sociais*: "Comunicação ao serviço de uma autêntica cultura do encontro". Vaticano, 24 de janeiro de 2014.

uma intrínseca conotação evangelizadora e missionária. Uma vez que "a ação missionária é *o paradigma de toda obra da Igreja*" (EG, n. 15), é necessário que também a catequese esteja a serviço da nova evangelização e que, a partir dela, se desenvolvam algumas atenções fundamentais para que a todas as pessoas esteja aberto o acesso pessoal ao encontro com Cristo. Em diferentes contextos eclesiais, embora com diferentes linguagens, vão se fazendo presentes alguns *sotaques* da catequese, testemunho de um sentir comum, no qual se reconhece a ação do Senhor.

A catequese "em saída missionária"

49. Única é a missão que Jesus ressuscitado confiou à sua Igreja, mas multifacetada ela se apresenta em seu exercício, com base nas pessoas e nos âmbitos aos quais se dirige. A *missio ad gentes* é o paradigma da ação pastoral da Igreja; destina-se a "povos, grupos humanos, contextos socioculturais onde Cristo e o seu Evangelho não são conhecidos, onde faltam comunidades cristãs suficientemente amadurecidas para poderem encarnar a fé no próprio ambiente e anunciá-la a outros grupos" (RMi, n. 33). Com relação a esse paradigma, a Igreja é hoje chamada a ser e a se colocar em estado de missão permanente em todo o mundo e transformar cada uma de suas ações em perspectiva missionária.

50. Nessa renovada consciência de sua vocação, a Igreja repensa também a catequese como uma obra sua *em saída missionária*. Por essa razão, ela estará disponível a colocar-se à procura dos clamores de verdade que já estão presentes em diversas atividades humanas, na confiança de que Deus está misteriosamente em ação no coração de cada pessoa, antes mesmo de ela ser explicitamente alcançada pelo Evangelho. Nesse sentido, saberá fazer-se próxima das pessoas de nosso tempo, caminhando lado a lado onde se encontram. A catequese também forma a missão, acompanhando os cristãos no amadurecimento das atitudes de fé e conscientizando-os de que são *discípulos missionários*, chamados a participar ativamente do anúncio do Evangelho e a fazer presente o Reino de Deus no mundo: "A intimidade da Igreja com Jesus é uma intimidade itinerante, e a comunhão 'reveste essencialmente a forma de comunhão missionária'" (EG, n. 23; CfL, n. 32).

A catequese no sinal de misericórdia

51. O mistério da fé cristã encontra sua síntese na misericórdia, que se fez visível em Jesus de Nazaré. A misericórdia, centro da Revelação de Jesus Cristo, revela o próprio mistério da Trindade. Esse é o ideal de vida evangélico, verdadeiro critério de credibilidade da fé, o enredo mais profundo da experiência eclesial. A Igreja é chamada a anunciar sua primeira verdade, que é o amor de Cristo (MV, n. 12).[35] Cada vez mais se entende que não há anúncio da fé se ele não é sinal da misericórdia de Deus. A prática da misericórdia já é uma catequese autêntica; é catequese em ato, testemunho eloquente para

---

[35] FRANCISCO. *Misericordiae Vultus*: Bula de proclamação do Jubileu Extraordinário da Misericórdia. (Documentos Pontifícios, 20). Brasília: Edições CNBB, 2015.

aqueles que creem e para aqueles que não creem, manifestação do vínculo entre ortodoxia e ortoprática: "a nova evangelização não pode deixar de recorrer à linguagem da misericórdia, feita de gestos e de atitudes, antes ainda que de palavras".[36]

52. A catequese, além disso, pode ser considerada uma realização da obra de misericórdia espiritual: "ensinar quem não sabe". A ação catequética, de fato, consiste em oferecer a possibilidade de sair da ignorância maior, que impede as pessoas de conhecer a sua identidade e vocação. Com efeito, em *De catechizandis rudibus*, a primeira obra cristã de pedagogia catequética, Santo Agostinho afirma que a catequese se torna uma "ocasião de obra de misericórdia" enquanto satisfaz "com a Palavra de Deus a inteligência daqueles que dela estão famintos".[37] Para o santo Bispo, toda a ação catequética é sustentada pela misericórdia de Deus em Cristo, no que diz respeito à miséria humana. Além disso, se a misericórdia é o núcleo da Revelação, ela será também a condição do anúncio e do estilo de sua pedagogia. Por fim, a catequese educará a ser "misericordiosos como vosso Pai é misericordioso" (Lc 6,36), tanto promovendo o conhecimento e a prática das *obras espirituais e corporais de misericórdia*, quanto convidando à procura por novas obras que respondam às exigências atuais.

---

[36] FRANCISCO. *Discurso do Papa aos participantes na Plenária do Pontifício Conselho para a Promoção da Nova Evangelização*. Sala Clementina, 14 de outubro de 2013.

[37] AGOSTINHO DE HIPONA. *De catechizandis rudibus*, 1, 14, 22: CCL 46, 146 (PL 40, 327).

A catequese como "laboratório" do diálogo

53. Na escola do admirável *diálogo de salvação* que é a Revelação, a Igreja cada vez mais se entende como chamada ao diálogo com a geração de seu tempo. "A Igreja deve entrar em diálogo com o mundo em que vive. A Igreja faz-se palavra, faz-se mensagem, faz-se colóquio" (ES, n. 38).[38] Essa vocação, que tem sua raiz no mistério de Deus que em Jesus entra em diálogo íntimo com o ser humano, precisamente a partir desse diálogo toma forma, assumindo suas características. Esse diálogo é uma iniciativa livre e gratuita, baseia-se no amor, não é proporcional aos méritos dos interlocutores, não obriga, é para todos, sem distinção, cresce gradualmente (ES, n. 51-52). No tempo atual, esse diálogo – com a sociedade, com as culturas e as ciências, com todos os outros fiéis – é particularmente necessário como contribuição preciosa para a paz (EG, n. 238-258).

54. No tempo da nova evangelização, a Igreja deseja que também a catequese enfatize esse *estilo dialógico*, para que seja mais facilmente visível o rosto do Filho que, assim como a Samaritana no poço, se detém para dialogar com cada pessoa a fim de gentilmente conduzi-la à descoberta da água da vida (Jo 4,5-42). Nesse sentido, a catequese eclesial é um autêntico *"laboratório" de diálogo*, porque, nas profundezas de cada pessoa, encontra a vivacidade e a complexidade, os desejos e as buscas, as limitações e às vezes também os erros da sociedade e das culturas do mundo contemporâneo. Também para a catequese, "trata-se

---

[38] SÃO PAULO VI. Carta Encíclica *Ecclesiam Suam*: sobre os caminhos da Igreja, 6 de agosto de 1964.

de manter um diálogo pastoral sem relativismos, que não negocia a própria identidade cristã, mas que deseja alcançar o coração do próximo, dos outros que são diferentes de nós, e ali semear o Evangelho".[39]

---

[39] FRANCISCO. *Discurso do Papa aos participantes no Congresso Internacional de Pastoral das Grandes Cidades*, 27 de novembro de 2014.

CAPÍTULO II

A IDENTIDADE
DA CATEQUESE

1. Natureza da catequese (n. 55-65)

55. A catequese é um ato de natureza eclesial, que nasce do mandado missionário do Senhor (Mt 28,19-20) e que está orientada, como seu nome indica,[40] a fazer *ressoar* continuamente o anúncio de sua Páscoa no coração de cada pessoa, para que sua vida seja transformada. Uma realidade dinâmica e complexa a serviço da Palavra de Deus, a catequese acompanha, educa e forma *na* fé e *para* a fé, introduz à celebração do Mistério, ilumina e interpreta a vida e a história humanas. Integrando harmoniosamente essas características, a catequese expressa a riqueza de sua essência e oferece sua contribuição específica para a missão pastoral da Igreja.

56. A catequese, etapa privilegiada do processo de evangelização, é geralmente voltada para pessoas que já receberam o primeiro anúncio, e em cujo íntimo ela promove os processos de iniciação, crescimento e amadurecimento na fé. É verdade, porém, que, embora seja útil a distinção conceitual entre *pré-evangelização, primeiro anúncio, catequese,*

---

[40] O verbo grego *katechein* significa "ressoar", "fazer ressoar".

formação permanente, no contexto atual não é mais possível marcar tal diferença. De fato, por um lado, aqueles que hoje pedem ou já receberam a graça dos sacramentos muitas vezes não têm uma experiência explícita de fé ou não conhecem intimamente sua força e calor; por outro lado, um anúncio formal que se limita à crua enunciação dos conceitos de fé não permite uma compreensão da própria fé, que é, em vez disso, um novo horizonte de vida que se revela, a partir do encontro com o Senhor Jesus.

Íntima relação entre querigma e catequese

57. Essa exigência, à qual a Igreja deve responder nos tempos atuais, evidencia a necessidade de uma catequese que coerentemente possa ser chamada querigmática, ou seja, uma catequese que é um "aprofundamento do *querigma* que se vai, cada vez mais e melhor, [fazendo-se] carne" (EG, n. 165). A catequese, que nem sempre pode ser distinguida do primeiro anúncio, é chamada a ser primeiramente um anúncio da fé, e não deve delegar a outras ações eclesiais a missão de ajudar a descobrir a beleza do Evangelho. É importante que, precisamente através da catequese, cada pessoa descubra que vale a pena crer. Dessa forma, ela não mais se limita a ser um mero momento de crescimento mais harmonioso da fé, mas contribui para *gerar* a própria fé, permitindo descobrir sua grandeza e credibilidade. O anúncio não pode mais ser considerado simplesmente a primeira etapa da fé, prévia à catequese, mas sim a dimensão constitutiva de cada momento da catequese.

58. O querigma, "fogo do Espírito que se dá sob a forma de línguas e nos faz crer em Jesus Cristo, que, com a sua morte e ressurreição, nos revela e comunica a misericórdia infinita do Pai" (EG, n. 164), é simultaneamente um *ato de anúncio* e o *conteúdo* mesmo do anúncio, que revela e faz presente o Evangelho.[41] No querigma, o sujeito que age é o Senhor Jesus que se manifesta no testemunho daqueles que o anunciam; a vida da testemunha que experimentou a salvação torna-se, portanto, o que toca e move o interlocutor. No Novo Testamento estão presentes diversas formulações do querigma[42] que respondem às várias compreensões da salvação, que ressoa com acentos particulares nas diferentes culturas e por diferentes pessoas. Da mesma forma, a Igreja deve ser capaz de encarnar o querigma para as exigências de

---

[41] Sobre o termo "Evangelho": *"Evangelho* significa: Deus interrompeu o seu silêncio, Deus falou, Deus existe. Esse fato enquanto tal é salvação: Deus conhece-nos, Deus ama-nos, entrou na história. Jesus é a sua Palavra, o Deus conosco, o Deus que nos mostra que nos ama, que sofre conosco até à morte e ressuscita. Esse é o próprio Evangelho. Deus falou, já não é o maior desconhecido, mas mostrou-se a si mesmo e isso é salvação" (BENTO XVI. *Meditação do Papa por ocasião da primeira Congregação Geral da XIII Assembleia Geral Ordinária do Sínodo dos Bispos.* Sala do Sínodo, 8 de outubro de 2012).

[42] Dentre as inúmeras fórmulas do querigma, veja-se, a título de exemplo: "Jesus, Filho de Deus, o Emanuel, o Deus conosco" (Mt 1,23); "está próximo o Reino de Deus. Arrependei-vos e crede no Evangelho" (Mc 1,15); "De tal modo Deus amou o mundo, que deu o seu Filho Unigênito, para que todo o que nele crer não pereça, mas tenha a vida eterna" (Jo 3,16); "Eu vim para que tenham vida, e a tenham em abundância" (Jo 10,10); "Por toda a parte, ele [Jesus de Nazaré] andou fazendo o bem, e curando a todos" (At 10,38); "Jesus, nosso Senhor, [...] ressuscitado para nossa justificação" (Rm 4,24-25); "Jesus é Senhor" (1Cor 12,3); "Cristo morreu pelos nossos pecados" (1Cor 15,3); "Filho de Deus, que me amou e se entregou por mim" (Gl 2,20).

seus contemporâneos, favorecendo e encorajando que nos lábios dos catequistas (Rm 10,8-10), a partir da plenitude de seu coração (Mt 12,34), em uma recíproca dinâmica de escuta e diálogo (Lc 24,13-35), floresçam *anúncios* críveis, *confissões de fé* vitais, novos *hinos cristológicos* para anunciar a Boa Notícia: "Jesus Cristo ama-te, deu a sua vida para te salvar, e agora vive contigo todos os dias para te iluminar, fortalecer, libertar" (EG, n. 164).

59. Dessa centralidade do querigma para o anúncio, derivam alguns esclarecimentos também para a catequese: que "exprima o amor salvífico de Deus como prévio à obrigação moral e religiosa, que não imponha a verdade, mas faça apelo à liberdade, que seja pautado pela alegria, pelo estímulo, pela vitalidade e por uma integralidade harmoniosa que não reduza a pregação a poucas doutrinas, por vezes mais filosóficas que evangélicas" (EG, n. 165). Os elementos que a catequese como eco de querigma é convidada a valorizar são: o caráter da proposta; a qualidade narrativa, afetiva e existencial; a dimensão de testemunho da fé; a atitude relacional; a ênfase salvífica. Com efeito, tudo isso interroga a própria Igreja, chamada primeiramente a redescobrir o Evangelho que anuncia: o novo *anúncio* do Evangelho pede à Igreja uma renovada *escuta* do Evangelho, junto com seus interlocutores.

60. Uma vez que "o *querigma* possui um conteúdo inevitavelmente social" (EG, n. 177), é importante que esteja explícita a dimensão social da evangelização, de modo que seja possível encontrar a sua abertura em toda a existência. Isso significa que a eficácia da catequese é visível não somente por meio do anúncio direto da Páscoa do Senhor, mas também mostrando como a nova visão da vida, do ser humano, da justiça, da vida social e do universo inteiro emerge da fé, também mediante a realização de sinais concretos. Por essa razão, a apresentação da luz com a qual o Evangelho ilumina a sociedade não é um segundo momento cronologicamente distinto do anúncio da própria fé. A catequese é um anúncio da fé que não pode outra coisa senão se relacionar, mesmo que em semente, com todas as dimensões da vida humana.

O catecumenato, fonte de inspiração para a catequese

61. A exigência de "não dar por suposto que os nossos interlocutores conhecem o horizonte completo daquilo que dizemos ou que eles podem relacionar o nosso discurso com o núcleo essencial do Evangelho" (EG, n. 34) é a razão tanto para afirmar a natureza querigmática da catequese quanto para considerar sua inspiração catecumenal. O catecumenato é uma antiga prática eclesial, restaurada após o Concílio Vaticano (SC, n. 64-66;[43] CD, n. 14; AG, n. 14), oferecida aos convertidos não batizados. Apresenta, portanto, uma explícita intenção missionária e se estrutura como um complexo orgânico e gradual para iniciar à fé e à vida cristã. Justamente por causa de seu caráter missionário, o catecumenato pode também inspirar a catequese daqueles que, apesar de já terem recebido o dom da graça batismal,

---

[43] CONCÍLIO VATICANO II. Constituição *Sacrosanctum Concilium*: sobre a Sagrada Liturgia. In: SANTA SÉ. *Concílio Ecumênico Vaticano II*: Documentos. Brasília: Edições CNBB, 2018, p. 21-74.

não desfrutam de sua riqueza:[44] nesse sentido, se fala de *inspiração catecumenal da catequese* ou do *catecumenato pós-batismal* ou *catequese de iniciação à vida cristã* (CIgC, n. 1231; DAp, n. 286-288). Essa inspiração não ignora que os batizados "já foram introduzidos na Igreja e se tornaram filhos de Deus pelo Batismo. A sua conversão fundamenta--se, portanto, no Batismo que já receberam e cuja força de vida eles devem fazer desabrochar" (RICA, n. 295).

62. Em relação aos sujeitos, pode-se falar de três propostas catecumenais:

- um *catecumenato em sentido estrito* para os não batizados, tanto jovens quanto adultos, bem como para crianças em idade escolar e adolescentes;

- um *catecumenato em sentido análogo* para os batizados que não completaram os sacramentos da iniciação cristã;

- uma *catequese de inspiração catecumenal* para aqueles que receberam os sacramentos de iniciação, mas ainda não estão suficientemente evangelizados ou catequizados, ou para aqueles que desejam retomar o caminho da fé.

63. A restauração do catecumenato, favorecida pelo Concílio Vaticano II, foi alcançada com a publicação do *Ritual de Iniciação Cristã de Adultos* (RICA). O catecumenato, verdadeira escola de "formação de toda a vida cristã" (AG, n. 14), é um processo estruturado em quatro tempos ou períodos, com o objetivo de guiar o catecúmeno

---

[44] Esses podem ser chamados de *quase catecúmenos*: CT, n. 44.

ao encontro completo com o mistério de Cristo na vida da comunidade, e é, portanto, considerado um *lugar típico* de iniciação, catequese e mistagogia. Os ritos de passagem[45] entre os períodos destacam a gradualidade do itinerário formativo do catecúmeno:

- no *pré-catecumenato* se realiza a primeira evangelização voltada à conversão e se explicita o *querigma* do primeiro anúncio;

- o tempo do *catecumenato*, propriamente dito, destina-se à catequese integral; a esse se ascende com o *Rito de Admissão*, no qual pode haver a "entrega dos Evangelhos";[46]

- o tempo de *purificação* e *iluminação* oferece uma preparação mais intensa para os sacramentos da iniciação; esse período, no qual se ingressa com o *Rito da Eleição* ou da *inscrição do nome*, prevê a "entrega do Símbolo" e a "entrega da Oração do Senhor";[47]

- com a *Celebração dos Sacramentos de Iniciação* na Vigília pascal se abre o tempo da *mistagogia*,

---

[45] "Temos assim três '*degraus*', '*passos*' ou '*portas*' que devem ser tidos como momentos maiores ou mais densos da iniciação. Esses degraus são assinalados por três ritos litúrgicos: o primeiro pelo *rito da instituição dos catecúmenos*; o segundo pela *eleição*; e o terceiro pela *celebração dos sacramentos*" (RICA, n. 6).

[46] Esse tempo prevê celebrações da Palavra de Deus, exorcismos, bênçãos e outros ritos (RICA, n. 68-132).

[47] Junto às entregas mencionadas, durante esse período, o catecúmeno vive os escrutínios e demais ritos imediatamente preparatórios à celebração dos sacramentos (RICA, n. 133-207).

caracterizado por uma experiência cada vez mais profunda dos mistérios da fé e da participação na vida da comunidade (RICA, n. 208-239).

64. A *inspiração catecumenal da catequese* não significa reproduzir, ao pé da letra, o catecumenato, mas assumir seu estilo e dinamismo formativo, respondendo também à "necessidade de uma renovação mistagógica, que poderia assumir formas muito diferentes de acordo com o discernimento de cada comunidade educativa" (EG, n. 166). O catecumenato tem uma intrínseca perspectiva missionária, que, na catequese, com o passar do tempo, foi se enfraquecendo. Repropõem-se os principais elementos do catecumenato, que, após o necessário discernimento, devem hoje ser incluídos, valorizados e atualizados com coragem e criatividade, em um esforço de verdadeira inculturação. Esses elementos são:

a. o *caráter pascal*: no catecumenato, tudo é orientado para o mistério da paixão, morte e ressurreição de Cristo. A catequese comunica, de forma essencial e existencialmente compreensível, o coração da fé, colocando cada um em relação com o Ressuscitado, ajudando-o a reler e viver os momentos mais intensos da própria vida como passagens pascais;

b. o *caráter iniciático*: o catecumenato é uma iniciação à fé que leva os catecúmenos à descoberta do mistério de Cristo e da Igreja. A catequese introduz a todas as dimensões da vida cristã, ajudando cada um a iniciar, na comunidade, sua jornada pessoal de resposta a Deus que o buscou;

c. o *caráter litúrgico, ritual e simbólico*: o catecumenato é tecido de símbolos, ritos e celebrações, que tocam os sentidos e os afetos. A catequese, justamente graças ao "uso de símbolos eloquentes" e por meio de "uma renovada valorização dos sinais litúrgicos" (EG, n. 166), pode, assim, responder às exigências da geração contemporânea, que geralmente considera significativas somente as experiências que a tocam em sua corporeidade e afetividade;

d. o *caráter comunitário*: o catecumenato é um processo que se realiza em uma comunidade concreta, que faz experiência da comunhão dada por Deus e, portanto, está ciente de sua responsabilidade pelo anúncio da fé. A catequese inspirada no catecumenato integra a contribuição de diferentes carismas e ministérios (catequistas, agentes da liturgia e da caridade, responsáveis por grupos eclesiais, juntamente com os ministros ordenados), revelando que o interior que regenera à fé é toda a comunidade;

e. o *caráter de conversão permanente e de testemunho*: o catecumenato é imaginado, como um todo, como um caminho de conversão e gradual purificação, enriquecido também por ritos que assinalam a aquisição de uma nova forma de existência e pensamento. A catequese, ciente de que a conversão nunca é imediatamente realizada, mas sim dura toda a vida, educa a descobrir-se pecadores perdoados e, valorizando o rico patrimônio da Igreja, prepara também itinerários especiais penitenciais e formativos, que favorecem a conversão do coração e da mente em um novo estilo de vida, que também é perceptível pelo exterior;

f. o *caráter de progressividade da experiência formativa* (EG, n. 166; RICA, n. 4-6): o catecumenato é um processo dinâmico estruturado em períodos que se seguem de modo gradual e progressivo. Esse caráter evolutivo responde à biografia mesma da pessoa, que cresce e amadurece com o tempo. A Igreja, acompanhando pacientemente e respeitando os tempos reais de amadurecimento de seus filhos, nessa atenção manifesta a sua maternidade.

65. A catequese em chave querigmática e missionária requer a realização de uma pedagogia de iniciação inspirada no itinerário catecumenal, respondendo com sabedoria pastoral à pluralidade das situações. Em outras palavras, segundo um sentido amadurecido em diversas Igrejas, se trata da *catequese de iniciação à vida cristã*. Um itinerário pedagógico oferecido na comunidade eclesial e que leva aquele que crê ao encontro pessoal com Jesus Cristo por meio da Palavra de Deus, da ação litúrgica e da caridade, integrando todas as dimensões da pessoa, para que ele cresça na mentalidade da fé e seja testemunha de vida nova no mundo.

2. A catequese no processo da evangelização (n. 66-74)

Primeiro anúncio e catequese

66. Com o primeiro anúncio, a Igreja proclama o Evangelho e desperta a conversão. Na prática pastoral ordinária, esse momento do processo evangelizador é fundamental. Na missão *ad gentes*, isso ocorre no período chamado pré-catecumenato. No momento atual da nova evangelização, fala-se mais corriqueiramente, como foi dito, de catequese querigmática.

67. No contexto da missão *ad gentes*, o primeiro anúncio deve ser entendido principalmente em um sentido cronológico. De fato, "dar a conhecer Jesus Cristo e o seu Evangelho àqueles que não os conhecem, é precisamente, a partir da manhã do Pentecostes, o programa fundamental que a Igreja assumiu como algo recebido do seu fundador" (EN, n. 51). Ela faz o primeiro anúncio "por meio de uma atividade complexa e diversificada, que algumas vezes se designa com o nome de 'pré-evangelização', mas que, a bem dizer, já é evangelização, embora no seu estágio inicial e ainda incompleto" (EN, n. 51). A catequese desenvolve e leva à maturidade esse momento inicial. Portanto, o primeiro anúncio e a catequese, embora distintos, são complementares.

68. Em muitos contextos eclesiais, o primeiro anúncio possui também um segundo significado. "Ao designar-se como 'primeiro' este anúncio, não significa que ele se situe no início e que, em seguida, se esqueça ou substitui por outros conteúdos que o superam; é o primeiro em sentido qualitativo, porque é o anúncio principal, aquele que sempre se tem de voltar a ouvir de diferentes maneiras e aquele que sempre se tem de voltar a anunciar, de uma forma ou de outra, durante a catequese, em todas as suas etapas e momentos" (EG, n. 164). O primeiro anúncio, missão de cada cristão, tem por fundamento aquele *ide* (Mc 16,15;

Mt 28,19) que Jesus indicou para seus discípulos e implica sair, acorrer, acompanhar, tornando-se, assim, verdadeiros discípulos missionários. Ele não pode, portanto, ser reduzido a um ensinamento de uma mensagem, mas é, antes de tudo, partilha da vida que vem de Deus e comunicação da alegria de ter encontrado o Senhor. "Ao início do ser cristão, não há uma decisão ética ou uma grande ideia, mas o encontro com um acontecimento, com uma pessoa que dá à vida um novo horizonte e, dessa forma, o rumo decisivo" (DCE, n. 1).[48]

Catequese de iniciação cristã

69. A catequese de iniciação cristã se interliga à ação missionária, que chama a fé, à ação *pastoral* que a alimenta continuamente. A catequese é parte integrante da iniciação cristã e está intimamente unida aos sacramentos da iniciação, especialmente com o Batismo. "O elo que une a catequese com o Batismo é a profissão de fé, que é, ao mesmo tempo, o elemento interior a este sacramento e a meta da catequese" (DGC, n. 66). "A missão de batizar, portanto, a missão sacramental, está implícita na missão de evangelizar" (CIgC, n. 1122); assim sendo, a missão sacramental não pode ser separada do processo de evangelização. De fato, o itinerário ritual da iniciação cristã é uma forma realizada da doutrina que não somente se concretiza na Igreja, mas a constitui. A iniciação cristã não se limita a uma enunciação, mas sim põe em prática o Evangelho.

---

[48] BENTO XVI. Carta Encíclica *Deus Caritas Est*: sobre o amor cristão. (Documentos Pontifícios, 1). Brasília: Edições CNBB, 2007.

70. Os sacramentos da iniciação cristã constituem uma unidade porque "põem os alicerces da vida cristã: os fiéis, renascidos pelo Batismo, são fortalecidos pela Confirmação e alimentados pela Eucaristia" (Comp. CIgC, n. 251). É importante reiterar que, de fato, "somos batizados e crismados em ordem à Eucaristia. Esse dado implica o compromisso de favorecer na ação pastoral uma compreensão mais unitária do percurso de iniciação cristã" (SCa, n. 17).[49] É oportuno, portanto, avaliar e considerar a ordem teológica dos sacramentos – Batismo, Confirmação, Eucaristia – para "verificar qual é a prática que melhor pode, efetivamente, ajudar os fiéis a colocarem no centro o sacramento da Eucaristia, como realidade para qual tende toda a iniciação" (SCa, n. 18). É desejável que, onde se realizam experimentos, estes não sejam casos isolados, mas o fruto de uma reflexão de toda a Conferência Episcopal que confirma as escolhas operacionais para todo o território de sua competência.

71. A catequese de iniciação cristã é uma *formação de base, essencial, orgânica, sistemática e integral* da fé:

a. *de base* e *essencial*, enquanto aprofundamento inicial do querigma que explicita os mistérios fundamentais da fé e dos valores evangélicos basilares. "A catequese lança os fundamentos do edifício espiritual do cristão, alimenta as raízes da sua vida de fé, habilitando-o a receber o sucessivo

---

[49] BENTO XVI. Exortação Apostólica Pós-Sinodal *Sacramentum Caritatis*: sobre a Eucaristia, fonte e ápice da vida e da missão da Igreja. Roma, 22 de fevereiro de 2007.

alimento sólido, na vida ordinária da comunidade cristã" (DGC, n. 67);

b. *orgânica*, enquanto coerente e bem ordenada; *sistemática*, isto é, não improvisada ou ocasional. A exposição orgânica e sistemática do mistério cristão distingue a catequese das outras formas de anúncio da Palavra de Deus;

c. *integral*, porque se trata do aprendizado aberto a todos os componentes da vida cristã. A catequese gradualmente favorece a interiorização e a integração dessas componentes, provocando uma transformação do homem velho e a formação de uma mentalidade cristã.

72. Essas características da catequese de iniciação são de modo exemplar expressas na *síntese* da fé já elaborada pela Escritura (na tríade fé, esperança, caridade) e depois na Tradição (fé acreditada, celebrada, vivida e orada). Essas sínteses são uma forma de compreender harmoniosamente a vida e a história, pois não enunciam posições teológicas interessantes, mas sempre parciais; antes, proclamam a própria fé da Igreja.

Catequese e formação permanente à vida cristã

73. A catequese se coloca a serviço de uma resposta de fé do fiel, tornando-o capaz de viver a vida cristã em um estado de conversão. Em essência, trata-se de favorecer a interiorização da mensagem cristã, por meio desse dinamismo da catequese que na progressão sabe integrar a escuta, o discernimento e a purificação. Tal ação na catequese não se limita ao fiel individual, mas se destina a toda a comunidade cristã, de modo a sustentar o empenho missionário da evangelização. A catequese incentiva também a inserção dos indivíduos e da comunidade no contexto social e cultural, auxiliando na leitura cristã da história e favorecendo o compromisso social dos cristãos.

74. A catequese, estando a serviço da educação permanente à fé, está em relação às diversas dimensões da vida cristã.

a. *Catequese e Sagrada Escritura*: a Sagrada Escritura é essencial para progredir na vida de *fé*; sua centralidade na catequese permite transmitir, de forma vital, a história da salvação e, assim, "encorajar o conhecimento das figuras, acontecimentos e expressões fundamentais do Texto Sagrado" (VD, n. 74).[50]

b. *Catequese, liturgia e sacramentos*: a catequese está orientada para a celebração litúrgica. São necessárias tanto uma catequese que prepara para os sacramentos quanto uma catequese mistagógica que favoreça uma compreensão e uma experiência mais profunda da liturgia.

c. *Catequese, caridade e testemunho*: enquanto a catequese, como ressonância do Evangelho, molda

---

[50] Devem-se valorizar todas as iniciativas que conferem às Escrituras Sagradas sua primazia pastoral, tais como o *Domingo da Palavra de Deus* (FRANCISCO. Carta Apostólica em forma de *Motu Proprio Aperuit Illis*, com a qual se institui o Domingo da Palavra de Deus. [Documentos Pontifícios, 41]. Brasília: Edições CNBB, 2019).

a caridade, a ação caritativa é parte integrante do anúncio na catequese. A caridade não é somente um sinal da aceitação do Evangelho, mas também uma maneira privilegiada de ter acesso a ele: "Todo aquele que ama nasceu de Deus e conhece a Deus" (1Jo 4,7).

3. Finalidade da catequese (n. 75-78)

75. No centro de cada processo de catequese está o encontro vivo com Cristo. "A finalidade definitiva da catequese é a de fazer que alguém se ponha, não apenas em contato, mas em comunhão, em intimidade com Jesus Cristo: somente Ele pode levar ao amor do Pai no Espírito e fazer-nos participar na vida da Santíssima Trindade" (CT, n. 5). A comunhão com Cristo é o centro da vida cristã e, consequentemente, o centro da ação catequética. A catequese se orienta a formar pessoas que conhecem cada vez mais Jesus Cristo e seu Evangelho de salvação libertadora; pessoas que vivem um profundo encontro com Ele e que escolhem seu mesmo modo de vida e sentimentos (Fl 2,5), comprometendo-se a realizar, nas situações históricas em que vivem, a missão de Cristo, que é o anúncio do Reino de Deus.

76. O encontro com Cristo envolve a pessoa em sua totalidade: coração, mente, sentidos. Não diz respeito somente à mente, mas também ao corpo e, sobretudo, ao coração. Nesse sentido, a catequese, que auxilia na interiorização da fé e, com isso, dá uma contribuição insubstituível para o encontro com Cristo, não está sozinha no caminho rumo a esse objetivo. A essa finalidade concorrem as demais dimensões da vida da fé: a experiência litúrgico-sacramental, as relações afetivas, a vida comunitária e o serviço aos irmãos e irmãs, de fato, elementos essenciais para o *nascimento do homem novo* (Ef 4,24) e para a *transformação* espiritual pessoal (Rm 12,2).

77. A catequese amadurece a conversão inicial e ajuda os cristãos a dar um significado pleno à sua própria existência, educando-os a uma *mentalidade de fé* conforme ao Evangelho,[51] até que eles gradualmente passam a sentir, pensar e agir como Cristo. Nesse caminho, no qual o próprio sujeito intervém decisivamente com a sua personalidade, a capacidade de acolher o Evangelho é proporcional à situação existencial e à fase de crescimento da pessoa.[52] Reitera-se, no entanto, que "'a catequese dos adultos, uma vez que é dirigida a pessoas capazes de uma adesão e de um empenho realmente responsáveis, deve ser considerada como a principal forma de catequese, para qual todas as demais, não por isso menos necessárias, estão orientadas'. Isso implica que a catequese das demais idades deve tê-la como ponto de referência e deve articular-se com ela" (DCG, n. 59).[53]

78. A comunhão com Cristo implica a confissão de fé no único Deus: Pai, Filho, Espírito Santo. "A profissão de fé,

---

[51] Segundo a EN, n. 44, a finalidade da catequese é a de "formar hábitos de vida cristã".

[52] Sobre o processo de recepção pessoal da fé, conferir o n. 396 deste *Diretório*.

[53] Ver também: CT, n. 43; SAGRADA CONGREGAÇÃO PARA O CLERO. *Directorium Catechisticum Generale – Ad normam decreti*. Roma, 11 de abril de 1971, n. 20.

intrínseca ao Batismo, é eminentemente trinitária. A Igreja batiza 'em nome do Pai, do Filho e do Espírito Santo' (Mt 28,19), Deus uno e trino, ao qual o cristão confia a sua vida. [...] É importante que a catequese saiba unir bem a confissão de fé cristológica, *'Jesus é o Senhor'*, com a confissão trinitária, *'Creio no Pai, no Filho e no Espírito Santo'*, uma vez que são tão somente duas modalidades para se exprimir a mesma fé cristã. Aquele que, pelo primeiro anúncio, se converte a Jesus Cristo e o reconhece como Senhor, inicia um processo, ajudado pela catequese, que desemboca necessariamente na confissão explícita da Trindade" (DGC, n. 82). Tal confissão é certamente um ato pessoal do indivíduo, mas só atinge sua plenitude se é feita na Igreja.

4. Atividades da catequese (n. 79-89)

79. Para alcançar seu propósito, a catequese realiza algumas atividades, interconectadas, que se inspiram no modo como Jesus formou os seus discípulos: fazia *conhecer* os mistérios do Reino, ensinava a *rezar*, propunha as *atitudes evangélicas*, iniciava-os à vida de *comunhão* com Ele e entre eles e à *missão*. Essa pedagogia de Jesus então moldou a vida da comunidade cristã: "Eles eram perseverantes no ensinamento dos apóstolos, na comunhão fraterna, na fração do pão e nas orações" (At 2,42). A fé, de fato, exige ser conhecida, celebrada, vivida e rezada. Para formar a uma vida cristã integral, a catequese persegue, portanto, as seguintes atividades: conduz à consciência da fé; inicia à celebração do mistério; forma à vida em Cristo; ensina a rezar e introduz à vida comunitária.

Conduzir à consciência da fé

80. A catequese tem a missão de fomentar a consciência e o aprofundamento da mensagem cristã. Dessa forma, ajuda a conhecer as verdades da fé cristã, introduz à consciência da Sagrada Escritura e da Tradição viva da Igreja, favorece o conhecimento do *Credo* (*Símbolo da Fé*) e a criação de uma visão doutrinal coerente, à qual se pode fazer referência na vida. É importante não subestimar essa dimensão cognitiva da fé, e ter o cuidado de integrá-la ao processo educativo de amadurecimento cristão integral. Com efeito, uma catequese que se opõe ao conteúdo e à experiência de fé se revelaria falha. Sem a experiência de fé, estaria privada de um verdadeiro encontro com Deus e com os irmãos; sem aprofundamento, estaria impossibilitado o amadurecimento da fé, capaz de introduzir ao sentido da Igreja e de viver o encontro e a relação com os outros.

Iniciar à celebração do mistério

81. Além de favorecer um conhecimento vivo do mistério de Cristo, a catequese também tem a missão de ajudar na compreensão e na experiência das celebrações litúrgicas. Por meio dessa atividade, a catequese ajuda a compreender a importância da liturgia na vida da Igreja, inicia à consciência dos sacramentos e à vida sacramental, especialmente ao sacramento da Eucaristia, fonte e ápice da vida e da missão da Igreja. Os Sacramentos, celebrados na liturgia, são um meio especial que comunica plenamente aquele que é anunciado pela Igreja.

82. A catequese também educa a atitudes que as celebrações da Igreja exigem: alegria pelo caráter festivo das celebrações, o sentido comunitário, a escuta atenta da Palavra de Deus, a oração confiante, o louvor e a ação de graças e a sensibilidade aos símbolos e sinais. Por meio da participação consciente e ativa nas celebrações litúrgicas, a catequese educa à compreensão do ano litúrgico, verdadeiro mestre da fé, e do significado do Domingo, dia do Senhor e da comunidade cristã. A catequese também ajuda a valorizar as expressões de fé da piedade popular.

Formar à vida em Cristo

83. A catequese tem a missão de fazer ressoar, no coração de cada cristão, o chamado a viver uma vida nova, conforme à dignidade dos filhos de Deus recebida no Batismo e à vida do Ressuscitado que se comunica com os Sacramentos. Essa missão consiste em mostrar que a altíssima vocação à santidade (LG, n. 40)[54] corresponde à resposta de um estilo de vida filial, capaz de reconduzir todas as situações para o caminho da verdade e da felicidade que é Cristo. Nesse sentido, a catequese educa ao seguimento do Senhor, segundo as disposições descritas nas Bem-aventuranças (Mt 5,1-12), que manifestam sua própria vida. "Jesus explicou, com toda a simplicidade, o que é ser santo; assim o fez quando nos deixou as Bem-aventuranças

---

[54] CONCÍLIO VATICANO II. Constituição Dogmática *Lumen Gentium*. In: SANTA SÉ. *Concílio Ecumênico Vaticano II*: Documentos. Brasília: Edições CNBB, 2018, p. 75-173. Sobre o chamado à santidade no mundo contemporâneo, ver: FRANCISCO. Exortação Apostólica *Gaudete et Exsultate*.

(Mt 5,3-12; Lc 6,20-23). Essas são como que o bilhete de identidade do cristão" (GeE, n. 63).

84. Da mesma forma, a atividade catequética de educar à vida digna do Evangelho envolve a formação cristã da consciência moral, a fim de que em todas as circunstâncias o fiel possa colocar-se à escuta da vontade do Pai para discernir, sob orientação do Espírito e em consonância com a lei de Cristo (Gl 6,2), o mal a ser evitado e o bem a ser feito, realizando isso mediante uma diligente caridade. Por essa razão, é importante ensinar a colher do mandamento da caridade desenvolvido no *Decálogo* (Ex 20,1-17; Dt 5,6-21) e das virtudes, humanas e cristãs, as indicações para agir como cristãos nos diferentes âmbitos da vida. Sem esquecer que o Senhor veio dar vida em abundância (Jo 10,10), a catequese sabe indicar "o bem desejável, a proposta de vida, de maturidade, de realização, de fecundidade" para fazer dos fiéis "mensageiros alegres de propostas altas, guardiões do bem e da beleza que resplandecem em uma vida fiel ao Evangelho" (EG, n. 168).

85. Ademais, tem-se em mente que a resposta à vocação cristã comum se realiza de modo encarnado, uma vez que cada filho de Deus, segundo a medida de sua liberdade, escutando a Deus e reconhecendo os carismas por Ele confiados, tem a responsabilidade de descobrir seu próprio papel no plano de salvação. A educação moral na catequese, portanto, sempre se pratica em uma *perspectiva vocacional*, olhando primeiramente para a vida como primeira e fundamental vocação. Cada forma de catequese se esforçará para ilustrar a dignidade da vocação cristã, para acompanhar no discernimento da vocação específica e para ajudar a consolidar o próprio estado de vida. Cabe à ação catequética mostrar que a fé, traduzida em uma vida comprometida a amar como Cristo, é o caminho para favorecer o advento do Reino de Deus no mundo e para esperar pela promessa da bem-aventurança eterna.

Ensinar a rezar

86. A oração é, primeiramente, um presente de Deus; de fato, em cada batizado "é o próprio Espírito que intercede em nosso favor, com gemidos inexprimíveis" (Rm 8,26). A catequese tem a missão de educar à oração e na oração, desenvolvendo a dimensão contemplativa da experiência cristã. É preciso educar a orar *com* Jesus Cristo e *como* Ele: "Aprender a rezar com Jesus é rezar com os mesmos sentimentos com os quais Ele se dirigia ao Pai: a adoração, o louvor, o agradecimento, a confiança filial, a súplica e a contemplação da sua glória. Esses sentimentos se refletem no *Pai-Nosso*, a oração que Jesus ensinou aos discípulos e que é modelo de toda oração cristã. [...] Quando a catequese é permeada por um clima de oração, o aprendizado de toda a vida cristã alcança a sua profundidade" (DGC, n. 85).

87. Essa missão implica educar tanto à oração pessoal quanto às orações litúrgica e comunitária, iniciando às *formas permanentes de oração*: bênção e adoração, prece, intercessão, ação de graça e louvor (CIgC, n. 2626-2649). Para alcançar esses objetivos, existem algumas formas bem conhecidas: a leitura orante da Sagrada Escritura, especialmente por meio da Liturgia das Horas e da *lectio divina*; a oração do coração, chamada *oração de Jesus*,[55] a veneração da Bem-aventurada Virgem Maria, graças às práticas de piedade, como o santo Rosário, as súplicas, as procissões etc.

Introduzir à vida comunitária

88. A fé se professa, se celebra, se expressa e se vive, sobretudo, na comunidade: "A dimensão comunitária não é apenas uma 'moldura', um 'contorno', mas constitui uma parte integrante da vida cristã, do testemunho e da evangelização".[56] Ela se exprime bem no princípio clássico: *"Idem velle atque idem nolle* – querer a mesma coisa e rejeitar a mesma coisa é, segundo os antigos, o autêntico conteúdo do amor: um tornar-se semelhante ao outro, que leva à união do querer e do pensar" (DCE, n. 17). Isso é possível cultivando uma *espiritualidade de comunhão*. Essa espiritualidade percebe a luz da Trindade no rosto do irmão, sentindo-a na unidade profunda do Corpo místico como parte de si; partilhando suas alegrias e seus sofrimentos para colher seus desejos; cuidando de suas necessidades; oferecendo-lhe uma verdadeira e profunda amizade. Olhar no outro primeiramente o positivo para valorizá-lo como dom de Deus ajuda a rejeitar as tentações egoístas que geram competição, carreirismo, desconfiança e inveja.

---

[55] "A oração oriental do coração denominada *oração de Jesus* diz: 'Jesus Cristo, Filho de Deus, Senhor, tem piedade de mim, pecador'" (CIgC, n. 435). Essa fórmula, pronunciada inicialmente com a boca, vai gradualmente sendo acolhida pelo intelecto, para depois chegar ao coração e criar um *coração inteligente*, unificando o homem interior e tornando-o íntegro.

[56] FRANCISCO. *Audiência Geral*. Praça de São Pedro, 15 de janeiro de 2014.

89. A catequese, com relação à educação na vida comunitária, tem, portanto, a missão de desenvolver um senso de *pertencimento* à Igreja; educar ao sentido de *comunhão* eclesial, promovendo o acolhimento do Magistério, a comunhão com os pastores; e o diálogo fraterno; formar ao sentido de *corresponsabilidade* eclesial, contribuindo como sujeitos ativos para a edificação da comunidade e como discípulos missionários para o seu crescimento.

5. Fontes da catequese (n. 90-109)

90. As fontes das quais se vale a catequese devem ser consideradas em uma abordagem de correlação entre si: uma se remete à outra, enquanto todas são reconduzidas à Palavra de Deus, da qual são expressão. A catequese pode acentuar, a depender dos assuntos e contextos, uma das fontes em relação às demais. Isso deve ser feito com equilíbrio e sem a prática de uma catequese unilateral (por exemplo, uma catequese puramente bíblica, ou somente litúrgica, ou apenas experiencial). Entre as fontes, tem evidente preeminência a Sagrada Escritura, dada sua peculiar relação com a Palavra de Deus. As fontes, de certa forma, podem também ser *vias* da catequese.

A Palavra de Deus na Sagrada Escritura e na Sagrada Tradição

91. A catequese colhe sua mensagem da Palavra de Deus, que é a sua principal fonte. Portanto, é "fundamental que a Palavra revelada fecunde radicalmente a catequese e todos os esforços para transmitir a fé" (EG, n. 175). A

Sagrada Escritura, que Deus inspirou, alcança profundamente a alma humana, mais do que qualquer outra palavra. A Palavra de Deus não se exaure na Sagrada Escritura, porque é uma realidade viva, atuante e eficaz (Is 55,10-11; Hb 4,12-13). Deus fala e sua Palavra se manifesta na criação (Gn 1,3ss; Sl 33,6.9; Sb 9,1) e na história. Nos últimos dias, ele "falou-nos por meio do Filho" (Hb 1,2). O Unigênito do Pai é a Palavra definitiva de Deus, que estava no princípio junto a Deus, era Deus, presidiu a criação (Jo 1,1ss) e se fez carne (Jo 1,14) nascendo de uma mulher (Gl 4,4) pela força do Espírito Santo (Lc 1,35) para habitar entre os seus (Jo 1,14). Voltando ao Pai (At 1,9), ele traz consigo a criação redimida, que nele e para Ele foi criada (Cl 1,18-20).

92. A Igreja vive sua missão na espera pela manifestação escatológica do Senhor. "Essa expectativa nunca é passiva, mas a tensão missionária de anunciar a Palavra de Deus que cura e resgata cada pessoa: ainda hoje, Jesus ressuscitado nos diz: 'Ide pelo mundo inteiro e anunciai a Boa-Nova a toda criatura' (Mc 16,15)" (VD, n. 121). De fato, "a fé vem pelo ouvir; e o ouvir, pela palavra de Cristo" (Rm 10,17). Por meio da pregação e da catequese, o próprio Espírito Santo ensina, gerando um encontro com a Palavra de Deus, viva e eficaz (Hb 4,12). Nas pegadas da Tradição, o pensamento e os escritos dos Pais da Igreja desempenham um papel importante. Como expressão da experiência eclesial do passado e da continuidade dinâmica que existe entre o anúncio dos primeiros discípulos e o nosso,[57] é bom que

---

[57] BENTO XVI. *Discurso do Papa à primeira Assembleia Plenária do Pontifício Conselho para a Promoção da Nova Evangelização*. Sala Clementina, 30 de maio de 2011.

a vida e as obras dos pais encontrem lugar adequado entre os conteúdos da catequese.

O Magistério

93. Cristo deu aos Apóstolos e a seus sucessores um mandado permanente de anunciar o Evangelho até os confins da terra, prometendo-lhes a assistência do Espírito Santo (Mt 28,20; Mc 16,15; Jo 20,21-22; At 1,8), que lhes tornaria mestres da humanidade em relação à salvação, transmitindo oralmente (Tradição) e por escrito (Sagrada Escritura) a Palavra de Deus. O Magistério conserva, interpreta e transmite o depósito da fé, ou seja, o conteúdo da Revelação. Fundamentalmente, todo o povo de Deus é chamado a custodiar e a propagar o depósito da fé, pois é missão de toda a Igreja anunciar o Evangelho a todos os povos. Todavia, a autoridade para ensinar, de modo oficial e autorizado, a mensagem salvífica em nome de Jesus Cristo pertence ao colégio dos Bispos. Assim, o Romano Pontífice e os Bispos, em comunhão com ele, são os sujeitos do Magistério eclesial. Eles têm a responsabilidade primária de instruir o povo de Deus sobre o conteúdo da fé cristã e da moral cristã, bem como de promover o anúncio em todo o mundo (LG, n. 25).

94. A verdade salvífica permanece a mesma e imutável. Todavia, a Igreja no tempo conhece sempre melhor o depósito da Revelação. Verifica-se, portanto, um aprofundamento e um homogêneo desenvolvimento na continuidade da própria Palavra de Deus. Assim sendo, o Magistério serve à Palavra e ao povo de Deus, recordando as verdades salvíficas de Cristo, esclarecendo-as e aplicando-as diante dos novos desafios das várias épocas e situações, agindo como uma ponte entre a Escritura e a Tradição. O Magistério é uma instituição positivamente querida por Cristo como elemento constituinte da Igreja. Escritura, Tradição e Magistério, portanto, estão intimamente unidos e nenhum deles existe sem os outros. Juntos, eles contribuem efetivamente, cada um à sua maneira, para a salvação da pessoa humana (DV, n. 10). A catequese é, entre outras coisas, uma mediação dos pronunciamentos do Magistério.

A Liturgia

95. A liturgia é uma das fontes essenciais e indispensáveis da catequese da Igreja, não só porque a partir da liturgia a catequese pode colher conteúdos, linguagens, gestos e palavras da fé, mas sobretudo porque elas se pertencem mutuamente no próprio ato de crer. A liturgia e a catequese, compreendidas à luz da Tradição da Igreja, embora cada uma tenha sua especificidade, não devem ser justapostas, mas devem ser compreendidas no contexto da vida cristã e eclesial, e ambas são orientadas a viver a experiência do amor de Deus. O antigo princípio *lex credendi lex orandi* recorda, de fato, que a liturgia é um elemento constitutivo da Tradição.

96. A liturgia é "o lugar privilegiado da catequese do povo de Deus" (CIgC, n. 1074). Isso não deve ser entendido no sentido de que a liturgia deve perder seu caráter celebrativo e ser transformada em catequese ou que a catequese seja supérflua. Embora seja correto que as duas mantenham sua especificidade, deve-se reconhecer que a liturgia é o ápice e a fonte da vida cristã. A catequese, de fato, tem fundamento a partir de um primeiro encontro efetivo do catequizando com a comunidade que celebra o mistério, e isso equivale a dizer que a catequese tem plena realização quando ele participa da vida litúrgica da comunidade. Portanto, não é possível pensar na catequese apenas como preparação para os sacramentos, mas ela se compreende em relação à experiência litúrgica. "A catequese está intrinsecamente ligada a toda ação litúrgica e sacramental, pois é nos Sacramentos, sobretudo na Eucaristia, que Cristo Jesus age em plenitude na transformação dos homens" (CT, n. 23). Portanto, a liturgia e a catequese são inseparáveis e se alimentam mutuamente.

97. O caminho formativo do cristão, como é atestado nas *Catequeses mistagógicas* dos Padres da Igreja, teve sempre um caráter experiencial, mas não negligenciando a inteligência da fé. O encontro vivo e persuasivo com Cristo anunciado por testemunhas autênticas era determinante. Portanto, aquele que introduz aos mistérios é, antes de tudo, uma testemunha. Esse encontro tem sua fonte e seu ápice na celebração da Eucaristia e se aprofunda na catequese.

98. A exigência de um itinerário mistagógico tem por base essa estrutura fundamental da experiência cristã, da qual emergem três elementos essenciais (SCa, n. 64):

a. a interpretação dos ritos à luz dos eventos salvíficos, em conformidade com a Tradição da Igreja, relendo os mistérios da vida de Jesus, particularmente seu mistério pascal, em relação a todo o percurso veterotestamentário;

b. a introdução ao sentido dos sinais litúrgicos, de modo que a catequese mistagógica desperte e eduque a sensibilidade dos fiéis à linguagem dos sinais e dos gestos que, unidos à palavra, constituem o rito;

c. a apresentação do significado dos ritos para a vida cristã em todas as suas dimensões, para evidenciar o elo entre a liturgia e a responsabilidade missionária dos fiéis, além de fazer crescer a consciência de que a existência dos fiéis é gradualmente transformada pelos mistérios celebrados.

A dimensão mistagógica da catequese não se reduz, porém, ao aprofundamento da iniciação cristã *após* ter recebido os sacramentos, mas envolve também sua inserção na liturgia dominical e nas festas do ano litúrgico com as quais a Igreja já nutre os catecúmenos e as crianças batizadas bem antes de poderem receber a Eucaristia ou antes que tenham acesso a uma catequese orgânica e estruturada.

O testemunho dos santos e dos mártires

99. Desde os primeiros séculos, o exemplo da Virgem Maria e a vida dos santos e dos mártires têm sido parte integrante e eficaz da catequese: das *acta martyrum* às *passiones*, dos afrescos nas igrejas e dos ícones aos contos edificantes para os pequenos e para os não alfabetizados. Os testemunhos de vida e morte pelo Senhor oferecidos por santos e mártires foram autênticos *sequentiae sancti Evangelii*, passagens do Evangelho capazes de anunciar Cristo e de suscitar e alimentar a fé nele.

100. A Igreja recorda os ilustres mártires da fé, que, com as dificuldades e sofrimentos de seu apostolado, permitiram a primeira expansão e formulação da própria fé. Nos mártires, a Igreja encontra seu germe da vida: *"semen est sanguis Christianorum"*.[58] Essa máxima não pertence apenas ao cristianismo das origens, mas é válida ao longo de toda a história da Igreja, até nossos dias. O próprio século XX, também chamado de *século do martírio*, mostrou-se particularmente rico de testemunhas, que souberam viver o Evangelho até a prova final do amor. Seu testemunho de fé exige ser guardado e transmitido na pregação e na catequese, alimentando o crescimento dos discípulos de Cristo. As aparições da Virgem Maria reconhecidas pela Igreja, as vidas e os escritos dos santos e dos mártires de cada cultura e povo são uma verdadeira fonte de catequese.

A Teologia

101. A Revelação de Deus, que supera a capacidade de conhecimento dos indivíduos, não por isso se opõe à razão humana, mas a penetra e a eleva. A busca confiante pela inteligência da fé – ou seja, a teologia – é, portanto, uma exigência irrenunciável da Igreja. "Na Igreja, o trabalho teológico está, primariamente, ao serviço do anúncio da fé e da catequese" (FR, n. 99). Inteligentemente penetra os conteúdos da fé, aprofunda-os e sistematicamente os ordena, com a contribuição da razão. Cristo, porém, não

---

[58] TERTULIANO. *Apologeticum*, 50, 13: CCL 1, 171 (PL 1, 603).

deve ser buscado na reflexão sistemática somente com o raciocínio, mas, como uma verdade viva e "sabedoria de Deus" (1Cor 1,24), é uma presença que ilumina. A abordagem sábia permite que a teologia integre diferentes aspectos da fé. A teologia também "oferece, portanto, a sua contribuição para que a fé se torne comunicável, e a inteligência daqueles que não conhecem ainda o Cristo possa procurá-la e encontrá-la" (DVe, n. 7).[59] A ciência teológica contribui para a catequese e a prática catequética de forma mais geral por meio das diversas especializações que a caracterizam: a teologia fundamental, a teologia bíblica, a teologia dogmática, a teologia moral, a teologia espiritual; e mais especificamente com a catequética, a teologia pastoral, a teologia da evangelização, a teologia da educação e da comunicação.

A cultura cristã

102. A cultura cristã nasce da consciência da centralidade de Jesus Cristo e do seu Evangelho, que transforma a vida das pessoas. Penetrando lentamente nas diferentes culturas, a fé cristã as assumiu, purificou e transformou a partir de dentro, fazendo do estilo evangélico sua característica essencial, contribuindo para a criação de uma nova e original: a cultura cristã, que no curso dos séculos produziu verdadeiras obras-primas em todos os âmbitos do saber. Serviu como apoio e veículo para o anúncio do Evangelho

---

[59] CONGREGAÇÃO PARA A DOUTRINA DA FÉ. Instrução *Donum Veritatis*: sobre a vocação eclesial do teólogo. Roma, 24 de maio de 1990.

e, no desenrolar de mudanças históricas, por vezes marcadas por conflitos ideológicos e culturais, conseguiu preservar valores evangélicos genuínos, por exemplo, a originalidade da pessoa humana, a dignidade da vida, a liberdade como condição de vida humana, a igualdade entre homem e mulher, a exigência de "rejeitar o mal e escolher o bem" (Is 7,15), a importância da compaixão e da solidariedade, a importância do perdão e da misericórdia, a necessidade de abertura à transcendência.

103. Todavia, ao longo dos séculos, especialmente nas sociedades moldadas pela cultura cristã, chegou-se a uma crise cultural, resultante de um secularismo exasperado que levou a um falso conceito de autonomia. Passaram a ser aceitos somente os critérios baseados no consenso social ou nas opiniões subjetivas, muitas vezes em detrimento da ética natural. Essa "ruptura entre o Evangelho e a cultura é sem dúvida o drama da nossa época" (EN, n. 20). Parece evidente, portanto, a exigência de uma renovada compreensão da capacidade unificadora da cultura cristã (FR, n. 85), de modo a permitir que o Evangelho libere energias de verdadeira humanidade, paz, justiça e cultura do encontro. Essas energias que se encontram na base da cultura cristã tornam a fé mais compreensível e desejável.

104. A cultura cristã tem desempenhado um papel determinante na preservação das culturas anteriores e no progresso da cultura internacional. Ela foi capaz, por exemplo, de interpretar, em espírito renovado, as grandes conquistas alcançadas pela filosofia grega e pela jurisprudência romana, de modo a torná-las patrimônio de toda a humanidade. Moldou, além disso, a percepção do bem, do justo, do verdadeiro e do belo, suscitando a criação de obras – textos literários e científicos, composições musicais, obras-primas da arquitetura e da pintura – que permanecerão no tempo como testemunhas do aporte da fé cristã, constituindo seu patrimônio intelectual, moral e estético.

105. Esse patrimônio, de grande valor histórico e artístico, é uma fonte que inspira e fecunda a catequese, uma vez que transmite a visão cristã do mundo com a força criativa da beleza. A catequese saberá valer-se do patrimônio cultural cristão em sua tentativa de "conservar entre os homens as faculdades de contemplação e de admiração que conduzem à sabedoria" (GS, n. 56) e educar, no tempo da fragmentação, a visão da "integridade da pessoa humana, na qual sobressaem os valores da inteligência, da vontade, da consciência e da fraternidade, todos fundamentados em Deus Criador e admiravelmente sanados e elevados em Cristo" (GS, n. 61). O enorme patrimônio cultural cristão, apresentado conforme o pensamento de seus autores, pode mediar eficazmente a interiorização dos elementos centrais da mensagem do Evangelho.

A beleza

106. A Sagrada Escritura apresenta, inequivocamente, Deus como fonte de todo esplendor e beleza. O Antigo Testamento mostra a criação, com o ser humano em seu ápice, como coisa boa e bela, não tanto no sentido da ordem e da harmonia, mas da gratuidade, livre do funcionalismo.

Diante da criação, que deve ser admirada e contemplada por si mesma, experimentam-se espanto, êxtase, reações emocionais e afetivas. As obras humanas, como o esplêndido templo de Salomão (1Rs 7–8), merecem admiração enquanto ligadas ao Criador.

107. No Novo Testamento, toda a beleza se concentra na pessoa de Jesus Cristo, revelador de Deus e "resplendor da glória do Pai, a expressão do seu ser" (Hb 1,3). Seu Evangelho é fascinante porque é uma Notícia bela, boa, alegre, cheia de esperança. Ele, "cheio de graça e verdade" (Jo 1,14), ao assumir a humanidade, narrou, por meio de parábolas, a beleza da ação de Deus. Em sua relação com as pessoas, disse *belas palavras* que, com sua eficácia, curam as profundezas da alma: "os teus pecados estão perdoados" (Mc 2,5), "Eu também não te condeno" (Jo 8,11), "De tal modo Deus amou o mundo" (Jo 3,16), "Vinde a mim, todos os que estais cansados e carregados de fardos, e eu vos darei descanso" (Mt 11,28). Ele realizou *belas ações*: Ele curou, libertou, acompanhou tocando as feridas da humanidade. Suportando a crueldade da sentença de morte como aquele que "não tinha aparência nem beleza" (Is 53,2), Ele foi reconhecido como "o mais belo entre os filhos dos homens" (Sl 45,3). Assim, Ele elevou a humanidade, purificada, à glória do Pai, onde Ele mesmo está "à direita da majestade, nas alturas" (Hb 1,3), e assim revelou todo o poder transformador de sua Páscoa.

108. A Igreja, portanto, tem presente que o anúncio do Ressuscitado, para alcançar o coração humano, deve brilhar com bondade, verdade e beleza. Nesse sentido, é necessário "que toda a catequese preste uma especial atenção à 'via da beleza (*via pulchritudinis*)'" (EG, n. 167).[60] Toda beleza pode ser um caminho que ajuda o encontro com Deus, mas o critério de sua autenticidade não pode ser apenas o estético. É necessário discernir entre a verdadeira beleza e as formas aparentemente bonitas, mas vazias, ou mesmo nocivas, como o fruto proibido no paraíso terrestre (Gn 3,6). Os critérios se encontram na exortação paulina: "tudo o que é verdadeiro, tudo o que é digno de respeito, tudo o que é justo, tudo o que é puro, tudo o que é amável, tudo o que é honroso, se é virtude ou louvável, nisso pensai" (Fl 4,8).

109. A beleza é sempre e inseparavelmente imbuída da bondade e da verdade. Portanto, contemplar a beleza suscita no ser humano sentimentos de alegria, prazer, ternura, plenitude, significado, abrindo-o ao transcendente. A via da evangelização é a *via da beleza* e, portanto, toda forma de beleza é a fonte da catequese. Mostrando a primazia da graça, manifestada especialmente na Bem-aventurada Virgem Maria; fazendo conhecer a vida dos santos como verdadeiras testemunhas da beleza da fé; destacando a beleza e o mistério da criação; descobrindo e apreciando o incrível e imenso patrimônio litúrgico e artístico da Igreja; valorizando as mais altas formas de arte contemporânea, a catequese mostra concretamente a infinita beleza de Deus, que também se expressa nas obras humanas (SC, n. 122), e conduz os catequizandos para o *belo* dom que o Pai fez no seu Filho.

---

[60] Cf. PONTIFÍCIO CONSELHO PARA A CULTURA. *A Via pulchritudinis*: caminho privilegiado de evangelização e de diálogo. Documento final da Assembleia Plenária, 2006.

Capítulo III

O CATEQUISTA

1. A identidade e a vocação do catequista
(n. 110-113)

110. "Também na edificação do corpo de Cristo há diversidade de membros e de funções. Um só é o Espírito que, para a utilidade de Igreja, distribui seus vários dons segundo suas riquezas e necessidades dos ministérios" (LG, n. 7). Em virtude do Batismo e da Confirmação, os cristãos são incorporados a Cristo e participam de seu múnus sacerdotal, profético e régio (LG, n. 31; AA, n. 2[61]); são testemunhas do anúncio do Evangelho com a palavra e com o exemplo da vida cristã; mas alguns "podem também ser chamados a cooperar com o Bispo e os presbíteros no exercício do ministério da Palavra" (CIC, cân. 759;[62] CCEO, cân. 624, § 3). No conjunto dos ministérios e serviços, com os quais a Igreja cumpre a sua missão evangelizadora, o "ministério da catequese" (CT, n. 13) ocupa um lugar significativo, indispensável para o crescimento da fé. Esse ministério introduz à fé e, juntamente com o ministério litúrgico, gera

---

[61] CONCÍLIO VATICANO II. Decreto *Apostolicam Actuositatem.* In: SANTA SÉ. *Concílio Ecumênico Vaticano II*: Documentos. Brasília: Edições CNBB, 2018, p. 481-528.

[62] SANTA SÉ. *Código de Direito Canônico.* Brasília: Edições CNBB, 2019.

os filhos de Deus no seio da Igreja. A vocação específica do catequista, portanto, tem sua raiz na vocação comum do povo de Deus, chamado a servir o desígnio salvífico de Deus em favor da humanidade.

111. Toda a comunidade cristã é responsável pelo ministério da catequese, mas cada um conforme a sua condição particular na Igreja: ministros ordenados, pessoas consagradas, fiéis leigos. "Através deles, na diferença das funções de cada um, o ministério catequético oferece, de modo completo, a Palavra e o testemunho da realidade eclesial. Se faltasse qualquer uma dessas formas de presença, a catequese perderia parte da própria riqueza e do próprio significado" (DGC, n. 219). O catequista pertence a uma comunidade cristã e dela é expressão. Seu serviço é vivido dentro de uma comunidade, que é o primeiro sujeito de acompanhamento na fé.

112. O catequista é um cristão que recebe o chamado particular de Deus que, acolhido na fé, o capacita ao serviço da transmissão da fé e à missão de iniciar à vida cristã. As causas imediatas para que um catequista seja chamado a servir a Palavra de Deus são muito variadas, mas são todas mediações das quais Deus, por meio da Igreja, se serve para chamar a seu serviço. Por esse chamado, o catequista é feito partícipe da missão de Jesus de introduzir os discípulos em sua relação filial com o Pai. O verdadeiro protagonista, porém, de toda autêntica catequese é o Espírito Santo, que, mediante uma profunda união que o catequista nutre com Jesus Cristo, faz eficazes os esforços humanos na atividade catequética. Essa atividade se realiza no seio da Igreja: o catequista é testemunha de sua Tradição viva e mediador que facilita a inserção dos novos discípulos de Cristo em seu Corpo eclesial.

113. Em virtude da fé e da Unção batismal, na colaboração com o Magistério de Cristo e como servo da ação do Espírito Santo, o catequista é:

a. *testemunha da fé* e *guardião da memória de Deus*; experimentando a bondade e a verdade do Evangelho em seu encontro com a pessoa de Jesus, o catequista custodia, alimenta e testemunha a vida nova que dele vem e se torna sinal para os outros. A fé contém a memória da história de Deus com as gerações humanas. Guardar essa memória, despertá-la nos outros e colocá-la a serviço do anúncio é a vocação específica do catequista. O testemunho da vida é necessário para a credibilidade da missão. Reconhecendo suas fragilidades diante da misericórdia de Deus, o catequista não deixa de ser o sinal de esperança para seus irmãos e irmãs;[63]

b. *mestre e mistagogo*, que introduz no mistério de Deus, revelado na Páscoa de Cristo; enquanto ícone de Jesus Mestre, o catequista tem a dupla missão de transmitir o conteúdo da fé e de conduzir ao mistério da mesma fé. O catequista é chamado a se abrir à verdade sobre a pessoa humana e sobre a sua

---

[63] FRANCISCO. *Homilia do Santo Padre na Santa Missa pela Jornada dos catequistas por ocasião do ano da fé*. Praça de São Pedro, 29 de setembro de 2013.

vocação última, comunicando o conhecimento de Cristo e, ao mesmo tempo, introduzindo às várias dimensões da vida cristã, revelando os mistérios da salvação contidos no depósito da fé e atualizados na liturgia da Igreja;

c. *acompanhador e educador* daqueles que lhes foram confiados pela Igreja; o catequista é um especialista na *arte do acompanhamento* (EG, n. 169-173),[64] tem competências educacionais, sabe ouvir e entrar na dinâmica do amadurecimento humano, torna-se companheiro de viagem com paciência e senso de gradualidade, na docilidade à ação do Espírito, em um processo de formação, ajudando os irmãos a amadurecer na vida cristã e a caminhar em direção a Deus. O catequista, especialista em humanidade, conhece as alegrias e as esperanças de cada pessoa, suas tristezas e angústias (GS, n. 1) e sabe colocá-las em relação com o Evangelho de Jesus.

2. O Bispo, primeiro catequista (n. 114)

114. "O Bispo [é] o primeiro locutor a anunciar o Evangelho por meio das palavras e do testemunho da vida" (PG, n. 26;[65] DGC, n. 222) e, como primeiro responsável pela

---

[64] O processo formativo, isto é, *o acompanhamento pessoal dos processos de crescimento*, facilita o amadurecimento do ato de fé e a internalização das virtudes cristãs.

[65] SÃO JOÃO PAULO II. Exortação Apostólica Pós-Sinodal *Pastores Gregis*: sobre o Bispo, servidor do Evangelho de Jesus Cristo para a esperança do mundo. (Documentos Pontifícios, 31). Brasília: Edições CNBB, 2017; ver também: DGC, n. 222.

catequese na diocese, tem a função principal, juntamente com a pregação, de promover a catequese e predispor as diferentes formas de catequese necessárias aos fiéis segundo os princípios e normas emanados da Sé Apostólica. O Bispo, além da preciosa colaboração dos coordenadores diocesanos, pode contar com a ajuda de especialistas em teologia, catequética e humanidades, bem como dos centros de formação e pesquisa catequética. O cuidado do Bispo com a atividade catequética o convida a:

a. cuidar da catequese, ocupando-se diretamente da transmissão do Evangelho e mantendo íntegro o depósito da fé;

b. assegurar a inculturação da fé no território, priorizando uma catequese eficaz;

c. elaborar um projeto global de catequese, que esteja a serviço das exigências do povo de Deus e em sintonia com os planos pastorais diocesanos e os da Conferência Episcopal;

d. despertar e manter "uma verdadeira paixão pela catequese; uma paixão, porém, que se encarne em uma organização adaptada e eficaz, que empenhe na atividade as pessoas, meios e instrumentos e também os recursos financeiros necessários" (CT, n. 63; cf. CIC, cân. 775, § 1; CCEO, cân. 623, § 1);

e. assegurar que "os catequistas sejam devidamente preparados, de forma que conheçam perfeitamente a doutrina da Igreja e aprendam na teoria e na prática as normas da psicologia e as disciplinas pedagógicas" (CD, n. 14; cf. CIC, cân. 780);

f. vigiar cuidadosamente sobre a qualidade dos materiais e instrumentos para a catequese.

O Bispo sinta a urgência, pelo menos nos tempos fortes do ano litúrgico, particularmente na Quaresma, de convocar o povo de Deus à sua catedral para proferir sua catequese.

3. O presbítero na catequese (n. 115-116)

115. O presbítero, como primeiro colaborador do Bispo e por seu envio, na qualidade de *educador na fé* (PO, n. 6),[66] tem a responsabilidade de animar, coordenar e dirigir a atividade catequética da comunidade que lhe foi confiada.[67] "A referência ao magistério do Bispo no único presbitério diocesano e a obediência às orientações que, em matéria de catequese, são emanadas, para o bem dos fiéis, por cada Pastor e pelas Conferências Episcopais, constituem para o sacerdote elementos a serem valorizados na ação catequética."[68] Os presbíteros discernem e promovem a vocação e o serviço dos catequistas.

116. O pároco é o primeiro catequista da comunidade paroquial. A missão do pároco na catequese, e do presbítero em geral, é:

---

[66] CONCÍLIO VATICANO II. Decreto *Presbyterorum Ordinis*. In: SANTA SÉ. *Concílio Ecumênico Vaticano II*: Documentos. Brasília: Edições CNBB, 2018, p. 589-636.

[67] CONGREGAÇÃO PARA O CLERO. *Diretório para o Ministério e a Vida dos Presbíteros*. (Nova Edição). Roma, 11 de fevereiro de 2013, n. 65.

[68] SÃO JOÃO PAULO II. *Discurso do Papa aos participantes no Congresso promovido pelo Conselho das Conferências Episcopais da Europa*. Vaticano, 8 de maio de 2003, n. 3.

a. dedicar-se, com empenho competente e generoso, à catequese dos fiéis confiados ao seu cuidado pastoral, aproveitando todas as oportunidades que são oferecidas pela vida paroquial e pelo ambiente sociocultural para proclamar o Evangelho;

b. cuidar do vínculo entre catequese, liturgia e caridade, especialmente valorizando o domingo como o dia do Senhor e da comunidade cristã;

c. despertar na comunidade um senso de responsabilidade para com a catequese e discernir vocações específicas nesse sentido, expressando gratidão e promovendo o serviço oferecido pelos catequistas;

d. assegurar a estrutura da catequese, integrada ao projeto pastoral da comunidade, contando com a colaboração dos catequistas. É bom vivenciar as diversas etapas de análise, planejamento, escolha de instrumentos, implementação e avaliação;

e. assegurar a relação entre a catequese em sua própria comunidade e o programa pastoral diocesano, evitando todas as formas de subjetivismo no exercício do ministério sagrado;

f. como catequista dos catequistas, cuidar da formação deles, dedicando a essa atividade a máxima solicitude e acompanhando-os no amadurecimento da fé; valorizando o grupo de catequistas com espírito de comunhão e corresponsabilidade necessárias para uma autêntica formação.

4. O diácono na catequese (n. 117-118)

117. A diaconia da Palavra de Deus, juntamente com a liturgia e a caridade, é um serviço que os diáconos exercem a fim de fazer presente na comunidade o Cristo que por amor se fez servo (Lc 22,27; Fl 2,5-11). Além de admitidos à pregação homilética, são chamados a uma "cuidadosa atenção à catequese dos fiéis nas diversas etapas da existência cristã, de forma a ajudá-los a conhecer a fé em Cristo, reforçá-la com a recepção dos sacramentos e exprimi-la na sua vida pessoal, familiar, profissional e social".[69] Os diáconos devem estar envolvidos nos programas da catequese nos âmbitos diocesano e paroquial, especialmente no que diz respeito às iniciativas relacionadas ao primeiro anúncio. Eles também são chamados a anunciar "a Palavra no seu âmbito profissional, quer mediante a palavra explícita, quer só com a presença ativa nos lugares onde se forma a opinião pública ou onde se aplicam as normas éticas (como os serviços sociais, os serviços a favor dos direitos da família, da vida etc.)".[70]

118. Em alguns âmbitos, a catequese cuidada pelos diáconos é particularmente valiosa: a vida da caridade e da família. Sua ação pode ser desempenhada entre os encarcerados, os enfermos, os idosos, os jovens que passam por

---

[69] CONGREGAÇÃO PARA A EDUCAÇÃO CATÓLICA. *Normas fundamentais para a formação dos diáconos permanentes*; CONGREGAÇÃO PARA O CLERO. *Diretório do ministério e da vida dos diáconos permanentes*. (Publicação Conjunta). Roma, 22 de fevereiro de 1998, livro II, cap. 2, n. 25.

[70] Ibidem, livro II, cap. 2, n. 26.

períodos de desafio, imigrantes etc. Os diáconos têm a missão de incluir as questões referentes ao empobrecimento na atividade da catequese das comunidades eclesiais, de modo a animar todos os fiéis para uma verdadeira educação na caridade. Além disso, os diáconos permanentes, que vivem o Matrimônio, por seu singular estado de vida, são particularmente chamados a serem testemunhas credíveis da beleza desse Sacramento. Eles, com a ajuda de suas esposas e eventualmente dos filhos, podem se engajar na catequese das famílias e no acompanhamento de todas as situações que precisam de uma particular atenção e delicadeza.

5. Os consagrados a serviço da catequese
(n. 119-120)

119. A catequese representa um terreno privilegiado do apostolado dos consagrados. Na história da Igreja, de fato, eles são contados entre as figuras mais dedicadas à animação catequética. A Igreja convoca, de modo particular, as pessoas de vida consagrada à catequese, na qual sua contribuição original e específica não pode ser substituída por padres ou leigos. "A primeira tarefa da vida consagrada é tornar visíveis as maravilhas que Deus realiza na frágil humanidade das pessoas chamadas. Mais do que com as palavras, elas testemunham essas maravilhas com a linguagem eloquente de uma existência transfigurada, capaz de suscitar a admiração do mundo" (VC, n. 20).[71] A primeira

---

[71] SÃO JOÃO PAULO II. Exortação Apostólica Pós-Sinodal *Vita Consecrata*. In: CONGREGAÇÃO PARA OS INSTITUTOS DE VIDA CONSAGRADA E AS SOCIEDADES DE VIDA APOSTÓLICA.

catequese que interpela é a própria vida dos consagrados, que, vivendo a radicalidade evangélica, são testemunhas da plenitude que a vida em Cristo torna possível.

120. As especificidades do próprio carisma ao qual pertencem são valorizadas quando algumas pessoas consagradas assumem a missão da catequese. "Mantendo intacto o caráter próprio da catequese, os carismas das diversas comunidades religiosas conotam essa tarefa comum com características próprias, frequentemente de grande profundidade religiosa, social e pedagógica. A história da catequese demonstra a vitalidade que estes carismas deram à ação educativa da Igreja" (DGC, n. 229), especialmente para aqueles que imprimiram na catequese o seu ideal de vida. A Igreja continua a se fortalecer por esse serviço e aguarda, cheia de esperança, um renovado compromisso no serviço da catequese.

6. Os leigos catequistas (n. 121-129)

121. Os leigos, mediante sua inserção no mundo, oferecem um precioso serviço à evangelização: sua própria vida como discípulos de Cristo é uma forma de anúncio do Evangelho. Condividem todas as formas de empenho com outras pessoas, imbuindo do Espírito do Evangelho as realidades temporais: a evangelização "adquire uma certa característica específica e uma eficácia peculiar pelo fato de se realizar nas condições comuns do século" (LG, n.

Textos fundamentais para a vida consagrada. Brasília: Edições CNBB, 2015, p. 33-178.

35). Os leigos, testemunhando o Evangelho em diferentes contextos, têm a oportunidade de interpretar cristãmente os fatos da vida, de falar de Cristo e dos valores cristãos, de dar razão de suas escolhas. Essa catequese, por assim dizer, espontânea e ocasional, é de grande importância porque está imediatamente ligada ao testemunho de vida.

122. A vocação ao ministério da catequese nasce do sacramento do Batismo e é fortalecida pela Confirmação, Sacramentos mediante os quais o leigo participa do múnus sacerdotal, profético e régio de Cristo. Além da vocação comum ao apostolado, alguns fiéis se sentem chamados por Deus a assumir a missão de catequistas na comunidade cristã, a serviço de uma catequese mais orgânica e estruturada. Esse chamado pessoal de Jesus Cristo e a relação com Ele são o verdadeiro motor da ação do catequista: "Desse amoroso conhecimento de Cristo nasce irresistível o desejo de anunciá-lo, de 'evangelizar' e de levar outros ao 'sim' da fé em Jesus Cristo" (CIgC, n. 429). A Igreja suscita e discerne essa vocação divina e confere a missão de catequizar.

123. "Sentir-se chamado a ser catequista e a receber da Igreja a missão para fazê-lo pode adquirir, de fato, diversos graus de dedicação, segundo as características de cada um. Às vezes, o catequista pode colaborar com o serviço da catequese por um período limitado da sua vida, ou até mesmo simplesmente de maneira ocasional; apesar disso, trata-se sempre de um serviço e de uma colaboração preciosa. A importância do ministério da catequese, todavia, aconselha que, na diocese, exista certo número de religiosos e de leigos estável e generosamente dedicados à catequese, reconhecidos publicamente, os quais, em comunhão com os sacerdotes e o Bispo, contribuem a dar a este serviço diocesano a configuração eclesial que lhe é própria" (DGC, n. 231).

Os pais, sujeitos ativos da catequese

124. "Para os pais cristãos a missão educativa, enraizada na sua participação na obra criadora de Deus, tem uma nova e específica fonte no sacramento do Matrimônio, que os consagra na formação especificamente cristã dos filhos" (FC, n. 38).[72] Os pais que creem, com seu exemplo diário de vida, têm a capacidade mais envolvente de transmitir aos próprios filhos a beleza da fé cristã. "Para que as famílias possam ser sujeitos cada vez mais ativos da pastoral familiar, requer-se 'um esforço evangelizador e catequético orientado para o núcleo da família', que a encaminhe nesta direção" (AL, n. 200).[73] O maior desafio, nesse caso, é que os casais, as mães e os pais, sujeitos ativos da catequese, superem a mentalidade de delegação tão comum, segundo a qual a fé é reservada aos especialistas em educação religiosa. Essa mentalidade é, por vezes, favorecida pela própria comunidade que labuta para organizar a catequese com um estilo familiar e a partir das próprias famílias.

---

[72] SÃO JOÃO PAULO II. Exortação Apostólica *Familiaris Consortio*: sobre a função da família cristã no mundo de hoje. Roma, 22 de novembro de 1981.

[73] FRANCISCO. Exortação Apostólica *Amoris Laetitia*: sobre o amor na família. (Documentos Pontifícios, 24). 3. ed. Brasília: Edições CNBB, 2018.

"A Igreja é chamada a colaborar, com uma ação pastoral adequada, para que os próprios pais possam cumprir a sua missão educativa" (AL, n. 85), tornando-se, primeiramente, os primeiros catequistas para os próprios filhos.

Padrinhos e madrinhas, colaboradores dos pais

125. No percurso de iniciação à vida cristã, a Igreja convida a reavaliar a identidade e a missão do *padrinho* e da *madrinha*, como sustento no compromisso educacional dos pais. Sua missão é "mostrar ao catecúmeno, de modo familiar, a prática do Evangelho na vida particular e na convivência social, ajudá-lo nas suas dúvidas e inquietações, dar testemunho acerca dele e velar pelo crescimento da sua vida batismal" (RICA, n. 43). Sabe-se que muitas vezes a escolha não é motivada pela fé, mas se baseia nos costumes familiares ou sociais: isso contribuiu não poucas vezes para a degradação dessas figuras educativas. Diante da responsabilidade que esse papel implica, a comunidade cristã indica, com discernimento e espírito criativo, caminhos de catequese aos padrinhos, que os ajudam a redescobrir o dom da fé e do pertencimento eclesial. Aqueles que são indicados para esse papel muitas vezes se sentem provocados a despertar a fé batismal e a iniciar uma renovada jornada de compromisso e testemunho. A eventual recusa a cumprir essa missão poderia ter consequências que precisam ser avaliadas com muito cuidado pastoral. Nos casos em que não há condições objetivas (CIC cân. 874; CCEO cân. 685) que permitam à pessoa desempenhar esse papel, condições essas que precisam ser apontadas no diálogo que precede a escolha, de acordo com as famílias e conforme o discernimento dos pastores, pode-se identificar os padrinhos também entre os agentes pastorais (catequistas, educadores, animadores), que são testemunhas de fé e presença eclesial.

O serviço dos avós para a transmissão da fé

126. Juntamente com os pais, os *avós*, especialmente em algumas culturas, desempenham um papel especial na transmissão da fé para os mais jovens.[74] As Escrituras também fazem referência à fé dos avós como testemunho para os netos (2Tm 1,5). "A Igreja sempre teve em relação aos avós uma atenção particular, reconhecendo-lhes uma grande riqueza sob o perfil humano e social, assim como sob o religioso e espiritual".[75] Diante da crise das famílias, os avós, que muitas vezes têm um maior enraizamento na fé cristã e um passado rico de experiências, tornam-se pontos de referência importantes. Frequentemente, de fato, muitas pessoas devem aos avós sua própria iniciação à vida cristã. A contribuição dos avós resulta importante na catequese tanto pelo maior tempo que podem dedicar quanto por sua capacidade de incentivar as gerações mais jovens com sua carga afetiva. Sua sabedoria é, muitas vezes, decisiva para o crescimento da fé. A oração de súplica e o cântico de louvor dos avós sustentam a comunidade que trabalha e luta na vida.

---

[74] FRANCISCO. *Audiência Geral*. Praça de São Pedro, 4 de março de 2015; cf. FRANCISCO. *Audiência Geral*. Praça de São Pedro, 11 de março de 2015.

[75] BENTO XVI. *Discurso aos participantes da Assembleia Plenária do Pontifício Conselho para a Família*. Sala Clementina, 5 de abril de 2008.

A grande contribuição das mulheres para a catequese

127. *As mulheres* desempenham um papel precioso nas famílias e nas comunidades cristãs, oferecendo seus serviços como esposas, mães, catequistas, trabalhadoras e profissionais. Têm como exemplo Maria, "exemplo do materno afeto do qual devem estar animados todos aqueles que cooperam na missão apostólica da Igreja para a regeneração dos homens" (LG, n. 65). Jesus, com suas palavras e gestos, nos ensinou a reconhecer o valor das mulheres. De fato, Ele as quis como discípulas (Mc 15,40-41) e confiou a Maria Madalena e a outras mulheres a alegria de levar aos Apóstolos o anúncio de sua Ressurreição (Mt 28,9-10; Mc 16,9-10; Lc 24,8-9; Jo 20,18). A comunidade primitiva, da mesma forma, sentiu a exigência de fazer próprio o ensinamento de Jesus e acolheu como um dom precioso a presença das mulheres na obra de evangelização (Lc 8,1-3; Jo 4,28-29).

128. As comunidades cristãs são constantemente animadas pelo gênio feminino, de modo a reconhecer como essencial e indispensável sua contribuição na realização da vida pastoral. A catequese é um desses serviços que leva a reconhecer a grande contribuição das catequistas que, com dedicação, paixão e competência, se dedicam a esse ministério. Em suas vidas encarnam a imagem da maternidade, sabendo testemunhar, mesmo nos momentos difíceis, a ternura e a dedicação da Igreja. Elas são capazes de entender, com uma sensibilidade particular, o exemplo de Jesus: servir tanto nas pequenas quanto nas grandes coisas é a atitude de quem entendeu profundamente o amor de Deus pelo ser humano e não pode fazer outra coisa senão derramá-lo nos outros, cuidando das pessoas e das coisas do mundo.

129. Apreciar a sensibilidade específica das mulheres na catequese não significa ofuscar a presença igualmente significativa dos homens. Aliás, à luz das mudanças antropológicas, essa é indispensável. Para um saudável crescimento humano e espiritual, não se pode negar nenhuma das duas presenças, feminina e masculina. A comunidade cristã, portanto, deve saber como valorizar tanto a presença das catequistas, cujo número é de importância considerável para a catequese, quanto a dos catequistas, que, particularmente para os adolescentes e jovens, desempenham hoje um papel insubstituível. De modo particular, deve ser apreciada a presença de *jovens catequistas*, que trazem uma contribuição especial de entusiasmo, criatividade e esperança. Eles são chamados a se sentirem responsáveis pela transmissão da fé.

CAPÍTULO IV

A FORMAÇÃO DOS CATEQUISTAS

1. Natureza e finalidade da formação de catequistas (n. 130-132)

130. Ao longo dos séculos, a Igreja nunca deixou de priorizar a formação dos catequistas. No início do cristianismo, a formação, vivida de forma experiencial, girava em torno do encontro vital com Jesus Cristo, anunciado com autenticidade e testemunhado com a vida. O caráter do testemunho era a marca determinante de todo o processo formativo, que progressivamente introduzia no mistério da fé da Igreja. Especialmente em um período como o atual, é importante considerar seriamente a velocidade das mudanças sociais e a pluralidade cultural com que se apresentam novos desafios. Tudo isso evidencia que a formação dos catequistas exige uma atenção particular, pois a qualidade das propostas pastorais está necessariamente ligada às pessoas que as colocam em prática. Diante da complexidade e das exigências do tempo em que vivemos, é indispensável que as Igrejas particulares dediquem energias e recursos adequados à formação dos catequistas.

131. A *formação* é um processo permanente que, sob a guia do Espírito e no seio vivo da comunidade cristã, ajuda os batizados a *tomar forma*, ou seja, a revelar sua identidade mais profunda, que é a de filhos de Deus em relação de profunda comunhão com os irmãos. O trabalho formativo age como uma *transformação* da pessoa, que interioriza existencialmente a mensagem do Evangelho, de modo que ele seja luz e direção para a sua vida e missão eclesial. Trata-se de um processo que, ocorrendo no interior do catequista, toca profundamente sua liberdade e não pode ser reduzido apenas à instrução, exortação moral ou atualização de técnicas pastorais. A formação, que também se vale de competências humanas, é primeiramente uma sábia obra de abertura ao Espírito de Deus que, graças à disponibilidade dos sujeitos e ao cuidado materno da comunidade, *conforma* o batizado a Jesus Cristo, plasmando em seus corações seu rosto de Filho (Gl 4,19), enviado pelo Pai para anunciar aos pobres a mensagem da salvação (Lc 4,18).

132. A formação tem por finalidade, antes de tudo, conscientizar os catequistas de que são, como batizados, verdadeiros *discípulos missionários*, ou seja, sujeitos ativos da evangelização e, com base nisso, habilitados pela Igreja a *comunicar* o Evangelho e *acompanhar* e *educar* na fé. A formação de catequistas ajuda, portanto, a desenvolver as competências necessárias para a comunicação da fé e para o acompanhamento do crescimento dos irmãos e irmãs. A finalidade cristocêntrica da catequese molda toda a formação dos catequistas e a eles pede que sejam capazes de animar o percurso da catequese, de modo a trazer à tona a centralidade de Jesus Cristo na história da salvação.

2. A comunidade cristã, lugar privilegiado de formação (n. 133-134)

133. "A comunidade cristã é a origem, o lugar e a meta da catequese. É sempre da comunidade cristã que nasce o anúncio do Evangelho, que convida os homens e as mulheres à conversão e a seguirem Cristo. E é essa mesma comunidade que acolhe aqueles que desejam conhecer o Senhor e empenhar-se em uma nova vida" (DGC, n. 254). Ela, útero no qual para alguns de seus membros nasce a vocação específica ao serviço da catequese, é uma comunidade real, rica em dons e oportunidades, mas não ausente de limites e debilidades. Nessa realidade comunitária, na qual se faz experiência concreta da misericórdia de Deus, é possível o exercício do acolhimento mútuo e do perdão. A comunidade, que experimenta a força da fé e sabe viver e testemunhar o amor, anuncia e educa de modo completamente natural. O lugar por excelência da formação do catequista é, portanto, a comunidade cristã, na variedade de seus carismas e ministérios, como ambiente ordinário no qual se aprende e se vive a fé.

134. No âmbito da comunidade, tem um papel particular o *grupo dos catequistas*: nele, junto com os presbíteros, condivide-se tanto o caminho da fé quanto a experiência pastoral, amadurece-se a identidade de catequista e se toma cada vez mais consciência do projeto de evangelização. A escuta das exigências das pessoas, o discernimento pastoral, a preparação concreta, a realização e a avaliação dos itinerários de fé se apresentam como os momentos de um laboratório formativo permanente para cada catequista. O grupo dos catequistas é o contexto real em que cada um pode ser continuamente evangelizado e permanece disponível para novas abordagens formativas.

3. Critérios para a formação (n. 135)

135. Na formação dos catequistas existem alguns critérios que servem de inspiração para projetos formativos. Uma vez que é necessário formar catequistas para a evangelização no mundo atual, será necessário harmonizar, com sabedoria, a devida atenção para com as pessoas e as verdades da fé, como também para com o crescimento pessoal e a dimensão comunitária, o cuidado com as dinâmicas espirituais e a dedicação ao compromisso com o bem comum. Mais especificamente, consideram-se alguns critérios:

a. *Espiritualidade missionária e evangelizadora:* ao longo de todo o processo formativo é vital que se respire a centralidade da experiência espiritual em perspectiva missionária. A fim de evitar o risco de cair em um cuidado pastoral estéril, o catequista seja formado como discípulo missionário, capaz de partir sempre de sua própria experiência de Deus, que o envia a unir-se ao caminho dos irmãos. Essa espiritualidade missionária, entendida como encontro com os outros, compromisso com o mundo e paixão pela evangelização, alimenta a vida do catequista e salva do individualismo, do intimismo, da crise de identidade e do apagamento do fervor.

b. *Catequese como formação integral:* trata-se de "formar catequistas para que sejam capazes de transmitir não apenas um ensinamento, mas também uma formação cristã integral, desenvolvendo 'tarefas de iniciação, de educação e de ensinamento'. São necessários catequistas que sejam, ao mesmo tempo, mestres, educadores e testemunhas" (DGC, n. 237). Por isso, também a formação dos catequistas saiba se inspirar na experiência catecumenal que, entre outros elementos, se caracteriza justamente por essa visão geral da vida cristã.

c. *Estilo de acompanhamento:* a Igreja sente o dever de formar seus catequistas na arte do acompanhamento pessoal, tanto propondo a eles a experiência de *ser acompanhados* para crescer no discipulado quanto os capacitando e os enviando para *acompanhar* os irmãos. Esse estilo requer uma humilde disponibilidade de se deixar tocar pelas interrogações e desafios das situações da vida, com um olhar cheio de compaixão, mas também respeitoso com a liberdade dos outros. A novidade à qual o catequista é chamado se encontra na proximidade, no acolhimento incondicional e na gratuidade com que ele se faz disponível a caminhar junto com os outros para escutá-los e para explicar as Escrituras (Lc 24,13-35; At 8,26-39), sem previamente estabelecer um percurso, sem pretender ver os frutos e sem os reter para si.

d. *Coerência entre os estilos formativos:* "é preciso sublinhar a necessidade da coerência entre a pedagogia global da formação catequética e a pedagogia própria de um processo catequético. Seria muito difícil para o catequista improvisar, na sua ação, um estilo e uma sensibilidade, para os quais não tivesse sido iniciado durante a sua própria formação" (DGC, n. 237).[76]

e. *Perspectiva da* docibilitas *e da autoafirmação:* as ciências da formação indicam algumas atitudes como condição para um frutuoso percurso formativo. Primeiramente, é necessário que o catequista amadureça a *docibilitas*, isto é, a disposição de se deixar tocar pela graça, pela vida, pelas pessoas, em uma atitude serena e positiva em relação à realidade, para *aprender a aprender*. Além disso, a disponibilidade à autoformação é o que permite ao catequista fazer seu próprio método formativo e saber como aplicá-lo a si mesmo e ao seu serviço eclesial. De modo concreto, trata-se de ser entendido como sujeito sempre em formação e aberto às novidades do Espírito, de saber cuidar e alimentar sua própria vida de fé, de acolher o grupo dos catequistas como fonte de aprendizagem, de cuidar em se manter atualizado.

---

[76] "Hoje mais do que nunca precisamos de homens e mulheres que conheçam, a partir da sua experiência de acompanhamento, o modo de proceder" (EG, n. 171).

f. *Dinâmica do laboratório*[77] *no contexto de grupo*, como prática formativa na qual a fé *se aprende fazendo*, isto é, valorizando a experiência vivida, as contribuições e as reformulações de cada um, tendo em vista um aprendizado transformador.

4. As dimensões da formação (n. 136-150)

136. A formação do catequista contém diversas dimensões. A mais profunda se refere a *ser* catequista, antes mesmo de *ter o papel* de catequista. A formação realmente o ajuda a amadurecer como pessoa, como fiel e como apóstolo. Essa dimensão é hoje também traduzida na capacidade de *saber ser com*, o que revela como a identidade pessoal é sempre uma identidade relacional. Além disso, para que o catequista desempenhe sua atividade adequadamente, a formação deverá se atentar à dimensão do *saber*, que implica uma dupla fidelidade: à mensagem e à pessoa no contexto em que vive. Por fim, sendo a catequese um ato comunicativo e educativo, a formação não negligenciará a dimensão do *saber fazer*.

137. As dimensões da formação dos catequistas não devem ser consideradas independentes umas das outras, mas sim profundamente correlacionadas, sendo aspectos da unidade indivisível da pessoa. Para um crescimento harmonioso da pessoa do catequista, é correto que a ati-

---

[77] SÃO JOÃO PAULO II. *Discurso do Santo Padre na XV Jornada Mundial da Juventude*: vigília de oração. *Tor Vergata*, 19 de agosto de 2000: o processo para experimentar concretamente um amadurecimento do ato de fé como elemento de transformação interior foi apresentado por São João Paulo II como um *laboratório da fé*.

vidade formativa tenha o cuidado de não privilegiar uma dimensão em relação à outra, mas sim de buscar promover um desenvolvimento equilibrado, intervindo nos aspectos que se apresentam com mais lacunas.

138. O compromisso de adquirir essas habilidades, por outro lado, não deve fazer pensar os catequistas como agentes competentes em áreas diversas, mas sim, primariamente, como pessoas que fizeram experiência do amor de Deus e que, por essa razão, se colocam a serviço do anúncio do Reino. A consciência das próprias limitações não pode desencorajar o catequista de acolher o chamado ao serviço; antes, a esse chamado se pode responder confiante na relação viva com o Senhor no desejo de viver a vida cristã com autenticidade, e generosamente colocando à disposição da comunidade os "cinco pães e os dois peixes" (Mc 6,38) de seus carismas pessoais. "Devemos procurar simultaneamente uma melhor formação [...] A nossa imperfeição não deve ser desculpa; pelo contrário, a missão é um estímulo constante para não nos acomodarmos na mediocridade, mas continuarmos a crescer" (EG, n. 121).

Ser e saber ser com: maturidade humana, cristã e consciência missionária

139. Na dimensão do *ser*, o catequista é formado para se tornar *testemunha da fé* e *guardião da memória de Deus*. A formação ajuda o catequista a reconsiderar sua própria ação na catequese como uma oportunidade de crescimento humano e cristão. Tendo como base uma maturidade humana inicial, o catequista é chamado a crescer constantemente em um equilíbrio afetivo, senso crítico, unidade e liberdade interior, vivendo relações que sustentam e enriquecem a fé. "A verdadeira formação alimenta, sobretudo, a *espiritualidade* do próprio catequista, de maneira que a sua ação nasça, na verdade, do testemunho de sua própria vida" (DGC, n. 239). A formação sustenta, portanto, a consciência missionária do catequista, mediante a interiorização das exigências do Reino que Jesus manifestou. O trabalho formativo para o amadurecimento humano, cristão e missionário requer certo acompanhamento ao longo do tempo, pois intervém no núcleo que fundamenta a ação da pessoa.

140. A partir desse nível de interioridade brota o *saber ser com*, como habilidade natural necessária à catequese entendida como ato educativo e comunicativo. Na relacionalidade, que é inerente à própria essência da pessoa (Gn 2,18), de fato se enraíza a comunhão eclesial. A formação dos catequistas tem o cuidado de revelar e fazer crescer essa capacidade relacional, que se concretiza em uma disponibilidade de viver relações humanas e eclesiais de modo fraterno e sereno.[78]

141. Ao reafirmar o compromisso com o amadurecimento humano e cristão dos catequistas, a Igreja chama a atenção para o compromisso de garantir, com determinação, que, no cumprimento de sua missão, seja garantida a todas as pessoas, especialmente aos menores e às pessoas vulneráveis, a proteção absoluta contra qualquer forma de abuso. "A fim de que tais fenômenos, em todas as suas formas,

---

[78] Acerca desse aspecto particular, ver: n. 88-89 (*Introduzir à vida comunitária*) deste *Diretório*.

não aconteçam mais, é necessária uma conversão contínua e profunda dos corações, atestada por ações concretas e eficazes que envolvam a todos na Igreja, de modo que a santidade pessoal e o empenho moral possam concorrer para fomentar a plena credibilidade do anúncio evangélico e a eficácia da missão da Igreja" (VeLM, Introdução).[79]

142. O catequista, por causa de seu serviço, desempenha um papel no que diz respeito às pessoas que acompanha na fé e por elas é percebido como uma pessoa de referência, que exerce certa forma de autoridade. Torna-se necessário, portanto, que esse papel seja vivido no mais absoluto respeito à consciência e à pessoa do outro, de modo a evitar todo tipo de abuso, seja ele de poder, de consciência, econômico ou sexual. Os catequistas, em seus percursos formativos e mediante um diálogo honesto com seus orientadores espirituais, sejam ajudados a identificar a correta modalidade de viver sua autoridade unicamente como serviço aos irmãos e irmãs. Ademais, para não trair a confiança das pessoas a eles confiadas, saibam eles distinguir entre *foro externo* e *foro interno* e aprendam a ter grande respeito pela liberdade sagrada do outro, sem violá-la ou manipulá-la de algum modo.

Saber: formação bíblico-teológica e conhecimento da pessoa humana e do contexto social

143. O catequista é também um *mestre* que ensina a fé. Com efeito, o catequista, que faz do testemunho sua

---

[79] FRANCISCO. Carta Apostólica em forma de *Motu Proprio Vos estis lux mundi*. (Documentos Pontifícios, 39). Brasília: Edições CNBB, 2019.

primeira virtude, não esquece que também é responsável pela transmissão da fé da Igreja. Em sua formação, portanto, há espaço ao aprofundamento e ao estudo da mensagem a ser transmitida em relação ao contexto cultural, eclesial e existencial do interlocutor. Será necessário não subestimar a exigência desse aspecto da formação, que está intimamente ligado ao desejo de aprofundar o conhecimento daquele que na fé o catequista já reconheceu como seu Senhor. A assimilação do conteúdo da fé como *sabedoria da fé* se realiza, antes de tudo, mediante a familiaridade com a Sagrada Escritura e com o estudo do *Catecismo da Igreja Católica*, dos catecismos da Igreja particular e dos documentos magisteriais.

144. Por essa razão, é necessário que o catequista conheça:

- as grandes etapas da história da salvação: o Antigo Testamento, o Novo Testamento e a história da Igreja, à luz do mistério pascal de Jesus Cristo;

- os núcleos essenciais da mensagem e da experiência cristã: o *Símbolo da Fé*, a *liturgia* e os *sacramentos*, a *vida moral* e a *oração*;

- os principais elementos do Magistério eclesial dizem respeito ao anúncio do Evangelho e à catequese.

Além disso, em algumas partes do mundo, nas quais vivem juntos católicos de diferentes tradições eclesiais, os catequistas tenham um conhecimento geral da teologia, da liturgia e da disciplina sacramental de seus irmãos. Por fim, em contextos ecumênicos e nos de pluralismo religioso, haja o cuidado de que os catequistas conheçam os elementos essenciais da vida e da teologia das outras Igrejas e comunidades cristãs, como também das outras religiões, de modo que, respeitando a identidade de cada um, o diálogo seja autêntico e frutuoso.

145. Na apresentação da mensagem, é necessário ainda estar atentos ao modo como fazer isso, para que possa ser ativamente acolhida e recebida. Portanto, é necessário conciliar:

a. o *caráter sintético e querigmático*, de modo que os diversos elementos de fé sejam apresentados em uma visão unitária e orgânica, e capaz de fazer apelo à experiência humana;

b. a *qualidade narrativa da narração bíblica*, que "implica sempre abeirar-se das Escrituras na fé e na Tradição da Igreja, de modo que aquelas palavras sejam sentidas vivas [...] para que cada fiel reconheça que a sua vida pessoal pertence também àquela história" (VD, n. 74).

c. um *estilo de catequese nos conteúdos teológicos*, que leva em consideração as condições de vida das pessoas;

d. um *conhecimento de tipo apologético,* que mostra que a fé não se opõe à razão e evidencia as verdades de uma correta antropologia, iluminada pela razão natural; destaca-se o papel dos *preambula fidei* por "desenvolver um novo discurso sobre a credibilidade, uma apologética original que ajude a criar as predisposições para que o Evangelho seja escutado por todos" (EG, n. 132).[80]

146. Junto com a fidelidade à mensagem de fé, o catequista é chamado a conhecer a pessoa concreta e o contexto sociocultural em que vive. Como todos os cristãos, ainda mais os catequistas "vivam em íntima união com os homens de sua época e procurem perceber perfeitamente seu modo de pensar e sentir, que se expressa por sua cultura" (GS, n. 62). Essa consciência é alcançada por meio da experiência e do retorno reflexivo a ela, mas também graças à valiosa contribuição das ciências humanas, à luz dos princípios da Doutrina Social da Igreja. Entre elas, deve-se adequadamente considerar a psicologia, a sociologia, a pedagogia, as ciências da educação, da formação e da comunicação. A Igreja se sente convidada a se relacionar com essas ciências pela valiosa contribuição que podem dar tanto à formação dos catequistas quanto à própria ação catequética. Teologia e ciências humanas, de fato, podem se enriquecer reciprocamente.

147. Alguns critérios orientam o uso das ciências humanas na formação de catequistas (DGC, n. 243):

- o *respeito à autonomia das ciências*: a Igreja "afirma a legítima autonomia da cultura humana e sobretudo das ciências" (GS, n. 59);

- o *discernimento* e a *avaliação* de diferentes teorias psicológicas, sociológicas e pedagógicas para delas apreciar o valor e reconhecer os limites;

---

[80] Ver também: SÍNODO DOS BISPOS. *XIII Assembleia Geral Ordinária: a nova evangelização para transmissão da fé cristã*. Elenco final das proposições, 27 de outubro de 2012, n. 17.

- as contribuições das ciências humanas são assumidas *sob a perspectiva da fé e com base na antropologia cristã.*

Saber fazer: formação pedagógica e metodológica

148. Na dimensão do *saber fazer*, o catequista se forma para crescer como *educador* e *comunicador.* "O catequista é um educador que facilita o amadurecimento da fé que o catecúmeno ou o catequizando realizam com a ajuda do Espírito Santo. A primeira realidade que é necessário levar em consideração, neste decisivo setor da formação, é a de respeitar a pedagogia original da fé" (DGC, n. 244). O catequista, reconhecendo que seu interlocutor é um sujeito ativo no qual a graça de Deus opera dinamicamente, apresentar-se-á como um facilitador respeitoso de uma experiência de fé da qual ele não é o protagonista.

149. A formação pedagógica do catequista tende a amadurecer nele algumas aptidões, incluindo:

a. a capacidade de liberdade interior e gratuidade, de dedicação e coerência para poder ser testemunho crível da fé;

b. a competência na comunicação e narrativa da fé como habilidade de apresentar a história da salvação de maneira vital, para que as pessoas possam se sentir parte dela;

c. o amadurecimento de uma mentalidade educacional, o que implica a disponibilidade de construir relações maduras com as pessoas e a capacidade de orientar as dinâmicas de grupo, incentivando a ativação de processos de aprendizagem individuais e comunitários;

d. a gestão serena das relações educacionais em sua qualidade afetiva, sintonizando-se com o mundo interior do outro e dispondo-se de modo que possam expressar as próprias emoções;

e. a capacidade de elaborar um itinerário de fé que consiste em considerar as circunstâncias socioculturais; elaborar um plano de ação realista; utilizar criativamente linguagens, técnicas e ferramentas; realizar a avaliação.

O processo educativo, lugar precioso de crescimento e diálogo, no qual também se faz a experiência de erros e limitações, requer paciência e dedicação. É bom amadurecer a disponibilidade de deixar-se educar enquanto se educa; de fato, a experiência em si é um laboratório de treinamento no qual a aprendizagem é mais profunda.

150. Enquanto educador, o catequista também terá a função de mediar o pertencimento à comunidade e de viver o serviço da catequese com um *estilo de comunhão*. De fato, o catequista realiza esse processo educativo não individualmente, mas em conjunto com a comunidade e em seu nome. Por isso, sabe trabalhar em comunhão, buscando a relação com o grupo de catequistas e com outros agentes pastorais. Além disso, é chamado a cuidar da qualidade das relações e a animar as dinâmicas do grupo de catequese.

5. A formação catequética dos candidatos à Ordem sagrada (n. 151-153)

151. Na preocupação da Igreja com a catequese, a responsabilidade recai sobre aqueles que são constituídos, pelo sacramento da Ordem, ministros da Palavra de Deus. De fato, a qualidade da catequese de uma comunidade depende também dos ministros ordenados que dela cuidam. Por essa razão, não pode faltar, no processo formativo dos candidatos à Ordem sagrada, uma instrução específica sobre o anúncio e a catequese (OT, n. 19).[81] Uma adequada formação de futuros presbíteros e diáconos permanentes nesse âmbito se constatará em sinais concretos: paixão pelo anúncio do Evangelho; capacidade de catequizar os fiéis; capacidade de diálogo com a cultura; espírito de discernimento; disposição para formar catequistas leigos e colaborar com eles; capacidade de elaboração criativa de percursos de educação à fé. Também para os candidatos à Ordem sagrada são válidos os mesmos critérios formativos já enunciados.

152. É necessário, portanto, em seminários e nas casas de formação (RFIS, n. 59, 72, 157b, 177, 181, 185):[82]

a. permear os candidatos, mediante a formação espiritual, de um espírito missionário que os encoraja

---

[81] CONCÍLIO VATICANO II. Decreto *Optatam Totius*: sobre a formação sacerdotal. In: SANTA SÉ. *Concílio Ecumênico Vaticano II*: Documentos. Brasília: Edições CNBB, 2018, p. 455-480.

[82] CONGREGAÇÃO PARA O CLERO. *O dom da vocação presbiteral*: *Ratio fundamentalis institutionis sacerdotalis*. (Documentos da Igreja, 32). Brasília: Edições CNBB, 2017.

a anunciar explicitamente o Evangelho àqueles que não o conhecem e a não descuidar da educação na fé de cada batizado;

b. garantir experiências de primeiro anúncio e exercício em várias formas de catequese;

c. introduzi-los a um conhecimento detalhado e profundo do *Catecismo da Igreja Católica*;

d. aprofundar o *Ritual de Iniciação Cristã de Adultos* como uma ferramenta valiosa para a catequese e a mistagogia;

e. tornar conhecidas as orientações relativas à catequese da própria Igreja particular;

f. assegurar, no plano dos estudos, o estudo da catequética, do Magistério em matéria catequética, da pedagogia e das demais ciências humanas.

153. Os Bispos terão o cuidado de integrar as indicações supracitadas nos projetos formativos de seus seminaristas e candidatos ao diaconato permanente. Ademais, prestarão adequada atenção à formação catequética dos presbíteros, especialmente no contexto de sua formação permanente. Essa atenção visa promover aquela necessária atualização catequético-pastoral, que favorece nos presbíteros um maior e direto enraizamento na ação catequética, e ao mesmo tempo os ajuda a se sentirem envolvidos na atividade de formação dos catequistas.

6. Centros de formação (n. 154-156)

Centros de formação de base para catequistas

154. Os *Centros de formação de base para catequistas*, com caráter paroquial, interparoquial ou diocesano, são encarregados de propor uma formação sistemática fundamental. É conveniente que se ofereça uma formação de base acerca dos conteúdos fundamentais, apresentados de modo simples, mas com um estilo formativo adaptado às exigências atuais. Essa formação, que tem o valor de ser *sistemática* porque garante uma perspectiva geral, todavia, é uma formação de *qualidade*, uma vez que é garantida por formadores especializados e com uma boa sensibilidade e experiência pastorais. Permitindo também o conhecimento e o intercâmbio com outros catequistas, ela alimenta a comunhão eclesial.

Centros de especialização para responsáveis e animadores da catequese

155. Os *Centros de especialização*, de caráter diocesano, interdiocesano ou nacional, visam incentivar a formação dos animadores e dos responsáveis da catequese ou dos catequistas que desejam especializar-se para se dedicar a esse serviço de maneira mais estável. O âmbito formativo desses *Centros* é mais exigente e, portanto, sua frequência se faz mais intensa e prolongada no tempo. A partir de uma base formativa comum de enfoque teológico e antropológico, para posteriormente se chegar aos laboratórios formativos de caráter mais experiencial, esses centros cultivam as especializações catequéticas que são consideradas necessárias para as exigências particulares do território eclesial. Em particular, haja a capacidade de promover a formação de responsáveis que sejam capazes, por sua vez, de assegurar a formação permanente de outros catequistas, e se perceba, portanto, a exigência de um acompanhamento personalizado dos participantes. Pode ser oportuno que a oferta desses *Centros*, com a colaboração de outros centros pastorais da diocese ou da Igreja particular, seja direcionada aos responsáveis dos diferentes setores pastorais, convertendo-se em *Centros de formação de agentes pastorais*.

Centros superiores para especialistas em catequética

156. Os *Centros superiores para especialistas em catequética*, de caráter nacional ou internacional, oferecem aos presbíteros, diáconos, consagrados e leigos uma formação catequética de nível superior, com o escopo de preparar catequistas habilitados a coordenar a catequese em nível diocesano ou no âmbito das atividades das congregações religiosas. Além disso, esses *Centros superiores* formam os docentes de catequética para os seminários, casas de formação ou centros formativos para catequistas e promovem a pesquisa catequética. Configuram-se como verdadeiros *institutos universitários* em termos de organização dos estudos, a duração dos cursos e as condições de admissão. Dada a sua importância para a missão da Igreja, é desejável que sejam fortalecidos os *Institutos* de formação catequética já existentes e que novos sejam criados. Os Bispos têm papel particular na escolha das pessoas a serem enviadas e apoiadas nesses centros acadêmicos para que em suas respectivas dioceses não venham a faltar especialistas em catequese.

SEGUNDA parte

O PROCESSO DA CATEQUESE

CAPÍTULO V

A PEDAGOGIA DA FÉ

1. A pedagogia divina na história da salvação
(n. 157-163)

157. A Revelação é a grande obra educativa de Deus. Com efeito, também pode ser interpretada sob uma ótica pedagógica. Nela se encontram os elementos característicos capazes de levar à identificação de uma *pedagogia divina*, capaz de inspirar profundamente a ação educativa da Igreja. A catequese também se encontra na trilha da pedagogia de Deus. Desde o início da história da salvação, a Revelação de Deus se manifesta como iniciativa de amor que se expressa em tantas atenções educativas. Deus interpelou o gênero humano, pedindo uma resposta. Ele pediu a Adão e a Eva uma resposta de fé, em obediência a seu mandado; em seu amor, apesar da desobediência, Deus continuou a comunicar a verdade de seu mistério pouco a pouco, gradualmente, até a plenitude da Revelação em Jesus Cristo.

158. O fim da Revelação é a salvação de cada pessoa que se realiza mediante uma original e eficaz *pedagogia de Deus* ao longo da história. Deus, na Sagrada Escritura, se revela como um Pai misericordioso, um mestre, um sábio (Dt 8,5; Os 11,3-4; Pr 3,11-12), que vai ao encontro da pessoa humana na condição em que ela está e a liberta do mal,

139

atraindo-a para si com vínculos de amor. Progressiva e pacientemente, conduz à maturidade o povo eleito e, nele, cada indivíduo que o escuta. O Pai, como um brilhante educador, transforma os acontecimentos de seu povo em ensinamentos de sabedoria (Dt 4,36-40; 11,2-7), adaptando-se às épocas e situações em que vive. Entrega ensinamentos que serão transmitidos de geração em geração (Ex 12,25-27; Dt 6,4-8; 6,20-25; 31,12-13; Js 4,20-24), também admoesta e educa por meio das provações e sofrimentos (Am 4,6; Os 7,10; Jr 2,30; Hb 12,4-11; Ap 3,19).

159. Essa pedagogia divina também é visível no mistério da encarnação quando o anjo Gabriel pede a uma jovem de Nazaré sua participação ativa na força do Espírito Santo: o *fiat* de Maria é a resposta plena da fé (Lc 1,26-38). Jesus cumpre sua missão salvífica e manifesta a pedagogia de Deus. Os discípulos fizeram experiência da *pedagogia de Jesus*, da qual os Evangelhos narram as características distintivas: o acolhimento dos pobres, dos simples, dos pecadores; o anúncio do Reino de Deus como Boa Notícia; o estilo de amor que liberta do mal e promove a vida. A palavra e o silêncio, a parábola e a imagem tornam-se uma verdadeira pedagogia para revelar o mistério do seu amor.

160. Jesus cuidou atentamente da formação de seus discípulos em vista da evangelização. Apresentou-se a eles como o único mestre e, ao mesmo tempo, amigo paciente e fiel (Jo 15,15; Mc 9,33-37; 10,41-45). Ele ensinou a verdade ao longo de toda sua vida. Ele os interpelou com perguntas (Mc 8,14-21.27). Explicou a eles, de modo mais detalhado, o que Ele proclamava para as multidões (Mc 4,34; Lc 12,41).

Introduziu-os à oração (Lc 11,1-2). Ele os enviou em missão não sozinhos, mas como pequena comunidade (Lc 10,1-20). Prometeu-lhes o Espírito Santo que os conduziria a toda a verdade (Jo 16,13), apoiando-os nos tempos de dificuldade (Mt 10,20; Jo 15,26; At 4,31). A forma de se relacionar de Jesus se caracteriza, portanto, por traços especialmente educativos. Jesus sabe acolher e, ao mesmo tempo, provocar a mulher samaritana em um caminho de gradual acolhimento da graça e da disponibilidade à conversão. Ressuscitado, faz-se próximo dos discípulos de Emaús, caminha com eles, dialoga, condivide suas dores. Ao mesmo tempo, provoca à abertura do coração, conduz à experiência eucarística e a abrir os olhos para reconhecê-lo; por fim, Ele os deixa, para abrir espaço à iniciativa missionária dos discípulos.

161. Jesus Cristo é "o Mestre que revela Deus aos homens e revela o homem a si mesmo; o Mestre que salva, santifica e guia, que está vivo e que fala, desperta, comove, corrige, julga, perdoa e caminha todos os dias conosco pelos caminhos da história; o Mestre que vem e que há de vir na glória" (CT, n. 9). Em todos os vários meios utilizados para ensinar quem Ele era, Jesus evocou e suscitou uma resposta pessoal em seus ouvintes. Essa é a resposta da fé e, ainda mais profundamente, da obediência à fé. Essa resposta, enfraquecida pelo pecado, precisa de conversão permanente. Jesus, de fato, como um Mestre presente e atuante na vida de cada pessoa, instrui-a a partir de dentro, trazendo-a à verdade sobre si mesma e guiando-a para a conversão. "A Alegria do Evangelho enche o coração e a vida inteira daqueles que se encontram com Jesus. Quantos se deixam salvar por Ele são libertados do pecado, da tristeza, do vazio interior, do isolamento. Com Jesus Cristo, renasce sem cessar a alegria" (EG, n. 1).

162. O Espírito Santo, anunciado pelo Filho antes de sua Páscoa (Jo 16,13) e prometido a todos os discípulos, é Dom e Doador de todos os dons. Os discípulos foram guiados pelo Paráclito ao conhecimento da verdade e testemunharam "até os confins da terra" (At 1,8) o que do Verbo da vida haviam escutado, visto, contemplado e tocado (1Jo 1,1). A ação do Espírito Santo em cada pessoa a impulsiona a aderir ao verdadeiro bem, à comunhão do Pai e do Filho, sustentando-a com ação providencial, para que possa corresponder à ação divina. Agindo no íntimo da pessoa e nela habitando, o Espírito Santo a vivifica, conformando-a ao Filho e a ela trazendo todos os dons de graça, permeando-a de reconhecimento, que é, ao mesmo tempo, consolo e desejo de realizar cada vez mais profundamente sua semelhança a Cristo.

163. A correspondência à ação do Espírito Santo realiza uma autêntica renovação do fiel: recebida a unção (1Jo 2,27) e comunicada a vida do Filho, o Espírito faz dele uma nova criatura. Filhos no Filho, os cristãos recebem um espírito de caridade e de adoção para o qual confessam sua filiação chamando Deus de *Pai*. O ser humano, renovado e feito filho, é uma criatura pneumática, espiritual, em comunhão, que se deixa conduzir pelo sopro do Senhor (Is 59,19), que, suscitando nele "tanto o querer como o fazer" (Fl 2,13), permite-lhe corresponder livremente ao bem que Deus quer. "O Espírito Santo infunde a força para anunciar a novidade do Evangelho com ousadia (*parresía*), em voz alta e em todo o tempo e lugar, mesmo contracorrente" (EG, n. 259). Essas retomadas nos permitem compreender o valor que a pedagogia divina possui para a vida da Igreja, e quão determinante é sua exemplaridade também para a catequese, chamada a ser inspirada e animada pelo Espírito de Jesus e, com sua graça, a moldar a vida de fé daquele que crê.

2. A Pedagogia da fé na Igreja (n. 164-178)

164. Os relatos dos Evangelhos atestam as características da relação educativa de Jesus e inspiram a ação pedagógica da Igreja. Desde o início, a Igreja viveu sua missão, "como prosseguimento visível e atual da pedagogia do Pai e do Filho. Ela, 'sendo nossa Mãe, é também educadora da nossa fé'. São essas as razões profundas, pelas quais a comunidade cristã é, em si mesma, uma catequese viva. Por aquilo que é, anuncia e celebra, opera e permanece sempre o lugar vital, indispensável e primário da catequese. A Igreja produziu, ao longo dos séculos, um incomparável tesouro de pedagogia da fé: antes de mais nada, o testemunho de catequistas e de santos. Uma variedade de vias e formas originais de comunicação religiosa, como o catecumenato, os catecismos, os itinerários de vida cristã; um precioso patrimônio de ensinamentos catequéticos, de cultura da fé, de instituições e de serviços da catequese. Todos esses aspectos fazem a história da catequese e entram, a pleno título, na memória da comunidade e na praxe do catequista" (DGC, n. 141; CIgC, n. 169).

165. A catequese se inspira nos traços da pedagogia divina acima descritos. Dessa forma, torna-se ação pedagógica a serviço do *diálogo da salvação* entre Deus e o gênero humano. É importante, portanto, que tais características sejam expressas:

- tornar presente a iniciativa de amor gratuito de Deus;
- destacar o destino universal da salvação;
- evocar a necessária conversão para a obediência da fé;
- assumir o princípio da progressividade da Revelação e a transcendência da Palavra de Deus, bem como sua inculturação nas culturas humanas;
- reconhecer a centralidade de Jesus Cristo, Palavra de Deus feita carne que determina a catequese como *pedagogia da encarnação*;
- valorizar a experiência comunitária da fé, como própria do povo de Deus;
- compor uma pedagogia de sinais, na qual fatos e palavras se relacionam vivamente;
- recordar que o amor inesgotável de Deus é a razão final de todas as coisas.

166. O caminho de Deus que se revela e salva, unido à resposta de fé da Igreja na história, torna-se fonte e modelo da pedagogia da fé. A catequese, portanto, configura-se como um processo que torna possível a maturidade da fé por meio do itinerário de cada fiel. A catequese é, portanto, *pedagogia em ação da fé* que realiza uma obra de *iniciação, educação e ensinamento*, tendo sempre bem clara a unidade entre o conteúdo e a modalidade na qual é transmitido. A Igreja tem consciência de que o Espírito Santo age efetivamente na catequese: essa presença faz da catequese uma pedagogia original da fé.

Critérios para o anúncio da mensagem do Evangelho

167. A Igreja, em sua ação catequética, tem o cuidado de ser fiel ao coração da mensagem do Evangelho. "Por vezes, mesmo ouvindo uma linguagem totalmente ortodoxa, aquilo que os fiéis recebem, devido à linguagem que eles mesmos utilizam e compreendem, é algo que não corresponde ao verdadeiro Evangelho de Jesus Cristo. Com a santa intenção de lhes comunicar a verdade sobre Deus e o ser humano, em algumas ocasiões, damos-lhes um falso deus ou um ideal humano que não é verdadeiramente cristão. Desse modo, somos fiéis a uma formulação, mas não transmitimos a substância" (EG, n. 41). Para evitar esse perigo e para que a obra de anúncio do Evangelho seja inspirada na pedagogia de Deus, convém que a catequese considere alguns critérios fortemente interligados entre si, uma vez que todos provêm da Palavra de Deus.

Critério trinitário e cristológico

168. A catequese é necessariamente trinitária e cristológica. "O mistério da Santíssima Trindade é o mistério central da fé e da vida cristã. É, portanto, a fonte de todos os outros mistérios da fé, é a luz que os ilumina" (CIgC, n. 234). Cristo é o caminho que conduz ao mistério íntimo de Deus. Jesus Cristo não só transmite a Palavra de Deus: Ele é a Palavra de Deus. A Revelação de Deus como Trindade é vital para a compreensão não só da originalidade única do cristianismo e da Igreja, mas também do conceito de pessoa como ser relacional e comunicacional. Sem uma mensagem evangélica claramente trinitária – para Cristo ao Pai no Espírito Santo –, a catequese trairia sua particularidade.

169. O *cristocentrismo* é o que essencialmente caracteriza a mensagem transmitida pela catequese. Isso significa, primeiramente, que no centro mesmo da catequese está a pessoa de Jesus Cristo vivente, presente e atuante. O anúncio do Evangelho é apresentar Cristo, e todo o resto em referência a Ele. Além disso, uma vez que Cristo é "a chave, o centro e o fim de toda a história humana" (GS, n. 10), a catequese ajuda o fiel a nela se inserir ativamente, mostrando como Cristo é seu cumprimento e sentido último. Por fim, o cristocentrismo significa que a catequese está comprometida em "transmitir aquilo que Jesus ensina a propósito de Deus, do homem, da felicidade, da vida moral, da morte" (DGC, n. 98), porque a mensagem do Evangelho não vem do ser humano, mas é Palavra de Deus. Evidenciar o caráter cristocêntrico favorece o seguimento de Cristo e a comunhão com Ele.

170. A catequese e a liturgia, reunindo a fé dos Padres da Igreja, moldaram uma maneira peculiar de ler e interpretar a Escritura, que ainda hoje conserva seu valor iluminante. Isso se caracteriza por uma apresentação unitária da pessoa de Jesus por meio de seus *mistérios* (CIgC, n. 512ss), isto é, de acordo com os principais acontecimentos de sua vida compreendidos em seu perene sentido teológico e espiritual. Esses mistérios são celebrados nas diversas festas do ano litúrgico e são representados nos ciclos ico-nográficos que adornam muitas igrejas. À apresentação da pessoa de Jesus se unem os dados bíblicos e a Tradição da Igreja: esse modo de ler a Sagrada Escritura é particular-mente precioso na catequese. A catequese e a liturgia jamais estão limitadas a ler separadamente os livros do Antigo e do Novo Testamento, mas lendo-os juntos demonstraram como somente uma *leitura tipológica da Sagrada Escritura* permite colher plenamente o significado dos eventos e dos textos que narram a única história da salvação. Tal leitura indica à catequese um percurso permanente, ainda hoje de grande atualidade, que permite aos que crescem na fé compreender que nada da antiga aliança foi perdido com Cristo, mas que nele tudo encontra cumprimento.

Critério histórico-salvífico

171. O significado do nome de Jesus, "Deus salva", recorda que tudo o que se refere a Ele é salvífico. A cate-quese jamais pode ignorar o mistério pascal com o qual a salvação foi dada à humanidade e que é o fundamento de todos os sacramentos e a fonte de toda a graça. A redenção, a justificação, a libertação, a conversão e a filiação divina são aspectos essenciais do grande dom da salvação. "A 'economia da salvação' tem, por isso, um caráter histórico, uma vez que se realiza no tempo. [...] Por isso, a Igreja, ao transmitir hoje a mensagem cristã, a partir da viva cons-ciência que tem dessa mensagem, 'recorda' constantemente os eventos salvíficos do passado, narrando-os. Interpreta, à luz deles, os atuais eventos da história humana, nos quais o Espírito de Deus renova a face da terra, e permanece em uma confiante expectativa da vinda do Senhor" (DGC, n. 107). A apresentação da fé, portanto, deve levar em consideração os fatos e as palavras com os quais Deus se revelou à humanidade por meio das grandes etapas do Antigo Testamento, da vida de Jesus Filho de Deus e da história da Igreja.

172. Na força do Espírito Santo, também a história da humanidade, dentro da qual se encontra a Igreja, é história de salvação que continua no tempo. O Senhor Jesus, de fato, revela que a história não é sem objetivo, porque leva em si a presença de Deus. A Igreja, em seu presente peregrinar rumo ao cumprimento do Reino, é sinal eficaz do fim para o qual o mundo está dirigido. O Evangelho, princípio de esperança para o mundo inteiro e para a humanidade de todos os tempos, oferece uma visão que inclui a confiança no amor de Deus. A mensagem cristã, portanto, deve ser sempre apresentada em relação ao sentido da vida, à verdade e à dignidade da pessoa. Cristo veio para nossa salvação, para que tenhamos vida em plenitude. "Na verdade, o mistério do homem não se torna verdadeiramente claro senão no mistério do Verbo Encarnado" (GS, n. 22). A Palavra de Deus, mediada pela catequese, ilumina a vida humana, confere seu sentido mais profundo e acompanha cada pessoa nos caminhos da beleza, da verdade e da bondade.

173. O anúncio do Reino de Deus inclui uma mensagem de libertação e promoção humanas, intimamente ligada ao cuidado e à responsabilidade pela criação. A salvação, dada pelo Senhor e anunciada pela Igreja, diz respeito a todos os aspectos da vida social. Portanto, é necessário levar em consideração a complexidade do mundo contemporâneo e a íntima conexão entre cultura, política, economia, trabalho, meio ambiente, qualidade de vida, pobreza, desordem social, guerras (LS, n. 17-52).[83] "O Evangelho possui um critério de totalidade que lhe é intrínseco: não cessa de ser Boa-Nova enquanto não for anunciado a todos, enquanto não fecundar e curar todas as dimensões do homem, enquanto não unir todos os homens à volta da mesa do Reino" (EG, n. 237). O ulterior horizonte do anúncio da salvação, no entanto, será sempre a vida eterna. Somente nela o compromisso com a justiça e o desejo de libertação alcançarão pleno cumprimento.

Critério da primazia da graça e da beleza

174. Outro critério da visão cristã da vida é a primazia da graça. Toda a catequese precisa ser "uma catequese da graça, pois pela graça somos salvos, e pela graça nossas obras podem produzir frutos para a vida eterna" (CIgC, n. 1697). A verdade ensinada, portanto, começa com a iniciativa amorosa de Deus e continua com a resposta humana que vem da escuta e que é sempre fruto da graça. "A comunidade missionária experimenta que o Senhor tomou a iniciativa, precedeu-a no amor (1Jo 4,10), e, por isso, ela sabe ir à frente" (EG, n. 24). Apesar do conhecimento de que os frutos da catequese não dependem da capacidade de fazer e planejar, Deus certamente pede uma verdadeira colaboração à sua graça e, portanto, convida a

---

[83] FRANCISCO. Carta Encíclica *Laudato Si'*: sobre o cuidado da Casa Comum. (Documentos Pontifícios, 22). Brasília: Edições CNBB, 2016.

investir, no serviço da causa do Reino, todos os recursos de inteligência e de operacionalização dos quais a ação catequética tem necessidade.

175. "Anunciar Cristo significa mostrar que crer nele e segui-lo não é algo apenas verdadeiro e justo, mas também belo, capaz de cumular a vida de um novo esplendor e de uma alegria profunda, mesmo no meio das provações" (EG, n. 167). A catequese precisa sempre transmitir a beleza do Evangelho que ressoou nos lábios de Jesus para todos: pobres, simples, pecadores, publicanos e prostitutas, que se sentiram acolhidos, compreendidos e ajudados, convidados e formados pelo próprio Senhor. De fato, o anúncio do amor misericordioso e gratuito de Deus que se manifestou plenamente em Jesus Cristo, morto e ressuscitado, é o coração de *querigma*. Há também aspectos da mensagem do Evangelho que são geralmente difíceis de entender, especialmente nos momentos em que o Evangelho pede conversão e reconhecimento do pecado. A catequese, porém, não é primeiramente a apresentação de uma moral, mas anúncio da beleza de Deus, de que se pode fazer experiência, que toca o coração e a mente, transformando a vida.[84]

Critério da eclesialidade

176. "A fé tem uma forma necessariamente eclesial, é professada partindo do corpo de Cristo, como comunhão concreta dos crentes" (LF, n. 22). De fato, "quando a catequese transmite o mistério de Cristo, na sua mensagem

---

[84] Na EG, n. 165 são explicadas algumas "características do anúncio que hoje são necessárias em toda parte".

ressoa a fé de todo o povo de Deus, ao longo do curso da história: a fé dos Apóstolos, que a receberam do próprio Cristo e da ação do Espírito Santo; a fé dos mártires, que a confessaram e a confessam com seu sangue; a fé dos santos, que a viveram e a vivem em profundidade; a fé dos Padres e dos Doutores da Igreja, que a ensinaram luminosamente; a fé dos missionários, que a anunciam continuamente; a fé dos teólogos, que ajudam a melhor compreendê-la; e enfim, a fé dos pastores, que a conservam com zelo e amor e a interpretam com autenticidade. Na verdade, na catequese está presente a fé de todos aqueles que creem e se deixam conduzir pelo Espírito Santo" (DGC, n. 105). Além disso, a catequese inicia o fiel ao mistério da comunhão vivida, não somente na relação com o Pai por Cristo no Espírito, mas também na comunidade de fiéis por obra do mesmo Espírito. Educando à comunhão, a catequese educa a viver na Igreja e como Igreja.

Critério da unidade e integridade da fé

177. A fé, transmitida pela Igreja, é uma só. Os cristãos estão dispersos pelo mundo inteiro, mas formam um só povo. Também a catequese, embora explicando a fé com linguagens culturais muito diversas, não faz outra coisa senão reafirmar um só Batismo, uma só fé (Ef 4,5). "Aqueles que se tornam discípulos de Cristo têm direito a receber a 'palavra da fé' plena e integral, em todo o seu rigor e em todo o seu vigor; não mutilada, falsificada ou diminuída" (CT, n. 30). Portanto, um critério fundamental da catequese será também expressar a integridade da mensagem, evitando apresentações parciais ou não compatíveis. Cristo, de fato, não deu nenhum conhecimento secreto para alguns eleitos e privilegiados (a chamada *gnose*), mas seu ensinamento é para todos, na medida em que cada um se encontra em capacidade de recebê-lo.

178. A apresentação da integridade das verdades da fé deve levar em consideração o princípio da *hierarquia das verdades* (UR, n. 11):[85] de fato, "todas as verdades reveladas procedem da mesma fonte divina e são acreditadas com a mesma fé, mas algumas delas são mais importantes por exprimir mais diretamente o coração do Evangelho" (EG, n. 36). A unidade orgânica da fé testemunha sua essência última e permite que seja anunciada e ensinada de modo imediato, sem reduções ou diminuições. O ensinamento, mesmo se gradual e com adaptações às pessoas e circunstâncias, não torna ineficaz sua unidade e organicidade.

3. A pedagogia catequética (n. 179-181)

179. Diante dos desafios atuais, é cada vez mais importante a consciência da reciprocidade entre conteúdo e método, tanto na evangelização quanto na catequese. A pedagogia original da fé se inspira na condescendência de Deus, que resultará concreta pela dúplice fidelidade – a Deus e à pessoa humana – e, portanto, pela elaboração de uma síntese sábia entre a dimensão teológica e a antropológica da vida de fé. No caminho da catequese, o princípio de *evangelizar educando e educar evangelizando* (DGC,

---

[85] CONCÍLIO VATICANO II. Decreto *Unitatis Redintegratio*: sobre o ecumenismo. In: SANTA SÉ. *Concílio Ecumênico Vaticano II*: Documentos. Brasília: Edições CNBB, 2018, p. 365-394.

n. 147; GE, n. 1-4;[86] CT, n. 58) recorda, entre outras coisas, que a obra do catequista consiste em encontrar e mostrar os sinais da ação de Deus já presentes na vida das pessoas e, sem abrir mão deles, propor o Evangelho como força transformadora de toda a existência, à qual dará pleno sentido. O acompanhamento de uma pessoa em um caminho de crescimento e conversão é necessariamente marcado pela gradualidade, uma vez que a atitude de crer implica uma descoberta progressiva do mistério de Deus e uma abertura e confiança a Ele que crescem ao longo do tempo.

Relação com as ciências humanas

180. A catequese é uma ação essencialmente educativa. Sempre foi realizada na fidelidade à Palavra de Deus e na atenção e interação com as práticas educacionais da cultura. Graças à pesquisa e às reflexões das ciências humanas, surgiram teorias, abordagens e modelos que renovam profundamente a prática educacional, contribuindo significativamente para um profundo conhecimento da pessoa humana, das relações humanas, da sociedade e da história. Sua contribuição é indispensável. Especialmente a pedagogia e a didática enriquecem os processos educativos da catequese. Em conjunto com essas ciências, a psicologia também se reveste de importante valor, especialmente porque ajuda a compreender dinamismos motivacionais, a estrutura da personalidade, os elementos relacionados ao sofrimento e

---

[86] CONCÍLIO VATICANO II. Declaração *Gravissimum Educationis*. In: SANTA SÉ. *Concílio Ecumênico Vaticano II*: Documentos. Brasília: Edições CNBB, 2018, p. 639-658.

às patologias, os diferentes estágios de desenvolvimento e as etapas evolutivas, as dinâmicas do amadurecimento religioso e as experiências que abrem a pessoa ao mistério do sagrado. As ciências sociais e as da comunicação também se abrem à consciência do contexto sociocultural em que se vive e pelo qual todos estão condicionados.

181. A catequese deve evitar identificar a ação salvífica de Deus com a ação pedagógica humana; e, por essa razão, deve cuidar de não separar ou contrapor tais processos. Na lógica da encarnação, a fidelidade a Deus e a fidelidade à pessoa humana estão profundamente relacionadas. Deve-se levar em consideração, portanto, que a inspiração da fé, por si só, ajuda em uma correta valorização das contribuições das ciências humanas. As abordagens e técnicas desenvolvidas pelas ciências humanas têm valor na medida em que se colocam a serviço da transmissão e da educação da fé. A fé reconhece a autonomia das realidades temporais, como também das ciências (GS, n. 36), e respeita suas lógicas que, se autênticas, estão abertas à verdade do ser humano; ao mesmo tempo, porém, ela compreende tais contribuições no horizonte da Revelação.

Capítulo VI
O *CATECISMO DA IGREJA CATÓLICA*

1. O *Catecismo da Igreja Católica* (n. 182-192)

Nota histórica

182. A Igreja, desde os tempos dos escritos neotestamentários, tem adotado fórmulas breves e concisas por meio das quais professa, celebra e testemunha sua fé. Já no quarto século, os Bispos davam explicações mais amplas da fé por meio de sínteses e compêndios. Em dois momentos históricos, após o Concílio de Trento e nos anos seguintes ao Concílio Vaticano II, a Igreja considerou oportuno oferecer uma exposição orgânica da fé em um Catecismo de caráter universal, que é instrumento de comunhão eclesial e também ponto de referência para a catequese (FiD, cap. I; CIgC, n. 11).

183. Em 1985, durante o Sínodo Extraordinário dos Bispos, celebrado por ocasião do vigésimo aniversário do encerramento do Concílio Vaticano II, os Padres Sinodais expressaram o desejo de que fosse redigido um catecismo ou compêndio da doutrina católica a respeito da fé e da moral. O *Catecismo da Igreja Católica* foi promulgado em 11 de outubro de 1992 por São João Paulo II, seguido da *editio typica latina* em 15 de agosto de 1997. Trata-se do resultado da colaboração e da consulta de todo o episcopado católico, de muitas instituições teológicas e catequéticas, como também de vários peritos e especialistas nas diversas disciplinas. O *Catecismo* é, portanto, um trabalho colegial e fruto do Concílio Vaticano II.

Identidade, escopo e destinatários do Catecismo

184. O *Catecismo* é "um texto oficial do Magistério da Igreja que, com autoridade, reúne, de forma precisa, na forma de síntese orgânica, os eventos e as verdades salvíficas fundamentais, que exprimem a fé comum do povo de Deus e constituem a indispensável referência de base para a catequese" (DGC, n. 124). É expressão da doutrina da fé de todos os tempos, mas difere de demais documentos do Magistério, uma vez que seu propósito é oferecer uma síntese orgânica do patrimônio de fé, espiritualidade e teologia da história eclesial. Embora seja diferente dos catecismos locais, que estão a serviço de uma parte determinada do povo de Deus, é o texto de referência seguro e autêntico para sua preparação, enquanto "instrumento fundamental para aquele ato com que a Igreja comunica o conteúdo inteiro da fé" (LF, n. 46).

185. O *Catecismo* foi publicado primeiramente para os pastores e fiéis, e, dentre esses, especialmente para aqueles que têm uma responsabilidade no ministério da catequese na Igreja. Tem por escopo estabelecer uma "norma segura para o ensino da fé" (FiD, cap IV). Por essa razão, oferece uma resposta clara e confiável ao direito legítimo de todos os batizados de ter acesso à apresentação da fé da Igreja em sua integridade, de forma sistemática e compreensível. O *Catecismo*, precisamente por considerar a Tradição católica, pode promover o diálogo ecumênico e pode ser útil a todos aqueles, mesmo não cristãos, que desejam conhecer a fé católica.

186. O *Catecismo*, tendo como primeira preocupação a unidade da Igreja na única fé, não pode levar em consideração todos os contextos culturais específicos. Todavia, "deste texto cada agente de catequese poderá receber uma válida ajuda para mediar, em âmbito local, o único e perene depósito da fé, procurando conjugar contemporaneamente, com a ajuda do Espírito Santo, a maravilhosa unidade do mistério cristão com a multiplicidade das exigências e das situações dos destinatários do seu anúncio".[87] A inculturação será uma atenção importante da catequese nos diversos contextos.

Fontes e estrutura do Catecismo

187. O *Catecismo* é oferecido a toda a Igreja "para uma catequese renovada nas fontes vivas da fé!" (FiD, I). Entre essas fontes primeiramente estão as Escrituras Sagradas divinamente inspiradas, entendidas como um único livro no qual Deus "pronuncia uma só Palavra, seu Verbo único, no qual se expressa por inteiro" (CIgC, n. 102), seguindo a

---

[87] SÃO JOÃO PAULO II. Carta Apostólica *Laetamur Magnopere*, com a qual é aprovada e promulgada a edição típica latina do *Catecismo da Igreja Católica*. Castel Gandolfo, 15 de agosto de 1997.

visão patrística na qual "um só é o discurso de Deus que se desenrola em toda a Escritura Sagrada e um só é o Verbo que ressoa na boca de todos os escritores santos".[88]

188. Além disso, o *Catecismo* se remete à fonte da Tradição, que inclui, em suas formas escritas, uma rica gama de formulações-chave da fé, recolhidas dos escritos dos Padres, das várias Profissões da Fé, dos Concílios, do Magistério pontifício, da ritualidade litúrgica oriental e ocidental, bem como do direito canônico. Encontram-se também ricas citações extraídas de uma variedade de escritores eclesiásticos, santos e doutores da Igreja. Ulteriormente, anotações históricas e hagiográficas enriquecem a exposição doutrinal, que se faz expressiva também de iconografia.

189. O *Catecismo* se articula em quatro partes no âmbito das dimensões fundamentais da vida cristã, que têm origem e fundamento no relato dos Atos dos Apóstolos: "Eles eram perseverantes no ensinamento dos apóstolos, na comunhão fraterna, na fração do *pão* e *nas orações*" (At 2,42).[89] Em torno dessas dimensões se articulou a experiência do catecumenato da Igreja antiga e se estruturou, depois, a apresentação da fé nos diversos catecismos ao longo da história, ainda que com nuances e modalidades diversas: a *profissão da fé* (o Símbolo), a *liturgia* (os sacramentos da fé), a *vida do discipulado* (os mandamentos), a

---

[88] AGOSTINHO DE HIPONA. *Enarratio in Psalmum* 103, 4, 1: CCL 40, 1521 (PL 37, 1378).

[89] O texto de At 2,42 é citado também no n. 79 deste *Diretório*: das dimensões fundamentais da vida cristã derivam as tarefas da catequese e, portanto, a estrutura do Catecismo.

oração cristã (o Pai-Nosso). Essas dimensões são pilares da catequese e paradigma para a formação à vida cristã. De fato, a catequese: abre à fé em Deus uno e trino e ao seu plano de salvação; educa à ação litúrgica e inicia à vida sacramental da Igreja; sustenta a resposta dos fiéis à graça de Deus; introduz à prática da oração cristã.

Significado teológico-catequético do Catecismo

190. O *Catecismo* não é em si uma proposta de método catequético, não dá qualquer indicação a esse respeito, tampouco deve ser confundido com o processo da catequese, no qual sempre há a exigência de uma mediação (CIgC, n. 24). Todavia, sua própria estrutura "apresenta o desenvolvimento da fé até chegar aos grandes temas da vida diária. Repassando as páginas, descobre-se que o que ali se apresenta não é uma teoria, mas o encontro com uma pessoa que vive na Igreja" (PF, n. 11).[90] O *Catecismo*, que faz referência à globalidade da vida cristã, sustenta o processo de conversão e amadurecimento. Cumpre seu papel quando a inteligência das palavras remete à abertura do coração, mas também quando a graça da abertura do coração faz surgir o desejo de conhecer melhor aquele no qual o fiel depositou sua confiança. O conhecimento daquilo que trata o *Catecismo* não é, portanto, abstrato: sua própria estrutura quadripartida, na verdade, harmoniza fé professada, celebrada, vivida e rezada, ajudando, assim, a

---

[90] BENTO XVI. Carta Apostólica sob forma de *Motu Proprio Porta Fidei,* com a qual se proclama o Ano da Fé. (Documentos Pontifícios, 9). Brasília: Edições CNBB, 2012.

encontrar Cristo, ainda que de modo gradual. A proposta catequética, entretanto, não segue necessariamente a ordem das partes do *Catecismo*.

191. A estrutura sinfônica do *Catecismo* se vislumbra na ligação teológica entre seus conteúdos e as fontes, e na interação entre a Tradição ocidental e a oriental. Ela também reflete a unidade do mistério cristão e a circularidade das virtudes teologais, além de manifestar a beleza harmoniosa que caracteriza a verdade católica. Conjuga, ao mesmo tempo, essa verdade de todos os tempos com a atualidade eclesial e social. Evidentemente, o *Catecismo*, assim ordenado, promove a importância do equilíbrio e da harmonia na apresentação da fé.

192. O conteúdo do *Catecismo* é apresentado de forma a manifestar a pedagogia de Deus. A exposição da doutrina respeita plenamente os percursos de Deus e das pessoas, encarnando as tendências saudáveis da renovação da catequese ocorrida no século XX. A narrativa da fé no *Catecismo* reserva um lugar de absoluta importância para Deus e para a obra da graça, que na distribuição da matéria ocupa a maior parte: isso por si já é um anúncio da catequese. Na mesma vertente estão expostos todos os demais critérios já apresentados como necessários para o anúncio frutuoso do Evangelho: a centralidade trinitária e cristológica, a narrativa da história da salvação, a eclesialidade da mensagem, a hierarquia das verdades, a importância da beleza. Em tudo isso se pode ler que a finalidade do *Catecismo* é suscitar o desejo por Cristo, apresentando o Deus desejável que deseja o bem da pessoa humana. Portanto, o

Catecismo não é uma expressão estática da doutrina, mas um instrumento dinâmico, adequado a inspirar e nutrir o itinerário da fé de cada pessoa e, como tal, permanece válido para a renovação da catequese.

2. O *Compêndio do Catecismo da Igreja Católica* (n. 193)

193. O *Compêndio* é uma ferramenta que contém a riqueza do *Catecismo* de forma simples, imediata e acessível a todos. Remete-se à estrutura do *Catecismo* e a seu conteúdo. De fato, o *Compêndio* constitui "uma síntese fiel e segura do *Catecismo da Igreja Católica*. Ele contém, de maneira concisa, todos os elementos essenciais e fundamentais da fé da Igreja, de forma a constituir [...] uma espécie de vade--mécum, que permita às pessoas, aos crentes e não crentes, abraçar, em uma visão de conjunto, todo o panorama da fé católica".[91] Característica peculiar do *Compêndio* é sua forma dialógica. Na verdade, propõe-se "um diálogo ideal entre o mestre e o discípulo, mediante uma sequência de interrogações, que envolvem o leitor, convidando-o prosseguir na descoberta de aspectos novos da verdade da fé".[92] Também é valiosa a presença de imagens que marcam a articulação do texto. O *Compêndio*, graças à sua modalidade clara e sintética, se apresenta também como um valioso auxílio para a memorização dos conteúdos básicos da fé.

---

[91] BENTO XVI. *Motu Proprio* para aprovação e publicação do *Compêndio do Catecismo da Igreja Católica*. Roma, 28 de junho de 2005.

[92] RATZINGER, Joseph. *Introdução*, n. 4. In: SANTA SÉ. *Compêndio do Catecismo da Igreja Católica*. Brasília: Edições CNBB, 2013, p. 15-18.

CAPÍTULO VII

A METODOLOGIA DA CATEQUESE

1. A relação conteúdo-método (n. 194-196)

194. O mistério da encarnação inspira a pedagogia catequética. Isso tem implicações também para a metodologia da catequese, que deve ter por referência a Palavra de Deus e, ao mesmo tempo, assumir as instâncias autênticas da experiência humana. Trata-se de viver a fidelidade a Deus e às pessoas, a fim de evitar qualquer oposição, ou separação, ou neutralidade entre método e conteúdo. O conteúdo da catequese, sendo objeto da fé, não pode ser indiferentemente submetido a qualquer método, mas exige que reflita a natureza da mensagem evangélica com suas fontes, como também considere as circunstâncias concretas da comunidade eclesial dos indivíduos batizados. É importante ter em mente que a finalidade educativa da catequese é que determina as escolhas metodológicas.

A pluralidade dos métodos

195. A Igreja, ao manter viva a primazia da graça, sente com responsabilidade e sincero cuidado educacional a atenção aos processos catequéticos e ao método.

A catequese não tem um método único, mas está aberta a valorizar diferentes métodos, relacionando-se com a pedagogia e a didática, e permitindo-se guiar pelo Evangelho necessário para reconhecer a verdade do ser humano. No decorrer da história da Igreja, muitos carismas de serviço à Palavra de Deus geraram diferentes itinerários metodológicos, um sinal de vitalidade e riqueza. "A idade e o desenvolvimento intelectual dos cristãos, bem como o seu grau de maturidade eclesial e espiritual e muitas outras circunstâncias pessoais exigem que a catequese adote métodos muito diversos" (CT, n. 51). A comunicação da fé na catequese, que também passa pela mediação humana, continua sendo um evento da graça, realizado pelo encontro da Palavra de Deus com a experiência da pessoa. O apóstolo Paulo declara que "a cada um de nós foi dada a graça conforme a medida do dom de Cristo" (Ef 4,7). A graça se exprime, então, tanto por meio de sinais sensíveis que abrem ao mistério quanto por outras vias desconhecidas para a humanidade.

196. Uma vez que a Igreja não tem um método próprio de anunciar o Evangelho, faz-se necessária uma obra de discernimento para examinar todas as coisas e manter o que é bom (1Ts 5,21). Na catequese podem ser valorizados, assim como já foi feito em vários momentos da história, percursos metodológicos mais centrados nos fatos da vida, ou mais orientados à mensagem da fé. Isso depende das situações concretas dos sujeitos da catequese. Em ambos os casos, é importante um *princípio de correlação*, capaz de colocar em relação ambos os aspectos. Os acontecimentos pessoais e sociais da vida e da história encontram no conteúdo da fé uma luz interpretativa; isso, por sua vez, deve ser sempre apresentado, fazendo vislumbrar as implicações que têm para a vida. Esse procedimento pressupõe uma capacidade hermenêutica: a existência, se interpretada em relação com o anúncio cristão, se manifesta em sua verdade; o querigma, por outro lado, tem sempre uma validade salvífica e de plenitude de vida.

2. A experiência humana (n. 197-200)

197. A experiência humana é constitutiva da catequese, tanto em sua identidade quanto em seu processo, como também em seu conteúdo e método, porque não é somente o lugar em que faz ressoar a Palavra de Deus, mas também o espaço no qual Deus fala. A experiência dos indivíduos ou da sociedade como um todo deve ser acolhida em uma abordagem de amor, aceitação e respeito. Deus age na vida de cada pessoa e na história; o catequista, inspirando-se no estilo de Jesus, permite ser alcançado por essa presença. Isso livra de pensar a pessoa e a história apenas enquanto destinatárias da proposta, e abre a uma relação de reciprocidade e diálogo, na escuta do que o Espírito Santo já está silenciosamente operando.

198. Jesus, em seu anúncio do Reino, *procura, encontra e acolhe* as pessoas em suas situações concretas de vida. Também em seu ensinamento, Ele parte da observação dos acontecimentos da vida e da história, que são relidos em uma ótica de sabedoria. O fato de Jesus assumir essa experiência tem algo de espontâneo que se revela, sobretudo, nas parábolas. As parábolas, a partir da constatação de fatos e experiências conhecidos por todos, provocam os interlocutores a se fazer perguntas e a iniciar um processo interior de reflexão. As parábolas, de fato, não são apenas exemplos para entender uma mensagem, mas apelos para que se posicionem na vida com disponibilidade e em sintonia com a obra de Deus. Jesus ajudou a viver as experiências humanas reconhecendo nelas a presença e o chamado de Deus.

199. A catequese, seguindo o exemplo de Jesus, ajuda a *iluminar* e a *interpretar* as experiências da vida à luz do Evangelho. A geração contemporânea vive situações fragmentárias das quais ela mesma se esforça para compreender o significado. Por fim, isso pode até levar a uma vida de separação entre a fé professada e as experiências humanas vividas. A releitura da existência com os olhos da fé promove sua visão sapiencial e integral. Se a catequese descuida de correlacionar as experiências humanas e a mensagem revelada, recai-se no perigo de justaposições artificiais ou incompreensões da verdade.

200. Jesus se serve de experiências e situações humanas para *comunicar realidades transcendentes* e, ao mesmo tempo, indicar a atitude a ser assumida. Na explicação dos mistérios do Reino, Ele recorre a situações comuns da natureza e da atividade das pessoas (por exemplo, a semente que cresce, o comerciante em busca do tesouro, o pai que prepara a festa de casamento para o filho). A catequese, para tornar inteligível a mensagem cristã, precisa valorizar a experiência humana, que permanece como uma mediação prioritária no acesso à verdade da Revelação.

3. A memória (n. 201-203)

201. A memória é uma dimensão constitutiva da história da salvação. O povo de Israel é constantemente convidado a manter viva a memória, para não se esquecer das graças do Senhor. Trata-se de manter no coração os acontecimentos que atestam a iniciativa de Deus, que às vezes são difíceis de entender, mas são percebidos como eventos salvíficos. Maria sabe guardar tudo em seu coração (Lc 2,51). A memória, portanto, em seu sentido mais profundo, reconduz à primazia da graça; ao reconhecimento dos dons de Deus e à gratidão por eles, vivendo dentro de uma tradição sem cortar raízes. A catequese valoriza a celebração, a *memória* dos grandes acontecimentos da história da salvação, a fim de ajudar o fiel a se sentir parte dessa história. À luz disso, entende-se o valor da memória na catequese, como chave importante para a transmissão da Revelação. O apóstolo Pedro escreve: "Eis por que sempre vos admoestarei sobre essas coisas, embora as conheçais e estejais confirmados na verdade, presente entre vós. [...] Por isso, eu me empenharei para que, depois da minha partida, a todo momento tenhais na memória essas coisas" (2Pd 1,12.15). A catequese faz parte da anamnese da Igreja que mantém viva a presença do Senhor. A memória, portanto, é um aspecto constitutivo da pedagogia da fé desde o início do cristianismo.

202. De acordo com uma tradição que remonta aos primeiros séculos da Igreja, os fiéis eram obrigados a memorizar a Profissão de Fé. Ela não era apresentada por escrito, mas permanecia viva na mente e no coração de cada fiel, de modo a torná-la alimento cotidiano. É importante que a catequese, após um caminho no qual se faz evidente o valor e a explicação da profissão de fé, assim como de outros textos da Sagrada Escritura, da liturgia e da piedade popular, também ajude a fazê-los aprender de memória, a fim de oferecer um conteúdo imediato, que faz parte do patrimônio comum dos fiéis. "As flores da fé e da piedade cristã, se assim se pode dizer, não crescem nos espaços desérticos de uma catequese sem memória. O essencial é que os textos memorizados sejam também interiorizados, compreendidos pouco a pouco na sua profundidade, a fim de se tornarem fonte de vida cristã pessoal e comunitária" (CT, n. 55).

203. "A aprendizagem das fórmulas da fé e a sua profissão crente devem ser compreendidas no curso do tradicional e profícuo exercício da '*traditio*' e '*redditio*', pelo qual à entrega da fé na catequese (*traditio*) corresponde a resposta do destinatário da catequese, ao longo do caminho catequético e, depois, na vida (*redditio*)" (DGC, n. 155). Essa resposta, porém, não é automática, uma vez que a fé transmitida e escutada exige uma adequada recepção (*receptio*) e interiorização. Para superar os riscos de uma memorização estéril ou com fim em si mesma, convém que seja considerada em relação com os demais elementos do processo catequético, por exemplo: a relação, o diálogo, a reflexão, o silêncio e o acompanhamento.

4. A linguagem (n. 204-217)

204. A linguagem, com seus significados relacionais, é constitutiva da experiência humana. A catequese tem por medida a diversidade de pessoas, das suas culturas, histórias ou contextos, assim como de seus modos e capacidades de entender a realidade. Trata-se de uma ação pedagógica articulada nas diferentes linguagens dos sujeitos e que, ao mesmo tempo, é portadora de uma linguagem específica. Com efeito, "Não cremos em fórmulas, mas nas realidades que elas expressam e que a fé nos permite 'tocar'. [...] No entanto, abordamos essas realidades com a ajuda das formulações da fé. Elas nos permitem expressar e transmitir a fé, celebrá-la em comunidade, assimilá-la e vivê-la cada vez mais intensamente. A Igreja [...] nos ensina a linguagem da fé para nos introduzir na compreensão e na vida da fé" (CIgC, n. 170-171).

205. A catequese, consequentemente, se exprime em uma linguagem que é expressão da fé da Igreja. Em sua história, a Igreja comunicou a fé por meio da Sagrada Escritura (*linguagem bíblica*), símbolos e ritos litúrgicos (*linguagem simbólico-litúrgica*), escritos dos Padres, Símbolos da fé, formulações do Magistério (*linguagem doutrinal*) e o testemunho de Santos e Mártires (*linguagem performativa*). Essas são as principais linguagens da fé eclesial que permitem aos fiéis ter uma língua comum. A catequese as valoriza, explicando seus significados e sua relevância na vida dos fiéis.

206. Ao mesmo tempo, a catequese assume criativamente as linguagens das culturas dos povos, por meio das quais se exprime a fé de modo característico, ajudando as comunidades eclesiais a novamente encontrar a fé, adaptada aos interlocutores. A catequese, portanto, é lugar de inculturação da fé. De fato, "a missão é sempre idêntica, mas a linguagem com a qual anunciar o Evangelho deve ser renovada com sabedoria pastoral. Isso é essencial tanto para sermos entendidos pelos nossos contemporâneos como para que a Tradição católica possa falar às culturas do mundo de hoje, ajudando-as a abrir-se à fecundidade perene da mensagem de Cristo".[93]

A linguagem narrativa

207. A catequese valoriza todas as linguagens que a ajudam a cumprir suas tarefas; em particular, tem uma atenção à *linguagem narrativa* e *autobiográfica*. Nos últimos anos, observa-se, em vários âmbitos culturais, a redescoberta da *narrativa*, não somente como instrumento linguístico, mas sobretudo como via por meio da qual a pessoa entende a si mesma e a realidade que a circunda, dando sentido à vivência. A comunidade eclesial torna-se cada vez mais consciente da identidade narrativa da própria fé, como testemunha a Sagrada Escritura nos grandes relatos das origens, dos patriarcas e do povo eleito, na história de Jesus narrada nos Evangelhos e nos relatos dos primórdios da Igreja.

208. Ao longo dos séculos, a Igreja tem sido uma comunidade familiar que, de diversas formas, continuou a narrar a história da salvação, incorporando a si aqueles que a acolheram. A linguagem narrativa tem a capacidade

---

[93] FRANCISCO. *Discurso aos participantes na Plenária do Pontifício Conselho para a Promoção da Nova Evangelização*. Sala do Consistório, 29 de maio de 2015.

intrínseca de harmonizar todas as linguagens da fé em torno de seu núcleo central que é o mistério pascal. Além disso, suscita o dinamismo experiencial da fé porque envolve a pessoa em todas as suas dimensões: afetiva, cognitiva, volitiva. Por isso, convém reconhecer o valor da narrativa na catequese porque enfatiza a dimensão histórica da fé e seu significado existencial, realizando um fecundo entrelaçamento entre a história de Jesus, a fé da Igreja e a vida daqueles que a narram e a escutam. A linguagem narrativa é particularmente apropriada para a transmissão da mensagem de fé em uma cultura cada vez mais pobre de modelos comunicativos profundos e eficazes.

A linguagem da arte

209. As *imagens* da arte cristã, quando autênticas, por meio da percepção sensível, sugerem que o Senhor está vivo, presente e atuante na Igreja e na história.[94] Elas constituem, portanto, uma verdadeira linguagem da fé. Célebre é o ditado: "Se um pagão lhe pedir: 'Mostra-me a tua fé' [...], tu o levarás a uma igreja e o colocarás diante dos ícones sagrados".[95] Esse repertório iconográfico, apesar da grande e legítima variedade de estilos, foi, no primeiro milênio, um tesouro comum da Igreja indivisa e desempenhou um papel importante na evangelização, uma vez que, pela mediação de símbolos universais, tocou os mais profundos desejos e afetos capazes de operar uma

---

[94] SÃO JOÃO PAULO II. Carta Apostólica *Duodecimum saeculum*: sobre a veneração das imagens. Roma, 4 de dezembro de 1987, n. 11.

[95] *Adversus Constantinum Caballinum*, 10: PGr 95, 325.

transformação interior. Em nosso tempo, portanto, as imagens cristãs podem ajudar a fazer experiência do encontro com Deus por meio da contemplação dessa beleza. Com efeito, essas são imagens que trazem para aqueles que as contemplam o olhar de um outro invisível, dando acesso à realidade do mundo espiritual e escatológico.

210. A valorização das imagens na catequese retoma uma antiga sabedoria da Igreja. As imagens, entre outras coisas, ajudam a conhecer e a memorizar os eventos da história da salvação de modo mais rápido e imediato. A chamada *biblia pauperum*, um conjunto ordenado, visível a todos, de episódios bíblicos representados em várias expressões artísticas nas catedrais e nas igrejas, ainda hoje é uma verdadeira catequese. Quando as obras de arte são escolhidas de maneira cuidadosa, elas podem ajudar a mostrar, de modo imediato, os múltiplos aspectos das verdades da fé, tocando o coração e ajudando na interiorização da mensagem.

211. Também o *patrimônio musical* da Igreja, de inestimável valor artístico e espiritual, é veículo da fé e constitui um bem valioso para a evangelização, pois suscita no espírito humano o desejo pelo infinito. O poder da *música sacra* é bem descrito por Santo Agostinho: "Quanto chorei ao ouvir, profundamente comovido, teus hinos e cânticos que ressoavam suavemente em tua Igreja! Penetravam aquelas vozes em meus ouvidos, e destilavam a verdade em meu coração. Acendia-se em mim um afeto piedoso, corriam-me lágrimas dos olhos, e o pranto me consolava".[96]

---

[96] AGOSTINHO DE HIPONA. *Confessiones*, 9, 6, 14: CCL 27, 141 (PL 32, 769-770).

Os cânticos litúrgicos possuem também uma riqueza doutrinal que, transmitida com o som da música, entra mais facilmente na mente e se imprime de modo mais profundo no coração das pessoas.

212. A Igreja, que ao longo dos séculos interagiu com diversas expressões artísticas (literatura, teatro, cinema etc.), é chamada a abrir-se, com o correto senso crítico, também à *arte contemporânea*, "incluindo aquelas modalidades não convencionais de beleza que podem ser pouco significativas para os evangelizadores, mas tornaram-se particularmente atraentes para os outros" (EG, n. 167). Tal arte pode ter o mérito de abrir a pessoa à linguagem dos sentidos, ajudando-a não só a permanecer como espectadora da obra de arte, mas a se envolver. Essas experiências artísticas, muitas vezes atravessadas por uma forte busca de sentido e espiritualidade, podem ajudar na conversão dos sentidos, que faz parte da jornada da fé; convidam a superar certo intelectualismo no qual a catequese pode vir a cair.

As linguagens e as ferramentas digitais

213. A linguagem da catequese inevitavelmente permeia todas as dimensões da comunicação e suas ferramentas. As profundas mudanças na comunicação, evidentes no âmbito técnico, produzem mudanças no âmbito cultural.[97] As novas tecnologias criaram uma nova infraestrutura cultural que influencia a comunicação e a vida das pessoas. No

---

[97] A respeito da cultura digital em geral, ver: n. 359-372 (*Catequese e cultura digital*) deste *Diretório*.

espaço *virtual*, que muitos consideram não menos importante que o mundo real, as pessoas obtêm notícias e informações, desenvolvem e exprimem opiniões, se envolvem em debates, dialogam e buscam respostas para suas perguntas. Não valorizar adequadamente esses fenômenos leva ao risco de se tornar insignificantes para muitas pessoas.

214. Na Igreja, muitas vezes estamos acostumados a uma comunicação unidirecional: prega-se, ensina-se e apresentam-se sínteses dogmáticas. Além disso, o texto escrito encontra resistência para falar com os mais jovens, acostumados a uma linguagem que consiste na convergência de palavras escritas, sons e imagens. As formas de comunicação digital, por sua vez, oferecem maiores possibilidades, pois estão abertas à interação. Portanto, além do conhecimento tecnológico, é necessário aprender modalidades de comunicação eficazes, bem como garantir uma *presença na rede* que testemunhe os valores evangélicos.

215. As tecnologias de informação e comunicação, as mídias sociais e os dispositivos digitais favorecem os esforços colaborativos, de trabalho em comum, de troca de experiências e conhecimento mútuo. "As redes sociais, para além de instrumento de evangelização, podem ser um fator de desenvolvimento humano. Por exemplo, em alguns contextos geográficos e culturais onde os cristãos se sentem isolados, as redes sociais podem reforçar o sentido da sua unidade efetiva com a comunidade universal dos fiéis."[98]

---

[98] BENTO XVI. *Mensagem para o XLVII Dia Mundial das Comunicações Sociais, 2013 – "Redes Sociais: portais de verdade e de fé; novos espaços de evangelização"*. Vaticano, 24 de janeiro de 2013.

216. Convém que as comunidades estejam comprometidas não só a enfrentar esse novo desafio cultural, mas também a corresponder às novas gerações com as ferramentas já hoje de uso comum na didática. Também é prioritário para a catequese educar ao bom uso dessas ferramentas e a uma compreensão mais profunda da cultura digital, ajudando a discernir os aspectos positivos dos ambíguos. O catequista de hoje deve estar consciente de quanto o mundo virtual pode deixar marcas profundas, especialmente nas pessoas mais jovens ou mais frágeis, e quanta influência podem ter na gestão das emoções ou no processo de construção da identidade.

217. A realidade virtual, porém, não pode substituir a realidade espiritual, sacramental e eclesial vivida no encontro direto entre as pessoas: "somos meios e o problema fundamental não é a aquisição de tecnologias sofisticadas, embora necessárias para uma presença atual e válida. Esteja sempre bem claro em nós que o Deus em quem acreditamos, um Deus apaixonado pelo homem, quer manifestar-se por meio dos nossos meios, ainda que pobres, porque é Ele que opera, é Ele que transforma, é Ele que salva a vida do homem".[99] Para testemunhar o Evangelho, é necessária uma comunicação autêntica, fruto da interação real entre as pessoas.

5. O grupo (n. 218-220)

218. A comunidade cristã é o principal sujeito da catequese. Por isso, a pedagogia catequética deve direcionar

---

[99] FRANCISCO. *Discurso aos participantes na Plenária do Pontifício Conselho para as Comunicações Sociais*. Vaticano, 21 de setembro de 2013.

todos os esforços para a compreensão da importância da comunidade como espaço fundamental para o crescimento pessoal. A forma comunitária também é visível na dinâmica do grupo, lugar concreto em que se vivem as "relações novas geradas por Jesus Cristo", que podem "transformar-se em uma verdadeira experiência de fraternidade" (EG, n. 87). O cuidado com as relações de grupo tem um significado pedagógico: desenvolve o sentido de pertencimento eclesial e ajuda o crescimento da fé.

219. O grupo é importante nos processos de formação das pessoas. Isso se aplica a todas as faixas etárias: para as crianças, que são ajudadas a viver uma boa socialização; para os jovens, que sentem a necessidade de relacionamentos autênticos; para adultos desejosos de experimentar o compartilhamento e a corresponsabilidade na Igreja e na sociedade. O catequista é convidado a, no grupo, fazer viva a experiência da comunidade como expressão mais coerente da vida da Igreja, que encontra na celebração da Eucaristia a sua forma mais visível. Lugar autêntico de relação entre as pessoas, a experiência de grupo é um lugar propício para acolher e condividir a mensagem salvífica. Além do anúncio do Evangelho em forma comunitária, a comunicação da fé exige também contato de pessoa para pessoa.

220. A interação construtiva entre pessoas diferentes faz do grupo um lugar no qual floresce uma troca e uma comunicação profunda. Quando essa comunicação é intensa e eficaz, o grupo desempenha melhor sua função de apoio para o crescimento de seus membros. Enquanto realidade eclesial, o grupo é animado pelo Espírito Santo, verdadeiro autor de todo o progresso na fé. Essa abertura à graça, porém, não impede de recorrer às disciplinas pedagógicas, que enxergam o grupo também como uma realidade social, com dinâmicas e leis de crescimento próprias. Saber valorizar essas contribuições pode ser uma oportunidade válida para fortalecer o senso de identidade e de pertencimento, para promover a participação ativa de cada membro, os processos de interiorização da fé e para administrar, de forma positiva, as tensões interpessoais. Cada dinâmica de grupo tem seu ápice na assembleia dominical, na qual, na experiência do encontro com o Senhor e da fraternidade com todos os cristãos, o grupo amadurece na disponibilidade ao serviço, especialmente aos mais pobres, e ao testemunho no mundo.

6. O espaço (n. 221-223)

221. Toda cultura, sociedade ou comunidade dispõe não somente de uma linguagem verbal própria, icônica e gestual, mas também se exprime e se comunica por meio do espaço. Da mesma forma, a Igreja deu significados específicos aos próprios espaços, usando os elementos da arquitetura em função da mensagem cristã. Ao longo dos séculos, criou espaços adequados para acolher as pessoas e realizar suas atividades: celebração dos mistérios divinos, partilha fraterna e ensino. Por exemplo, nos complexos paleocristãos, o nártex (*narthex*) era um espaço, geralmente situado entre as naves e a fachada principal da igreja, destinado a abrigar penitentes e catecúmenos. Muitas vezes decorado com cenas bíblicas ou representações dos mistérios da fé, o nártex, mediante essas imagens, também se tornou um espaço de catequese. Na vida de uma comunidade, para além do espaço dedicado à liturgia, são também importantes os lugares para o apostolado e a formação cristã, para a socialização e a caridade.

222. Os espaços para a catequese são lugares por meio dos quais a comunidade exprime sua forma de evangelizar. No atual contexto social e cultural, faz-se oportuna uma reflexão sobre a especificidade dos lugares da catequese como instrumentos de anúncio e de educação às relações humanas. Por isso, é necessário que esses ambientes sejam acolhedores e bem cuidados, de modo que se perceba um clima de familiaridade que promove um sereno comprometimento com as atividades comunitárias. Os ambientes, muito populares, que recordam as estruturas escolares, não são os melhores lugares para a realização das atividades catequéticas. Convém, portanto, que esses espaços sejam adaptados ao efetivo sentido da catequese.

223. É verdade, todavia, que a dinâmica da Igreja *em saída*, que perpassa a catequese, também tem implicações no que diz respeito aos espaços. Devem ser incentivadas as tentativas de uma catequese em lugares diversos: casas, pátios, espaços educacionais, culturais e recreativos, cadeias etc. Esses locais, muitas vezes descentralizados com relação àqueles da comunidade cristã, são propícios para a catequese ocasional, uma vez que criam relações mais familiares, de modo que a catequese, nessa correlação mais visível com a vida cotidiana, pode ser mais incisiva.

Capítulo VIII

A CATEQUESE NA VIDA DAS PESSOAS

224. Todo batizado, chamado à maturidade da fé, tem direito a uma catequese adequada. Por isso, é missão da Igreja corresponder de modo satisfatório. O Evangelho não se destina à pessoa abstrata, mas a *cada pessoa*, real, concreta, histórica, inserida em um contexto particular e marcada por dinâmicas psicológicas, sociais, culturais e religiosas, porque "todos e cada um foram compreendidos no mistério da Redenção" (RH, n. 13).[100] Por um lado, a fé não é um processo linear e participa no desenvolvimento da pessoa, e isso, por sua vez, influencia o caminho da fé. Não se pode esquecer que cada fase da vida está exposta a desafios específicos e deve enfrentar as dinâmicas sempre novas da vocação cristã.

225. Portanto, será conveniente oferecer caminhos de catequese que se diversifiquem de acordo com as diferentes exigências, idades dos sujeitos e estados de vida. Sendo assim, é indispensável respeitar os dados antropológico-evolutivos e teológico-pastorais, levando em consideração as ciências da educação. Por isso, é pedagogicamente

---

[100] SÃO JOÃO PAULO II. Carta Encíclica *Redemptor Hominis*: no início do ministério pontifical. Roma, 4 de março de 1979.

importante, no processo da catequese, atribuir a cada etapa a sua devida importância e especificidade. A esse respeito, somente alguns elementos gerais são indicados, de modo que ulteriores considerações cabem aos Diretórios de catequese das Igrejas particulares e das Conferências Episcopais.

1. Catequese e família (n. 224-235)

226. A família é uma comunidade de amor e vida, constituída de "um complexo de relações interpessoais – vida conjugal, paternidade-maternidade, filiação, fraternidade – mediante as quais cada pessoa humana é introduzida na 'família humana' e na 'família de Deus', que é a Igreja" (FC, n. 15). O futuro das pessoas, da comunidade humana e da comunidade eclesial depende em grande parte da família, da célula fundamental da sociedade. Graças à família, a Igreja se torna uma *família de famílias* e é enriquecida pela vida dessas igrejas domésticas. Portanto, "com íntima alegria e profunda consolação, a Igreja olha para as famílias que permanecem fiéis aos ensinamentos do Evangelho, agradecendo-lhes pelo testemunho que dão e encorajando-as. Com efeito, graças a elas, torna-se credível a beleza do matrimônio indissolúvel e fiel para sempre" (AL, n. 86).

Âmbitos da catequese familiar

A catequese na família

227. *A família é um anúncio de fé* enquanto lugar natural no qual a fé pode ser vivida de maneira simples e espontânea. A família "tem uma prerrogativa única: transmite o Evangelho, radicando-o no contexto de profundos valores humanos. Sobre essa base humana, é mais profunda a iniciação na vida cristã: o despertar para o senso de Deus, os primeiros passos na oração, a educação da consciência moral e a formação do senso cristão do amor humano, concebido como reflexo do amor de Deus, Criador e Pai. Em resumo: trata-se de uma educação cristã mais testemunhada do que ensinada, mais ocasional do que sistemática, mais permanente e cotidiana do que estruturada em períodos" (DGC, n. 255).

228. A vida conjugal e familiar, vivida segundo o desígnio de Deus, já constitui, por si, um Evangelho, no qual se pode ler o amor gratuito e paciente de Deus pela humanidade. Os cônjuges cristãos, em virtude do sacramento do Matrimônio, participam do mistério da unidade e do amor fecundo entre Cristo e a Igreja. A *catequese na família*, portanto, tem a missão de fazer revelar aos protagonistas da vida familiar, sobretudo aos cônjuges e aos pais, o dom que Deus lhes concede mediante o sacramento do Matrimônio.

A catequese com a família

229. *A Igreja anuncia o Evangelho à família.* A comunidade cristã é *família de famílias* e é, ela mesma, a família de Deus. Comunidade e família são, uma para outra, uma constante e mútua referência: enquanto a comunidade recebe da família uma compreensão da fé imediata e naturalmente ligada aos acontecimentos da vida, a família, por sua vez, recebe da comunidade uma chave explícita para reler na fé a própria experiência. Consciente desse profundo vínculo, a Igreja, em sua urgência evangelizadora, anuncia o Evangelho às famílias, fazendo experimentar que o Evangelho é "alegria que 'enche o coração e a vida inteira', porque, em Cristo, somos 'libertados do pecado, da tristeza, do vazio interior, do isolamento'" (AL, n. 200; cf. EG, n. 1).

230. Nos tempos atuais, a catequese *com as famílias* é perpassada pelo *querigma*, porque, "diante das famílias e no meio delas, deve ressoar sempre de novo o primeiro anúncio, que é o 'mais belo, mais importante, mais atraente e, ao mesmo tempo, mais necessário' e 'deve ocupar o centro da atividade evangelizadora'" (AL, n. 58; cf. EG, n. 35; 164). Além disso, na dinâmica da conversão missionária, a *catequese com as famílias* é caracterizada por um estilo de humilde compreensão e por um anúncio concreto, não teórico e desvinculado dos problemas das pessoas. A comunidade, em seu compromisso evangelizador e catequético voltado para a interioridade das famílias, realiza caminhos de fé que as ajudam a ter uma consciência clara de sua identidade e missão: acompanhando e sustentando, portanto, em seu empenho de transmissão da vida, ajuda-as no exercício de sua original missão educativa, promovendo uma autêntica espiritualidade familiar. Dessa forma, a família se conscientiza sobre seu papel e se torna, na comunidade e junto a ela, sujeito ativo da obra de evangelização.

A catequese da família

231. *A família anuncia o Evangelho.* Enquanto Igreja doméstica fundada no sacramento do Matrimônio, que possui também uma dimensão missionária, a família cristã participa da missão evangelizadora da Igreja e, portanto, é sujeito da catequese. "O exercício de transmitir aos filhos a fé, no sentido de facilitar a sua expressão e crescimento, permite que a família se torne evangelizadora e, espontaneamente, comece a transmiti-la a todos os que se aproximam dela e mesmo fora do próprio ambiente familiar" (AL, n. 289). A família é chamada, portanto, além do conatural serviço educativo dos filhos, a contribuir para a edificação da comunidade cristã e a testemunhar o Evangelho na sociedade. "O ministério de evangelização e de catequese da Igreja doméstica deve permanecer em comunhão íntima e deve harmonizar-se responsavelmente com todos os outros serviços de evangelização e de catequese presentes e operantes na comunidade eclesial, quer diocesana, quer paroquial" (FC, n. 53). A *catequese da família* será, portanto, cada contribuição específica que as famílias cristãs fazem, com sua própria sensibilidade, para os diversos itinerários de fé que a comunidade propõe.

Indicações pastorais

232. A Igreja, em seus cuidados maternos, acompanha seus filhos e filhas ao longo de sua existência. Reconhece, porém, que alguns momentos são como passagens decisivas, nas quais a pessoa se deixa mais facilmente ser tocada pela graça de Deus e se torna disponível a um itinerário de fé. Em tais percursos, será oportuno valorizar a generosa e valiosa ajuda de outros casais, que há muito tempo vivem a experiência matrimonial. A comunidade deverá estar mais atenta nos momentos indicados a seguir:

a. A *catequese com jovens e adultos que se preparam para o matrimônio* (AL, n. 205-2016) prevê uma formação remota, uma próxima e uma imediata à celebração do sacramento do Matrimônio, apresentado como uma verdadeira vocação. Nesses itinerários de fé, graduais e contínuos, seguindo a inspiração catecumenal, "devendo-se dar prioridade – juntamente com um renovado anúncio do querigma – àqueles conteúdos que, comunicados de forma atraente e cordial, ajudem [os noivos] a comprometer-se em um percurso da vida toda. [...] Trata-se de uma espécie de 'iniciação' ao sacramento do Matrimônio, que lhes forneça os elementos necessários para poderem recebê-lo com as melhores disposições e iniciar com certa solidez a vida familiar" (AL, n. 207). Convém que abandonemos a denominação, onde ainda em uso, de *cursos de preparação para o Matrimônio*, de modo a restituir a esse percurso o seu autêntico significado formativo e catequético.

b. A *catequese com os jovens casais de esposos* (AL, n. 217-230) é a catequese oferecida em forma mistagógica aos recém-casados, para levá-los a descobrir o que eles se tornaram graças ao sacramento celebrado. Convém que esses itinerários formativos, à luz da Palavra de Deus, direcionem a vida dos jovens casais para que se tornem cada vez mais conscientes do dom e da missão recebidos.

c. A *catequese com os pais que pedem o Batismo para seus filhos:* a comunidade, na pessoa dos catequistas, tenha o cuidado de acolher, escutar e entender as motivações do pedido dos pais, predispor um caminho adequado para que eles possam despertar a graça do dom da fé que receberam. É conveniente que também os padrinhos sejam envolvidos nesse itinerário e que ele possa ocorrer em um período suficiente.

d. A *catequese com os pais cujos filhos percorrem o caminho de iniciação cristã:* a comunidade promove o envolvimento dos pais no caminho de iniciação dos filhos, o que, para alguns, é um momento de aprofundamento da fé, para outros, um autêntico espaço de primeiro anúncio.

e. A *catequese intergeracional* prevê que o caminho de fé seja uma experiência formativa não dirigida a uma determinada idade, mas condividida entre diferentes gerações dentro de uma família ou comunidade, nos passos do ano litúrgico. Essa proposta valoriza o intercâmbio de experiências de fé entre as gerações, tendo por inspiração as primeiras comunidades cristãs.

f. A *catequese nos grupos de casais e nos grupos de famílias* tem como protagonistas os mesmos casais. Esses itinerários de catequese pretendem desenvolver uma espiritualidade conjugal e familiar, capaz de restaurar o vigor e o impulso à vida conjugal, redescobrindo a dimensão esponsal da aliança entre Deus e a humanidade e o papel da família na construção do Reino de Deus.

Novos contextos familiares

233. A precariedade e a imprevisibilidade dos processos sociais e culturais em vigor também alteraram, entre outras coisas, a noção e a realidade da família. Em ascensão estão as crises conjugais e familiares, muitas vezes resolvidas pela criação de "novas relações, novos casais, novas uniões e novos casamentos, criando situações familiares complexas e problemáticas para a opção cristã" (AL, n. 41). Apesar das feridas, do esvaziamento de seu significado transcendente e das fragilidades que a caracterizam, está presente, no entanto, uma espécie de nostalgia de família, pois há muitos que, percebendo seu valor, ainda a buscam e estão ansiosos por construí-la.

234. Com cuidado, respeito e solicitude pastoral, a Igreja quer acompanhar os filhos marcados pelo amor ferido, que se encontram em uma condição mais frágil, devolvendo-lhes sua confiança e esperança. "Na perspectiva da pedagogia divina, a Igreja dirige-se com amor a quantos participam na vida dela de modo imperfeito: invoca com eles a graça da conversão, encoraja-os a realizar o bem, a cuidar com amor um do outro e pôr-se a serviço da comunidade na qual vivem e trabalham" (AL, n. 78). É importante que toda comunidade cristã olhe, com realismo, para as realidades familiares heterogêneas, com suas luzes e sombras, a fim de *acompanhá-las* adequadamente e *discernir* a complexidade das situações, sem ceder às formas de idealização e de pessimismo. Em essência, "Trata-se de integrar a todos, deve-se ajudar cada um a encontrar a sua própria maneira de participar na comunidade eclesial, para que se sinta objeto de uma misericórdia 'imerecida, incondicional e gratuita'" (AL, n. 297).

235. Acompanhar na fé e introduzir à vida da comunidade as situações chamadas *irregulares*, portanto, "implica tomar muito a sério em cada pessoa o projeto que Deus tem para ela" (EG, n. 160) com um estilo de proximidade, escuta e compreensão. Além do acompanhamento espiritual pessoal, os catequistas encontrem vias e modos de promover a participação desses irmãos e irmãs também na catequese: em grupos específicos, formados por pessoas que compartilham a mesma experiência conjugal ou familiar; ou em outros grupos de famílias ou de adultos que já existem. Dessa forma, é possível evitar formas de solidão ou de discriminação e despertar o desejo de acolher e responder ao amor de Deus.

2. Catequese com crianças e adolescentes
(n. 236-243)

236. "Esta fase de idade, tradicionalmente distinta em primeira infância ou idade pré-escolar e pré-adolescência, aos olhos da fé e da própria razão, tem como própria a graça do início da vida" (DGC, n. 177), caracterizada pela simplicidade e pela gratuidade do acolhimento. Santo Agostinho já apontava a infância e a adolescência como tempos em que se aprende o diálogo com o Mestre que fala ao íntimo. É desde a mais tenra idade que a criança deve ser ajudada a perceber e a desenvolver o sentido de Deus e a intuição natural de sua existência (GE, n. 3). A antropologia e a pedagogia confirmam, de fato, que a criança é capaz de se interrogar acerca de Deus e que suas questões sobre o sentido da vida nascem também onde os pais estão pouco atentos à educação religiosa. As crianças têm a capacidade de fazer perguntas significativas sobre a criação, a identidade de Deus, sobre o porquê do bem e do mal, e são capazes de se alegrar diante do mistério da vida e do amor.

237. Os estudos realizados pelas ciências sociais e psicopedagógicas e de comunicação são de grande ajuda para delinear a fisionomia concreta das crianças, que passam por situações de vida muito diferentes em diversos contextos geográficos. As variáveis sociais e culturais, de fato, influenciam fortemente a condição das crianças e dos jovens, a percepção de suas exigências por parte dos adultos, as modalidades de entendimento e vivência da dinâmica familiar, a experiência escolar, a relação com a sociedade e a relação com a fé. Em particular, leve-se em consideração a condição dos *nativos digitais* que caracteriza uma grande parte das crianças no mundo. Trata-se de um fenômeno de abrangência global, cujas consequências não são ainda perceptíveis claramente, mas que certamente está modificando as modalidades cognitivas e relacionais das novas gerações, de alguma forma também influenciando o impulso natural à experiência religiosa.

238. Igualmente importante considerar que muitas crianças e jovens são profundamente afetados pela fragilidade dos vínculos dentro das famílias, mesmo em situações de bem-estar econômico; outros, por sua vez, ainda vivem em condições ambientais fortemente marcadas pela realidade da pobreza, da violência e da instabilidade.

A essas crianças, que por diversas razões sofrem com a falta de referências seguras à vida, muitas vezes também está reduzida a possibilidade de conhecer e amar a Deus. A comunidade eclesial saiba dialogar, se for possível, com os pais, apoiando-os em sua missão de educar; faça-se também presente e disposta a sempre oferecer cuidado materno e atenção concretas: esse será o primeiro e fundamental anúncio da bondade providencial de Deus.

239. A *infância*, ou a idade pré-escolar, é um tempo decisivo de descoberta da realidade religiosa, em que se aprende com os pais e com o ambiente de vida uma atitude de abertura e acolhimento, ou de aversão e fechamento a Deus. Aprendem-se também as primeiras consciências da fé: uma primeira descoberta do Pai que está no céu, bom e providente, para o qual se voltar o coração é um gesto de afeto e veneração; o nome de Jesus e de Maria e alguns relatos dos principais momentos da vida do Senhor Jesus; sinais, símbolos e gestos religiosos. Nesse contexto, não se desvalorizem as principais festividades do ano litúrgico, por exemplo, com a realização nas famílias do presépio em preparação para o Natal,[101] que pode permitir que a criança viva uma forma de catequese por meio de uma participação direta no mistério da encarnação. Quando a criança, desde muito pequena, está em contato, na família ou em outros ambientes de crescimento, com os diferentes aspectos da vida cristã, ela aprende e interioriza uma primeira forma de *socialização religiosa* propedêutica àquelas sucessivas e ao desenvolvimento da

---

[101] FRANCISCO. Carta Apostólica *Admirabile Signum*: sobre o significado e valor do presépio. Gréccio, 1º de dezembro de 2019.

consciência moral cristã. Mais do que catequese em sentido próprio, nessa idade se trata da *primeira evangelização* e *anúncio da fé de forma eminentemente educativa*, atenta a desenvolver o sentido da confiança, da gratuidade, do dom de si, da invocação e da participação, como condição humana na qual se insere a força salvífica da fé.

240. A *infância* (6-10 anos), segundo uma tradição bem consolidada em muitos países, é o período no qual se completa, na paróquia, a iniciação cristã começada no Batismo. O itinerário global de iniciação cristã tem por objetivo tornar conhecidos os principais eventos da história da salvação, os quais serão objeto de uma reflexão mais profunda nas idades posteriores, como também aumentar gradualmente a consciência da própria identidade de batizado. Com a catequese de iniciação cristã visa-se ao primeiro conhecimento da fé (primeiro anúncio) e com o processo iniciático se introduz a criança na vida da Igreja e na celebração dos sacramentos. A catequese, não fragmentada, mas articulada ao longo de um itinerário que propõe de forma essencial todos os mistérios da vida cristã e seu impacto na consciência moral, também deve estar atenta às condições existenciais dessas crianças, bem como aos seus anseios por sentido. Ao longo do caminho de iniciação, de fato, se prevê um ensinamento das verdades da fé que se fortalecem pelo testemunho da comunidade, a participação na liturgia, o encontro com a palavra de Jesus na Sagrada Escritura e o início do exercício da caridade. Cabe às Conferências Episcopais estabelecerem a duração e as modalidades de realização do itinerário à vida cristã e de celebração dos sacramentos.

241. A segunda infância também é fase de ingresso no mundo do ensino básico. A criança, depois na adolescência, entra em uma comunidade maior que a família, na qual há a possibilidade de desenvolver suas capacidades intelectuais, afetivas, relacionais. Em muitos países do mundo, de fato, ministra-se um ensino religioso específico e, em alguns casos, também a possibilidade de realizar, na escola, a catequese de iniciação à vida cristã e os sacramentos, de acordo com as indicações e disposições do Bispo local. Nesses contextos, a colaboração entre os catequistas e os professores torna-se um significativo recurso educacional e é oportunidade favorável para dar visibilidade a uma comunidade de adultos testemunhas da fé.

242. A exigência de fazer do processo de iniciação cristã uma autêntica introdução experiencial à globalidade da vida de fé faz com que o catecumenato seja uma imprescindível fonte de inspiração. Torna-se muito oportuna uma *iniciação cristã estabelecida conforme o modelo formativo do catecumenato*, mas com critérios, conteúdos e metodologias adaptados para as crianças. A articulação do desenvolvimento do processo de iniciação cristã para adolescentes inspirado no catecumenato prevê tempos, ritos de passagem e a participação ativa na Celebração Eucarística, que constitui o ápice do processo iniciático. Em seu exercício, os catequistas estejam empenhados em evitar a visão tradicional que prevalentemente vê a criança como objeto dos cuidados e atenções pastorais da comunidade, assim como estejam dedicados em assumir a perspectiva que gradualmente a educa, segundo suas habilidades, a ser sujeito ativo dentro e fora da comunidade. A inspiração catecumenal também nos permite reconsiderar o papel primordial da família e de toda a comunidade em relação aos pequenos, ativando processos de evangelização mútua entre os diferentes sujeitos eclesiais envolvidos.

243. Cada Igreja local, por meio das diversas pastorais e organismos responsáveis, é convidada a avaliar a situação em que as crianças vivem, como também a estudar as modalidades e os itinerários iniciáticos e catequéticos mais adequados para conscientizá-las de serem filhas de Deus e membros da Igreja, família de Deus, que no dia dedicado ao Senhor se reúne para celebrar a sua Páscoa.

3. Catequese na realidade juvenil (n. 244-256)

244. Há uma profunda conexão entre a possibilidade de uma renovada proposta de fé para os jovens e a disponibilidade de a Igreja se rejuvenescer, isto é, colocar-se em um processo de conversão espiritual, pastoral e missionária. "A capacidade [dos jovens] de renovar, reivindicar, exigir coerência e testemunho, de voltarem a sonhar e se reinventar" (ChV, n. 100)[102] pode ajudar a comunidade eclesial a compreender as transformações culturais do nosso tempo e a aumentar a confiança e a esperança. Toda a comunidade tem a missão de transmitir a fé e de testemunhar a possibilidade de caminhar na vida com Cristo. A proximidade do Senhor Jesus com os dois discípulos de Emaús, a caminhada junto, dialogando, acompanhando, ajudando a abrir os olhos, é fonte de inspiração para caminhar *com* os

---

[102] FRANCISCO. Exortação Apostólica Pós-Sinodal *Chritus Vivit*. (Documentos Pontifícios, 37). Brasília: Edições CNBB, 2019.

jovens. Dentro dessas dinâmicas, anuncia-se o Evangelho ao mundo juvenil com coragem e criatividade, propõem-se a vida sacramental e o acompanhamento espiritual. Graças à mediação eclesial, os jovens poderão descobrir o amor pessoal do Pai e a companhia de Jesus Cristo e viver essa fase de vida, que particularmente "tende aos grandes ideais, aos heroísmos generosos e às coerentes exigências entre pensamento e ação".[103]

245. A catequese no mundo juvenil precisa ser sempre renovada, fortalecida e realizada no contexto mais amplo da pastoral juvenil. Essa precisa caracterizar-se pelas dinâmicas pastorais e relacionais de escuta, reciprocidade, corresponsabilidade e reconhecimento do protagonismo juvenil. Embora não haja delimitações claras e sejam determinantes as abordagens típicas de cada cultura, é útil distinguir a idade juvenil entre pré-adolescentes, adolescentes, jovens e jovens adultos. É fundamental aprofundar o estudo do mundo juvenil, valendo-se das contribuições da pesquisa científica e levando em consideração a situação dos diferentes países. Uma consideração de caráter geral diz respeito à questão da linguagem dos jovens. As novas gerações são, em geral, fortemente marcadas pelas mídias sociais e pelo chamado mundo virtual, que oferece oportunidades de que as gerações anteriores não dispunham, mas ao mesmo tempo apresenta riscos. É de grande importância considerar o modo como a experiência das relações mediadas tecnologicamente estruturam a concepção do mundo, da

---

[103] SÃO PAULO VI. *Discurso por ocasião da beatificação do Nunzio Sulprizio*. Vaticano, 1º de dezembro de 1963.

realidade e das relações interpessoais. Insiste-se, portanto, na necessidade da ação pastoral para uma adaptação da catequese com os jovens, sabendo traduzir para a linguagem deles a mensagem de Jesus.

Catequese com pré-adolescentes

246. São muitos os sinais que fazem olhar para a pré-adolescência[104] como uma etapa da vida caracterizada pela dinâmica da *passagem* de uma situação conhecida e segura para algo novo e inexplorado. Isso, por um lado, pode gerar impulso e entusiasmo, mas por outro provoca uma sensação de confusão e perplexidade. A pré-adolescência se caracteriza justamente por essa mescla de emoções contraditórias e oscilantes, que na verdade surgem da necessidade de se conhecer, experimentar, testar a si mesmos, para redefinir – como protagonistas e de forma autônoma – uma identidade que quer renascer. De fato, nesse período, acompanhado de um forte desenvolvimento da dimensão física e emocional, começa a tomar forma o lento e laborioso processo de personalização do indivíduo.

247. A pré-adolescência é também o momento no qual se reformula a imagem de Deus recebida na infância; por isso, é importante que a catequese acompanhe cuidadosamente essa delicada passagem para seus possíveis desen-

---

[104] O termo "pré-adolescência" tem significados diferentes em diversas culturas. Aqui indica o tempo que começa com a puberdade e que aproximadamente vai dos 10 aos 14 anos. Esse momento é indicado como *primeira adolescência* (*early adolescence*), enquanto o termo *preadolescence* indica o último estágio da infância (9 a 10 anos).

volvimentos futuros, inclusive recorrendo às pesquisas e às ferramentas das ciências humanas. Sem medo de apontar para o essencial, a proposta de fé para os pré-adolescentes se preocupará em semear em seus corações as sementes de uma visão de Deus que mais tarde amadurecerá: o querigma narrará especialmente o Senhor Jesus como um irmão que ama, como um amigo que ajuda a viver melhor as relações, que não julga, mas é fiel e valoriza os recursos e os sonhos, levando à realização dos desejos da beleza e do bem. Além disso, a catequese é convidada a reconhecer o protagonismo dos pré-adolescentes, a criar um contexto de relações de grupo significativas, a dar espaço à experiência, a criar um clima no qual são acolhidas as perguntas, fazendo-as interagir com a proposta do Evangelho. O pré-adolescente pode entrar mais facilmente no mundo da experiência cristã ao descobrir que o Evangelho toca precisamente as dinâmicas relacionais e afetivas, às quais ele particularmente é sensível. O catequista, capaz de confiar e esperar, levará a sério as dúvidas e as inquietudes do pré-adolescente, tornando-se seu companheiro discreto, mas presente.

Catequese com adolescentes

248. A adolescência é uma etapa da vida que vai aproximadamente dos 14 até aos 21 anos e que às vezes perdura por muito mais tempo. Caracteriza-se pelo impulso em direção à independência e, ao mesmo tempo, pelo medo de começar a distanciar-se do contexto familiar; isso leva a constantes agitações entre explosões de entusiasmo e recaídas. "Os adolescentes não se encontram nem aqui nem lá, estão a caminho, em trânsito. [...] Vivem exatamente esta tensão, antes de tudo em si mesmos e depois com quantos os circundam", mas "a adolescência não é uma patologia que devemos combater. Faz parte do crescimento normal e natural da vida das nossas crianças".[105] Será, portanto, demonstração de cuidado da comunidade e do catequista desenvolver o espaço interno para compreender e acolher, sem julgamento e com sincera paixão educativa, essa busca pela liberdade dos adolescentes, começando a canalizá-la para um projeto de vida aberto e audaz.

249. Em seu caminho de fé, os adolescentes precisam ser acompanhados por testemunhas convictas e cativantes. Um dos desafios da catequese é justamente esse da escassez de testemunhos de fé vividos no interior das famílias e dos âmbitos de socialização de onde provêm. Além disso, o distanciamento que muitas vezes ocorre na participação na Igreja, durante a adolescência, depende não tanto da qualidade do que foi proposto nos anos da infância – por mais importante que seja –, quanto da existência de uma proposta alegre e significativa para a idade juvenil. Ao mesmo tempo, os adolescentes colocam em forte contestação a autenticidade das figuras adultas, havendo a exigência da presença de padres, adultos e jovens com maturidade nos quais possam ver uma fé vivida com alegria e coerência. Será sinal de cuidado da comunidade identificar, para o serviço da catequese, aquelas pessoas que mais estão propensas a sintonizar com o mundo deles, iluminando-os

---

[105] FRANCISCO. *Discurso na abertura do Congresso Pastoral da Diocese de Roma*. Basílica de São João de Latrão, 19 de junho de 2017.

com a luz e a alegria da fé. É importante que a catequese se realize dentro da pastoral juvenil e com forte conotação educativa e vocacional, no contexto da comunidade cristã e de outros ambientes de vida dos adolescentes.

Catequese com jovens

250. A rápida transformação cultural e social atinge também os jovens. Em algumas partes do mundo, os condicionantes da sociedade consumista e meritocrática levam muitos a alcançar níveis de especialização de estudo para alcançar objetivos profissionais qualificados. Muitos jovens sentem a necessidade de se mudar para viver específicas experiências de trabalho e de estudo. Muitos outros, porém, devido à falta de trabalho, caem em uma sensação de insegurança, que facilmente resulta em desilusão e tédio, chegando, às vezes, a quadros de angústia e depressão. Nos países marcados pelo persistente subdesenvolvimento econômico e por conflitos, que causam grandes movimentos migratórios, os jovens sentem uma geral falta de esperança com relação ao próprio futuro e são forçados a condições de vida muitas vezes humilhantes.

251. Do ponto de vista da experiência religiosa, observa-se grande diversidade. Muitos jovens demonstram um impulso em direção à busca de sentido, solidariedade e engajamento social. Muitas vezes estão abertos a práticas religiosas e são sensíveis a diferentes espiritualidades. No que diz respeito à experiência eclesial, nessa fase da vida, são muitos os que se distanciam da Igreja ou mostram indiferença ou desconfiança em relação a ela. Entre as causas, é necessário considerar a falta de testemunho, de credibilidade, de apoio espiritual e moral por parte da família, ou uma catequese deficiente e uma comunidade cristã pouco significativa. No entanto, é igualmente verdade que muitos jovens participam ativa e entusiasticamente da vida da Igreja, em experiências missionárias e de serviço, levando uma vida de oração autêntica e intensa.

252. O Senhor Jesus, que "santificou sua juventude pelo fato de tê-la vivido",[106] encontrando os jovens no curso de seu ministério público, mostrava-lhes a benevolência do Pai, lhes interpelava e convidava para uma vida plena. A Igreja, manifestando o mesmo cuidado que Jesus, quer escutar os jovens com paciência, compreender suas inquietações, dialogar de coração sincero, acompanhá-los no discernimento de seu projeto de vida. Por isso, a pastoral juvenil da Igreja será, primeiramente, *animação de índole humanizadora e missionária*, capaz de reconhecer na experiência humana os sinais do amor e do chamado de Deus. À luz da fé, encontram seu sentido autêntico a busca da verdade e da liberdade, o desejo de amar e de ser amado, as aspirações pessoais e o compromisso apaixonado com os outros e com o mundo. Ao ajudar os jovens a descobrir, elaborar e viver seu plano de vida de acordo com Deus, a pastoral juvenil saberá assumir novos estilos e estratégias. É necessário "adquirir outra flexibilidade e chamar jovens, a eventos, a acontecimentos que, de vez em quando, lhes ofereça um

---

[106] SÍNODO DOS BISPOS. *Os jovens, a fé e o discernimento vocacional*: Documento final da XV Assembleia Geral Ordinária do Sínodo dos Bispos. (Documentos da Igreja, 51). Brasília: Edições CNBB, 2018, n. 63.

lugar onde não só recebam formação, mas que também lhes permitam compartilhar a vida, celebrar, cantar, ouvir testemunhos reais e experimentar o encontro comunitário com o Deus vivo" (ChV, n. 204). Também a catequese com os jovens, portanto, será redefinida pelas observações desse estilo pastoral.

253. Cada projeto formativo, que reúne formação litúrgica, espiritual, doutrinal e moral, será "centrado em dois grandes eixos: um é o aprofundamento do *querigma*, a experiência fundante do encontro com Deus através de Cristo morto e ressuscitado. O outro é o crescimento no amor fraterno, na vida comunitária, no serviço" (ChV, n. 213). A catequese apresentará, então, o anúncio da Páscoa de Jesus, verdadeira juventude do mundo, como um núcleo de significado em torno do qual construir a resposta vocacional (ChV, cap. VIII). A *dimensão vocacional* da catequese juvenil exige que os percursos formativos sejam elaborados tendo por referência as experiências de vida. É de se valorizar o fato de que, muitas vezes, o caminho de fé dos jovens seja também mediado pelo pertencimento a uma associação ou a um movimento eclesial. A dinâmica do grupo, de fato, permite que a catequese permaneça intimamente interligada à experiência concreta (ChV, n. 219-220).

254. Além dos itinerários catequéticos orgânicos e estruturados, deve-se valorizar a catequese feita de forma ocasional nos ambientes de vida dos jovens: escola, universidades, associações culturais e recreativas. Dentre as experiências a destacar, além dos eventos diocesanos, nacionais ou continentais, recorda-se a *Jornada Mundial da*

Juventude, que é uma ocasião de se chegar a outros jovens que de outro modo seriam inalcançáveis. Convém que, em preparação para a *Jornada* e em seus desdobramentos, os presbíteros e catequistas desenvolvam percursos que lhes permitam viver plenamente essa experiência de fé. Não se pode esquecer o fascínio que a peregrinação exerce sobre tantos jovens: é útil que ela seja vivida como um momento na catequese.

255. Deve-se valorizar a contribuição, criativa e corresponsável, que os próprios jovens fazem para a catequese. O serviço da catequese às crianças é uma provocação ao próprio crescimento deles na fé. Isso convida a comunidade cristã a cuidar especialmente da formação de jovens catequistas: "um compromisso renovado também é necessário para os catequistas, que muitas vezes são jovens a serviço de outros jovens, quase seus pares. É importante cuidar adequadamente de sua formação e garantir que seu ministério seja mais reconhecido pela comunidade".[107]

256. A Igreja hoje olha mais atentamente para a passagem da idade juvenil para a idade adulta. Em comparação com um passado bastante recente, a entrada na fase adulta da existência está cada vez mais atrasada para muitos jovens, particularmente em alguns contextos sociais. Essa transição significa que muitas vezes se encontrem pessoas que, embora tendo todos os requisitos para levar uma vida adulta (idade, formação educacional, vontade), não encontram condições favoráveis para tornar efetivo o desejo de realização, não gozando de condições de trabalho

---

[107] Ibidem, n. 133.

e econômicas estáveis que permitam a formação de uma família. Certamente essa situação tem repercussões em seu mundo interior e afetivo. Deve-se pensar, portanto, em novas modalidades de ação pastoral e catequética capazes de ajudar a comunidade cristã a interagir com os *jovens adultos*, apoiando-os em sua jornada.

4. Catequese com adultos (n. 257-265)

257. A condição do adulto é hoje particularmente complexa. Em comparação com o passado, essa idade da vida não é mais entendida como um estado de estabilidade já alcançado, mas como um processo contínuo de reestruturação que leva em consideração a evolução da sensibilidade pessoal, do entrelaçamento das relações, das responsabilidades às quais a pessoa é chamada. Nesse dinamismo vivaz em que se inserem fatores familiares, culturais e sociais, o adulto constantemente reformula a própria identidade, reagindo criativamente aos diferentes momentos de transição que está vivendo. A dinâmica de *tornar-se adulto* inevitavelmente diz respeito também à dimensão religiosa, sendo o ato de fé um processo interior intimamente ligado à sua personalidade. Nas etapas da vida adulta, de fato, a própria fé é chamada a tomar formas diferentes, a evoluir e a amadurecer para que seja uma autêntica e contínua resposta às provocações da vida. Por isso, todo possível caminho de fé com os adultos exige que as experiências de vida sejam não apenas levadas em consideração, como também relidas à luz da fé como oportunidades e, portanto, integradas ao mesmo percurso formativo.

258. A relação dos adultos com a questão da fé é muito variada e é certo que cada pessoa seja acolhida e ouvida em sua própria peculiaridade. Sem diminuir a particularidade de cada situação, é possível considerar algumas categorias de adultos que vivem a fé em modalidades diferentes:

- adultos que creem, que vivem sua fé e desejam aprofundá-la;

- adultos que, embora batizados, não são adequadamente formados ou não chegaram a completar a iniciação cristã, podendo ser chamados de *quase catecúmenos* (CT, n. 44);

- adultos batizados que, embora não vivendo ordinariamente a própria fé, ainda buscam um contato com a comunidade eclesial em determinados momentos particulares da vida;

- adultos que provêm de outras confissões cristãs ou de outras experiências religiosas;

- adultos que retornam à fé católica depois que tiveram experiências nos novos movimentos religiosos;

- adultos não batizados, aos quais se dirige o catecumenato verdadeiro e próprio.

259. O empenho do amadurecimento da fé batismal é uma responsabilidade pessoal que sobretudo o adulto deve sentir como prioritária, pelo fato de estar envolvido em um processo permanente de formação da identidade pessoal. Esse empenho, próprio de cada pessoa, na idade adulta tem relação com as responsabilidades familiares e sociais às quais a pessoa é chamada e que podem provocar momentos de crise também muito profundos. É por isso que, mesmo nessa idade da vida e com ênfases próprias, são necessários o acompanhamento e o crescimento da fé para que o adulto amadureça essa sabedoria espiritual que ilumina e dá unidade às muitas experiências de sua vida pessoal, familiar, social.

260. A catequese com adultos se configura, portanto, como um processo pessoal e comunitário de aprendizagem, visando adquirir uma *mentalidade de fé* "até chegarmos [...] à estatura do Cristo em sua plenitude" (Ef 4,13). Portanto, tem por objetivo principal a formação e o amadurecimento da vida no Espírito, segundo os princípios da gradualidade e da progressividade, para que a mensagem do Evangelho seja acolhida em sua dinâmica transformadora e, assim, seja capaz de incidir na vida pessoal e social. Em última análise, a catequese com adultos alcança seu propósito quando faz com que os próprios adultos sejam capazes de ter sua própria experiência de fé e estejam desejosos por continuar a caminhar e a crescer.

261. O compromisso geral da catequese com adultos precisa se configurar com relação às diversas tipologias de pessoas e experiências religiosas a que se refere. De fato, os *compromissos* particulares que se seguem, que podem também responder a uma análise cronológica, mostram na verdade a tentativa contínua por parte da comunidade eclesial de se posicionar em relação aos adultos, tentando compreender a situação existencial concreta e colocando-se à escuta das exigências e necessidades reais. Portanto, são funções especiais da catequese com os adultos:

a. *suscitar a fé*, fomentando um novo início da experiência de crer, sabendo valorizar os recursos humanos e espirituais nunca extintos das profundezas de cada pessoa, tendo em vista uma retomada livre e pessoal da motivação inicial em termos de atração, gosto e vontade;

b. *purificar a fé* de representações religiosas parciais, enganosas ou errôneas, ajudando os indivíduos a primeiramente reconhecer suas limitações e a decidir colocar-se na busca de uma síntese mais autêntica da fé, em vista do caminho rumo à plenitude da vida a que o Evangelho chama;

c. *alimentar a fé* também graças a uma vida de relações eclesiais significativas, promovendo a formação de consciências cristãs maduras, capazes de dar razão à própria esperança e prontas a um diálogo sereno e inteligente com a cultura contemporânea;

d. *ajudar a partilhar e a testemunhar a fé*, criando espaços de partilha e de serviço na Igreja e no mundo como cumprimento da missão de manifestar o Reino de Deus.

A catequese com os adultos, em resumo, tem a missão de acompanhar e educar na formação dos traços típicos do cristão adulto na fé, discípulo do Senhor Jesus, dentro de uma comunidade cristã capaz de estar em saída, ou seja, inserida nas realidades sociais e culturais para o testemunho da fé e do cumprimento do Reino de Deus.

262. Para que a catequese com adultos seja significativa e capaz de atingir seus objetivos, é importante considerar determinados *critérios*.

a. É fundamental que a catequese, inspirando-se na experiência missionária do catecumenato, seja *expressão da comunidade eclesial* em sua inteireza, como um ventre gerador da fé. Uma vez que a comunidade cristã é um elemento estrutural do processo catequético do adulto e não apenas seu ambiente, é necessário que ela seja capaz de se renovar, permitindo ser alcançada e provocada pelas sensibilidades dos adultos do tempo presente, como também capaz de ser acolhimento, presença e apoio.

b. Uma vez que a catequese com adultos é um processo educativo da *vida cristã em sua inteireza*, é importante que proponha experiências de vida de fé concretas e qualificantes (aprofundamento da Sagrada Escritura e da doutrina; momentos de espiritualidade, celebrações litúrgicas e práticas de piedade popular; experiência de fraternidade eclesial; exercício missionário da caridade e do testemunho no mundo), que respondam às diversas exigências da pessoa humana em sua integralidade de afetos, pensamentos, relações.

c. Os adultos não devem ser considerados destinatários da catequese, mas *protagonistas com os próprios catequistas*. É necessário, portanto, que se realize um acolhimento respeitoso do adulto como pessoa que já desenvolveu experiências e convicções também no âmbito da fé e que é capaz de exercer sua liberdade, amadurecendo no diálogo novas convicções.

d. A catequese com adultos tenha o cuidado de reconhecer sua *situação de homens e mulheres*, considerando a peculiaridade com que cada um vive a experiência da fé; além disso, é importante prestar atenção à *condição laical* dos adultos, chamados pelo Batismo a "procurar o Reino de Deus exercendo funções temporais e ordená-las segundo Deus" (LG, n. 31).

e. É importante prover uma *coordenação* da catequese com os adultos especialmente com a pastoral familiar e juvenil, como também com as demais dimensões da vida da fé – a experiência litúrgica, o serviço da caridade, a dimensão sociocultural –, a fim de amadurecer certa organicidade da pastoral eclesial.

263. Na catequese com adultos é decisiva a figura do catequista, que se apresenta como um acompanhador e, ao mesmo tempo, um educador capaz de apoiá-los também nos processos de crescimento pessoal. O acompanhador dos adultos, embora em uma relação de sincera fraternidade, conscientemente mantém uma relação educativa com a intenção de facilitar neles uma relação adulta com o Senhor, relações eclesiais significativas e escolhas de testemunho cristão no mundo. No momento oportuno, o acompanhador será capaz de se afastar, de tal modo incentivando que os sujeitos assumam pessoalmente a responsabilidade por seu próprio caminho de fé. Por isso, é importante que os catequistas dos adultos sejam cuidadosamente escolhidos e habilitados a exercer esse delicado ministério por meio de uma formação específica.

264. A catequese com os adultos se apresenta em uma grande multiplicidade de *formas* e com ênfases muito diversas:

- catequese enquanto verdadeira e própria iniciação à fé, ou seja, o acompanhamento dos candidatos ao Batismo e aos sacramentos da iniciação por meio da experiência catecumenal;

- catequese enquanto nova iniciação à fé, ou seja, o acompanhamento daqueles que, embora batizados, não tenham completado a iniciação ou não foram de fato evangelizados;

- catequese enquanto redescoberta da fé, por meio de "centros de escuta" ou outras modalidades, ou mesmo uma proposta de perspectiva evangelizadora voltada para os considerados distantes;

- catequese de anúncio da fé nos ambientes da vida, do trabalho, do lazer ou nas manifestações de piedade popular ou peregrinação a santuários;

- catequese com casais por ocasião do Matrimônio ou mesmo na celebração dos sacramentos dos filhos, que muitas vezes se torna um ponto de partida para ulteriores experiências catequéticas;

- catequese para o aprofundamento da fé a partir da Sagrada Escritura ou de um documento do Magistério ou da vida dos santos e das testemunhas da fé;

- catequese litúrgica, que visa a uma participação consciente nas celebrações comunitárias;

- catequese sobre questões morais, culturais ou sociopolíticas que visam à participação na vida da sociedade, de forma ativa e inspirada na fé;
- catequese no âmbito da formação específica dos agentes pastorais, que se apresenta como oportunidade privilegiada para itinerários de fé.

265. Por fim, deve-se reconhecer as contribuições para a formação cristã de adultos oferecidas pelas associações, movimentos e grupos eclesiais que garantam um acompanhamento constante e variado. Significativo é o fato de que frequentemente essas realidades apresentam a vida cristã como um encontro pessoal e existencial com a pessoa viva de Jesus Cristo, no contexto de uma experiência de grupo e de relações fraternas. De fato, os pequenos grupos, justamente porque permitem mais facilmente a troca de experiências de vida e o estabelecimento de relações fraternas e amigáveis, tornam-se ocasião preciosa de uma transmissão da fé de pessoa para pessoa (EG, n. 127-129).

5. Catequese com idosos (n. 266-268)

266. Os idosos são patrimônio da memória e, muitas vezes, guardiões dos valores de uma sociedade. As decisões sociais e políticas que não reconhecem a dignidade pessoal deles voltam-se contra a própria sociedade. "A Igreja não pode e não quer conformar-se com uma mentalidade de intolerância, e muito menos de indiferença e de desprezo, em relação à velhice".[108] Em vez disso, a Igreja vê os idosos

---

[108] FRANCISCO. *Audiência Geral.* Praça de São Pedro, 4 de março de 2015.

como um dom de Deus, uma riqueza para a comunidade, e considera seu cuidado pastoral como uma importante missão eclesial.

267. Aos idosos se direciona uma catequese adequada, atenta aos aspectos particulares de sua condição de fé. "O ancião pode ter alcançado a idade em que se encontra, com uma fé sólida e rica; nesse caso, a catequese leva, de certo modo, à plenitude, o caminho percorrido, em atitude de agradecimento e de confiante expectativa; outros vivem uma fé mais ou menos obscurecida e uma prática cristã frágil; nesse caso, a catequese se torna momento de nova luz e experiência religiosa; outras vezes, o ancião chega a essa fase de sua vida com profundas feridas na alma e no corpo: a catequese o ajuda a viver a sua condição, na atitude da invocação, do perdão e da paz interior. Em cada caso, a condição do ancião requer uma catequese da esperança que provém da certeza do encontro definitivo com Deus" (DGC, n. 187). É decisivo, portanto, considerar as diversas condições pessoais e sociais, muitas vezes marcadas pela solidão e pelo senso de inutilidade, para que se realize uma catequese capaz de fazê-los se sentirem acolhidos e reconhecidos na comunidade.

268. A Sagrada Escritura apresenta o idoso fiel como símbolo da pessoa rica em sabedoria e temor de Deus e, portanto, depositária de uma intensa experiência de vida, que dele faz, de certa forma, *catequista natural da comunidade*. A velhice é um tempo de graça, no qual o Senhor renova seu chamado a custodiar e a transmitir a fé; a orar, especialmente na forma de intercessão; a estar perto dos necessitados. Os idosos, com seu testemunho, transmitem aos jovens o sentido da vida, o valor da tradição e de algumas práticas religiosas e culturais; dão dignidade à memória e aos sacrifícios das gerações passadas; olham com esperança para além das dificuldades do presente. A Igreja, reconhecendo o valor dos idosos, ajuda-lhes a servir a comunidade. Em particular, eles podem assumir papéis de catequistas junto às crianças, aos jovens e aos adultos, partilhando, com simplicidade, o rico patrimônio de sabedoria e de fé que trazem consigo. Por sua vez, a comunidade se mostre agradecida por essa presença preciosa, favorecendo o diálogo intergeracional entre idosos e jovens. Dessa forma, exprime-se o elo entre memória e futuro, entre tradição e renovação, criando um verdadeiro circuito de transmissão da fé de geração em geração.

6. Catequese com pessoas com deficiência
(n. 269-272)

269. A preocupação da Igreja com as pessoas com deficiência nasce da ação de Deus. Seguindo o princípio da encarnação do Filho de Deus, que se faz presente em todas as situações humanas, a Igreja reconhece nas pessoas com deficiência o chamado à fé e a uma vida digna e cheia de significado. O tema da deficiência é de grande importância para a evangelização e para a formação cristã. As comunidades são chamadas não apenas a cuidar dos mais frágeis, mas a reconhecer a presença de Jesus que se manifesta neles de uma forma especial. Isso "requer uma dupla atenção: a consciência da educabilidade para a fé da pessoa com deficiência, até grave e gravíssima; e a vontade de considerá-la um sujeito ativo na comunidade em que vive".[109] No âmbito cultural, infelizmente, se difundiu uma concepção de vida muitas vezes narcisista e utilitarista, que não compreende nas pessoas com deficiência a multiforme riqueza humana e espiritual, esquecendo que a vulnerabilidade pertence à essência do ser humano e não impede de ser felizes e de se realizar.[110]

270. As pessoas com deficiência são uma oportunidade de crescimento para a comunidade eclesial, que com sua presença é provocada a superar os preconceitos culturais. A deficiência de fato pode ser embaraçosa porque coloca em evidência a dificuldade de acolher a diversidade; pode também suscitar medo, especialmente se for marcada por um caráter de permanência, porque é uma referência à radical situação de fragilidade de cada um, que é o sofrimento e, por fim, a morte. Precisamente por serem testemunhas das verdades essenciais da vida humana, as pessoas com deficiência devem ser acolhidas como um grande dom. A comunidade, enriquecida por sua presença, faz-se mais consciente do mistério salvífico da cruz de Cristo e, vivendo relações recíprocas de acolhimento e solidariedade, torna-se geradora de uma vida bela e sinal para o mundo. A catequese, portanto, ajudará os batizados a ler o mistério da dor humana à luz da morte e Ressurreição de Cristo.

---

[109] FRANCISCO. *Discurso aos participantes no Congresso para Pessoas Portadoras de Deficiência, promovido pela Conferência Episcopal Italiana.* Sala Paulo VI, 11 de junho de 2016.

[110] FRANCISCO. *Discurso aos participantes no Congresso promovido pelo Pontifício Conselho para a Promoção da Nova Evangelização.* Sala Clementina, 21 de outubro de 2017.

271. É missão das Igrejas locais se abrirem ao aco-lhimento e à presença das pessoas com deficiência dentro dos percursos de catequese, participando de uma *cultura de inclusão* contra a lógica do descarte. As pessoas com deficiência intelectual vivem a relação com Deus na espon-taneidade de sua percepção e é necessário e digno acompa-nhá-las na vida da fé. Isso exige que os catequistas busquem novos canais de comunicação e métodos mais adequados para favorecer o encontro com Jesus. São úteis, portanto, dinâmicas e linguagens experienciais que envolvem os cin-co sentidos e os percursos narrativos capazes de envolver todos os sujeitos de forma pessoal e significativa. Para esse serviço, convém que alguns catequistas recebam formação específica. Os catequistas também estejam próximos das famílias das pessoas com deficiência, acompanhando-as e promovendo sua plena inclusão na comunidade. A abertura à vida dessas famílias é testemunho que merece grande respeito e admiração (AL, n. 47).

272. As pessoas com deficiência são chamadas à plenitude da vida sacramental, mesmo na presença de transtornos graves. Os sacramentos são dons de Deus e a liturgia, mesmo antes de ser racionalmente compreendida, precisa ser vivida: ninguém pode, portanto, recusar os sacramentos às pessoas com deficiência. A comunidade que sabe descobrir a beleza e a alegria da fé desses irmãos torna-se mais rica. Por isso, são importantes a inclusão pastoral e o envolvimento na ação litúrgica, especialmen-te na dominical (SCa, n. 58). As pessoas com deficiência podem perceber a alta dimensão da fé que encerra a vida sacramental, a oração e o anúncio da Palavra. De fato, não são somente destinatárias de catequese, mas protagonistas da evangelização. É desejável que elas mesmas possam ser catequistas e, com seu testemunho, transmitir a fé de modo mais eficaz.

7. Catequese com migrantes (n. 273-276)

273. A migração é um fenômeno mundial; atinge milhões de pessoas e de famílias, envolvidas em migrações internas, geralmente no processo de urbanização, ou na passagem, às vezes perigosa, para novas nações e continentes. Dentre as causas do fenômeno, destacam-se os conflitos bélicos, a violência, a perseguição, a violação das liberdades e da dignidade da pessoa, o empobrecimento, as mudanças climáticas e a mobilidade dos trabalhadores causada pela globalização. "É um fenômeno impressionante pela quantidade de pessoas envolvidas, pelas problemáticas sociais, econômicas, políticas, culturais e religiosas que levanta, pelos desafios dramáticos que coloca às comunidades nacional e internacional" (CV, n. 62).[111] Todas as Igrejas particulares se encontram envolvidas, enquanto pertencentes a países de origem, de trânsito ou de destino de migrantes. Em muitos casos, o processo migratório implica não somente graves problemas humanitários, mas muitas vezes também o abandono da prática religiosa e a crise das convicções de fé.

---

[111] BENTO XVI. Carta Encíclica *Caritas in Veritate*: sobre o desenvolvimento humano integral na caridade e na verdade. (Documentos Pontifícios, 3). Brasília: Edições CNBB, 2009.

274. A Igreja, como uma "mãe sem confins e sem fronteiras",[112] acolhe os migrantes e os refugiados, condividindo com eles o dom da fé. A Igreja está envolvida em estruturas de solidariedade e acolhimento, e também nesses contextos se ocupa de testemunhar o Evangelho. "Ela [A Igreja] promove programas nos âmbitos da evangelização e do acompanhamento dos migrantes ao longo de toda a sua viagem, partindo do país de origem através das nações de trânsito, até chegar ao país de acolhimento, prestando atenção especial a responder às suas exigências espirituais através da catequese, da liturgia e da celebração dos Sacramentos."[113] A catequese *com os migrantes* no tempo do primeiro acolhimento tem a missão de sustentar a confiança na proximidade e na providência do Pai, de modo que a angústia e as esperanças daqueles que se colocaram a caminho sejam iluminadas pela fé. Na catequese *com as comunidades de acolhimento* haja o cuidado de motivar ao compromisso com a solidariedade e ao combate aos preconceitos negativos. "Tal catequese [...] não poderá não se referir aos graves problemas que precedem e acompanham o fenômeno da migração, como a questão demográfica, o trabalho e as suas condições (o fenômeno do trabalho escravo), o cuidado de muitos idosos, a marginalização, a exploração" (EMCC, n. 41)[114] e o tráfico de seres humanos.

---

[112] FRANCISCO. *Discurso aos participantes no VII Congresso Mundial para a Pastoral dos Migrantes.* Sala Clementina, 21 de novembro de 2014.

[113] Ibidem. Ver também: PG, n. 72.

[114] PONTIFÍCIO CONSELHO DA PASTORAL PARA OS MIGRANTES E OS ITINERANTES. Instrução *Erga migrantes charitas Christi.* Roma, 3 de maio de 2004, n. 41.

Pode ser proveitoso apresentar à comunidade católica local algumas formas características da fé, da liturgia e da devoção dos migrantes, do que pode nascer uma experiência da catolicidade da Igreja.

275. Onde for possível, a oferta de uma catequese que leva em consideração as maneiras de compreender e praticar a fé típicas dos países de origem constitui um valioso sustento à vida cristã dos migrantes, especialmente para a primeira geração. É de grande importância o uso da língua materna, porque é a primeira forma de expressão da própria identidade. A Igreja tem uma pastoral específica para migrantes, que leva em consideração suas características culturais e religiosas. Seria injusto acrescentar aos muitos desenraizamentos que já experimentaram também a perda de seus ritos e de sua identidade religiosa (EMCC, n. 49). Além disso, os migrantes cristãos que vivem sua fé se tornam locutores do Evangelho nos países de acolhimento, enriquecendo assim o tecido espiritual da Igreja local e fortalecendo sua missão com sua própria tradição cultural e religiosa.

276. Para garantir o cuidado pastoral no âmbito da catequese mais correspondente às necessidades específicas dos migrantes, muitas vezes pertencentes às diversas Igrejas *sui iuris* com sua própria tradição teológica, litúrgica e espiritual, são indispensáveis o diálogo e a colaboração mais próxima possível entre a Igreja de origem e a Igreja que acolhe. Essa colaboração permite receber material de catequese na tradição e na língua materna, auxiliando na preparação de catequistas habilitados à missão de acompanhar os migrantes no caminho da fé. Sejam seguidas as normativas do *Código de Direito Canônico* (CIC) e do *Código dos Cânones das Igrejas Orientais* (CCEO).

8. Catequese com emigrantes (n. 277-278)

Assistência religiosa em países de emigração

277. As relações das Igrejas de origem com seus filhos não são interrompidas com a conclusão do processo migratório e o estabelecimento em outra localidade, dentro ou fora das fronteiras do país. Continuam, de diferentes formas, mediante o estabelecimento de capelanias, missões ou outras formas de assistência espiritual nos locais de acolhimento. A fim de garantir aos emigrantes a possibilidade de manter a fé vivida em seu país de origem e para oferecer assistência espiritual e material, alguns bispos enviam ao exterior presbíteros, consagrados e leigos animados de espírito missionário, para seguir e reunir os fiéis originários do país. Essa ação se realiza em várias modalidades, conforme as possibilidades previstas pelo direito.[115] Muitas vezes incluindo a oferta de percursos de catequese para a iniciação cristã e a formação permanente,

---

[115] No CIC: missões com cuidado de alma ou "quase paróquias" (cân. 516); paróquias pessoais (cân. 518); capelanias (cân. 564ss.); prelazias pessoais (cân. 294ss); sacerdotes e Vigários episcopais (cân. 383, § 2). No CCEO: cân. 16; 38; 147-148.193; 588; 916. No que diz respeito aos fiéis católicos de ritos orientais em territórios latinos, ver: FRANCISCO. Carta Apostólica *De concordia inter Codices* em forma de *Motu Proprio,* com a qual são modificadas algumas normas do *Código de Direito Canônico.* Roma, 31 de maio de 2016. (Documentos Pontifícios, 28). Brasília: Edições CNBB, 2016.

conduzidas na língua e conforme as tradições das Igrejas de origem. Isso se constitui como ferramenta preciosa para a vida cristã das comunidades emigradas, assim como para a riqueza espiritual das Igrejas que as acolhem. A catequese, porém, deve ser organizada e administrada em pleno acordo com o Bispo do lugar, de modo que se desenvolva em harmonia com o caminho da Igreja particular, sabendo conjugar o respeito pela identidade e o compromisso com a integração.

Catequese nos países de origem

278. O rápido período de regresso dos emigrantes às localidades de origem muitas vezes coincide com as festividades locais tradicionais, frequentemente caracterizadas por animadas manifestações de piedade popular. Apesar do caráter de ocasionalidade, tais circunstâncias devem ser aproveitadas para propor a fé, esclarecendo também as problemáticas que a condição de emigrantes pode eventualmente ter gerado no que diz respeito à fé e à moral. É comum, em tais ocasiões, os pedidos para celebrar alguns sacramentos para si ou para os filhos, em virtude do desejo de condividir essa alegria com os entes queridos. Convém reiterar que a recepção dos sacramentos requer uma preparação catequética (CIC, cân. 851; 889; 913-914; 1063), que preferencialmente deve ser garantida nos países de emigração e de cuja subsistência o pároco deverá se certificar, inclusive solicitando a devida documentação. Caso contrário, ele providenciará a oferta da preparação necessária.

9. Catequese com pessoas marginalizadas
(n. 279-282)

279. Por pessoas marginalizadas se entende aquelas que estão próximas ou já vivem na marginalização; entre esses pobres se encontram os refugiados, os nômades, os sem-teto, os doentes crônicos, os toxicodependentes, os encarcerados, as pessoas escravas da prostituição etc. A Igreja olha "para toda a humanidade que sofre e chora, pois a Igreja sabe que esta lhe pertence, por direito evangélico".[116] "A Igreja deve permanecer vigilante e pronta para individuar novas obras de misericórdia e praticá-las com generosidade e entusiasmo" (MeM, n. 19),[117] porque está consciente de que a credibilidade de sua mensagem depende fortemente do testemunho das obras. A palavra de Jesus (Mt 25,31-46) sustenta e motiva o empenho daqueles que trabalham para o Senhor no serviço dos menores.

280. A Igreja, além disso, reconhece que "a pior discriminação que sofrem os pobres é a falta de cuidado espiritual"; por isso, "a opção preferencial pelos pobres deve traduzir-se, principalmente, em uma solicitude religiosa privilegiada e prioritária" (EG, n. 200). O anúncio da fé às pessoas marginalizadas quase sempre acontece em contextos e em ambientes informais e com modalidades ocasionais, nas quais desempenham um papel decisivo:

---

[116] SÃO PAULO VI. *Discurso na solene inauguração da 2ª sessão do Concílio Vaticano II*. Vaticano, 29 de setembro de 1963.

[117] FRANCISCO. Carta Apostólica *Misericordia et Misera*: no término do Jubileu Extraordinário da Misericórdia. (Documentos Pontifícios, 29). Brasília: Edições CNBB, 2016.

a capacidade de ir ao encontro das pessoas nas situações em que estão; a disponibilidade a um acolhimento incondicionado; e a capacidade de colocar-se diante delas com realismo e misericórdia. No que diz respeito ao primeiro anúncio e à catequese, é necessário, portanto, considerar a diversidade das situações, compreendendo as exigências e as questões de cada um, valendo-se das relações interpessoais. A comunidade é chamada a sustentar fraternalmente os voluntários que se dedicam a esse serviço.

Catequese no cárcere

281. O cárcere, geralmente considerado um lugar limítrofe, é uma autêntica terra de missão para a evangelização, mas também laboratório de fronteira para a pastoral que antecipa as orientações da ação eclesial. Com os olhos da fé, é possível vislumbrar Deus trabalhando entre os encarcerados, mesmo em situações humanamente desesperadoras. Ele, de fato, fala ao coração das pessoas em todos os lugares, dando essa liberdade, cuja privação "é a forma mais pesada da pena que descontais, porque toca a pessoa no seu âmago mais profundo".[118] Por essa razão, despertar nos corações de nossos irmãos e irmãs "o desejo da verdadeira liberdade é uma tarefa a que a Igreja não pode renunciar",[119] comunicando sem hesitação a bondade e a misericórdia gratuitas de Deus.

---

[118] FRANCISCO. *Homilia no Jubileu da Misericórdia*: Jubileu dos Encarcerados. Basílica Vaticana, 6 de novembro de 2016.
[119] Ibidem.

282. O conteúdo fundamental da catequese entre os encarcerados, que muitas vezes tem um caráter ocasional e experiencial, é o querigma da salvação em Cristo, entendida como perdão e libertação. O anúncio da fé se realiza graças ao encontro direto com a Sagrada Escritura, cujo acolhimento pode consolar e curar até mesmo a vida mais devastada pelo pecado, além de abrir espaços para a reeducação e a reabilitação. A isso se acrescenta o próprio vínculo que os detentos criam com os agentes pastorais, o que faz perceber a presença de Deus nos sinais de acolhimento incondicionado e de escuta atenta. Essas relações fraternas manifestam aos detentos a face materna da Igreja, que muitas vezes, justamente na prisão, acolhe a conversão ou a redescoberta da fé de muitos de seus filhos, que pedem para receber os sacramentos da iniciação cristã. O cuidado da Igreja acompanha também aqueles que concluem o período de detenção e suas famílias.

TERCEIRA PARTE

A CATEQUESE NAS IGREJAS PARTICULARES

CAPÍTULO IX

A COMUNIDADE CRISTÃ, SUJEITO DA CATEQUESE

1. A Igreja e o Ministério da Palavra de Deus
(n. 283-289)

283. Deus quis reunir sua Igreja em torno de sua Palavra para alimentá-la com o Corpo e o Sangue de seu Filho. Aqueles que creem em Cristo nasceram não de uma semente corruptível, mas de uma incorruptível, que é a Palavra do Deus vivo (1Pd 1,23). Tal regeneração, porém, nunca é ato consumado. A Palavra de Deus é o *pão de cada dia*, que regenera e ininterruptamente alimenta o caminhar eclesial. "A Igreja funda-se sobre a Palavra de Deus, nasce e vive dela. Ao longo de todos os séculos da sua história, o povo de Deus encontrou sempre nela a sua força, e também hoje a comunidade eclesial cresce na escuta, na celebração e no estudo da Palavra de Deus" (VD, n. 3). A primazia dessa Palavra coloca a Igreja inteira em "religiosa escuta" (DV, n. 1). Modelo do povo de Deus é Maria, a Virgem da escuta, que "guardava todos esses acontecimentos, meditando-os em seu coração" (Lc 2,19). O *ministério da Palavra*, portanto, nasce da escuta e educa a arte da escuta, porque somente quem escuta pode também anunciar. "Toda a evangelização está fundada sobre [a Palavra de Deus] escutada, meditada, vivida, celebrada e testemunhada. A Sagrada Escritura é fonte da evangelização" (EG, n. 174).

284. A Palavra de Deus é dinâmica: cresce e se difunde por si (At 12,24), tendo "uma tal potencialidade que não a podemos prever. O Evangelho fala da semente que, uma vez lançada à terra, cresce por si mesma, inclusive quando o agricultor dorme (Mc 4,26-29). A Igreja deve aceitar esta liberdade incontrolável da Palavra, que é eficaz a seu modo e sob formas tão variadas que muitas vezes nos escapam, superando as nossas previsões e quebrando os nossos esquemas" (EG, n. 22). Assim como Maria, a Igreja professa: "Faça-se em mim segundo a tua palavra" (Lc 1,38). Coloca-se, assim, a serviço da proclamação da Palavra do Senhor, tornando-se sua fiel guardiã. O próprio Senhor a ela confiou a Palavra, não para que permaneça escondida, mas para que brilhe como uma luz para todos. A Palavra de Deus está, portanto, na origem da missão da Igreja. "É a própria Palavra que nos impele para os irmãos: é a Palavra que ilumina, purifica, converte; nós somos apenas servidores" (VD, n. 93).

285. Com relação à Palavra de Deus, a Igreja desempenha, com seu ministério, um papel de *mediação*: a Igreja a anuncia em todos os lugares e tempos; a Igreja a custodia, transmitindo-a integralmente às diversas gerações (2Tm 1,14); interpreta-a com o carisma próprio do Magistério; proclama-a com fidelidade e confiança, de modo que "o mundo todo, ao ouvir o anúncio da salvação, creia, crendo espere e esperando ame" (DV, n. 1); agrega a si novos fiéis, que se somam a ela por meio do acolhimento da Palavra e do Batismo (At 2,41).

286. "No dinamismo da evangelização, aquele que acolhe o Evangelho como Palavra que salva, normalmente, o traduz depois nestas atitudes sacramentais" (EN, n. 23). Nesse sentido, superada a contraposição entre palavra e sacramento, compreende-se que o ministério da Palavra também é indispensável ao ministério dos sacramentos. Santo Agostinho escreve que "nasce-se no Espírito mediante a palavra e o sacramento".[120] Seu entrelaçamento alcança a máxima eficácia na liturgia, sobretudo na Celebração Eucarística, que revela o significado sacramental da Palavra de Deus. "Palavra e Eucaristia correspondem-se tão intimamente que não podem ser compreendidas uma sem a outra: a Palavra de Deus se faz carne, sacramentalmente, no evento eucarístico. A Eucaristia abre-nos à inteligência da Sagrada Escritura, como essa, por sua vez, ilumina e explica o Mistério eucarístico" (VD, n. 55).

287. O sujeito unitário da evangelização é o povo de Deus "peregrino e evangelizador" (EG, n. 111). O Concílio Vaticano II fala do *povo messiânico*, assumido por Cristo como instrumento de redenção e enviado a todas as pessoas como luz do mundo e o sal da terra (LG, n. 9). A unção do Espírito (1Jo 2,20) faz dele partícipe do múnus profético de Cristo, fornecendo-lhe dons, como o *sensus fidei*, que o faz capaz de discernir, testemunhar e proclamar a Palavra de Deus. "Todos ficaram cheios do Espírito Santo e anunciavam corajosamente a Palavra de Deus (*parresía*)" (At 4,31). Assim como a evangelização, a catequese também é uma ação, pela qual toda a Igreja se sente responsável.

---

[120] AGOSTINHO DE HIPONA. *In Iohannis evangelium tractatus*, 12, 5: CCL 36, 123 (PL 35, 1486).

288. A responsabilidade diz respeito a todos. "Em virtude do Batismo recebido, cada membro do povo de Deus tornou-se discípulo missionário (Mt 28,19). Cada um dos batizados, independentemente da própria função na Igreja e do grau de instrução da sua fé, é um sujeito ativo de evangelização, e seria inapropriado pensar em um esquema de evangelização realizado por agentes qualificados enquanto o resto do povo fiel seria apenas receptor das suas ações. A nova evangelização deve implicar um novo protagonismo de cada um dos batizados" (EG, n. 120). Se todos são responsáveis, nem todos, porém, são responsáveis do mesmo modo. A responsabilidade se diversifica nos dons carismáticos e ministeriais, que são ambos *coessenciais* para a vida e a missão da Igreja (IE, n. 10).[121] Cada um contribui conforme o estado de vida e a graça recebida de Cristo (Ef 4,11-12).

289. Uma forma concreta no caminho da evangelização é a *prática sinodal*, que se realiza em âmbito universal e local, e que se exprime nos diferentes sínodos ou conselhos. Uma renovada consciência da identidade missionária exige hoje uma maior capacidade de condividir, comunicar e se encontrar, de modo que possamos caminhar juntos no caminho de Cristo e na docilidade ao Espírito. A instância sinodal propõe objetivos importantes para a evangelização: leva a discernir juntos os caminhos a serem percorridos; leva à ação em sinergia com os dons de todos; contrasta

---

[121] CONGREGAÇÃO PARA A DOUTRINA DA FÉ. Carta *Iuvenescit Ecclesia*: sobre a relação entre dons hierárquicos e carismáticos para a vida e missão da Igreja. (Documentos da Igreja, 30). Brasília: Edições CNBB, 2016.

o isolamento das partes ou dos indivíduos. "Uma Igreja sinodal é uma Igreja da escuta, ciente de que escutar 'é mais do que ouvir'. É uma escuta recíproca, em que cada um tem algo a aprender. Povo fiel, Colégio Episcopal, Bispo de Roma: cada um à escuta dos outros; e todos à escuta do Espírito Santo."[122] O que foi apresentado sobre o *ministério da Palavra* se realiza concretamente nos contextos das diferentes tradições eclesiais e Igrejas particulares, em suas diversas articulações.

2. As Igrejas Orientais (n. 290-292)

290. "A Igreja Católica tem em grande estima as instituições, os ritos litúrgicos, as tradições eclesiásticas e a disciplina de vida cristã das Igrejas Orientais. De fato, nelas – ilustres por sua veneranda antiguidade – resplandece a tradição que nos vem dos apóstolos pelos padres e que constitui parte do patrimônio divinamente revelado e indiviso da Igreja universal" (OE, n. 1).[123] Esses tesouros desde sempre contribuíram para a evangelização. A Igreja Católica afirma repetidamente que "os Orientais têm o direito e o dever de conservá-los, conhecê-los e vivê-los",[124] evitando, de todas as formas, perder a própria identidade. A catequese nesse

---

[122] FRANCISCO. *Discurso pela Comemoração do cinquentenário da instituição do Sínodo dos Bispos*, 17 de outubro de 2015; cf. EG, n. 171.

[123] CONCÍLIO VATICANO II. Decreto *Orientalium Ecclesiarum*: sobre as Igrejas Orientais Católicas. In: SANTA SÉ. *Concílio Ecumênico Vaticano II*: Documentos. Brasília: Edições CNBB, 2018, p. 349-364.

[124] CONGREGAÇÃO PARA AS IGREJAS ORIENTAIS. *Instrução para a aplicação das prescrições litúrgicas do Código dos Cânones das Igrejas Orientais*, 6 de janeiro de 1996, n. 10.

compromisso com a proteção e a transmissão da fé em sua Tradição eclesial tem um papel privilegiado. Na proposta da catequese é necessário, portanto, que "resplandeçam a importância da Bíblia e da liturgia e as tradições da própria Igreja *sui iuris* na patrologia, na hagiografia e na própria iconografia" (CCEO, cân. 621, § 2).

291. "Reitera-se que no Oriente, assim como hoje se recomenda também na Igreja ocidental, a catequese não pode ser dissociada da liturgia, uma vez que é nesta, como mistério de Cristo *in actu* celebrado, que aquela tem sua inspiração. Esse é o método adotado por não poucos Padres da Igreja na formação dos fiéis. Ela se exprime em *catequese* para os catecúmenos e *mistagogia* ou *catecismo mistagógico* para os iniciados nos Mistérios divinos. Desse modo, os fiéis são continuamente guiados à alegre redescoberta da Palavra e da morte e Ressurreição de seu Senhor, a que o Espírito do Pai lhes introduziu. A partir da compreensão do que vão celebrar e da assimilação de quanto celebraram, colhe-se um projeto de vida: a mistagogia é, portanto, o conteúdo da sua existência redimida, santificada e no caminho da divinização e, enquanto tal, é fundamento da espiritualidade e da moral. Recomenda-se, portanto, que, concretamente, os percursos da catequese de cada uma das Igrejas orientais católicas tenham como ponto de partida as próprias e específicas celebrações litúrgicas".[125]

292. Todos os clérigos e os candidatos às ordens sagradas, assim como as pessoas consagradas e os leigos

---

[125] Ibidem, n. 30.

aos quais se confia a missão catequética, juntamente com uma preparação saudável e sólida, prevista por normas eclesiásticas gerais, sejam também bem instruídos e formados a respeito dos ritos e das normas práticas em matérias inter-rituais, especialmente nos locais de um mesmo território em que existem diversas Igrejas *sui iuris* (OE, n. 4). Além disso, "os fiéis cristãos de toda Igreja *sui iuris*, mesmo da Igreja latina, que por razões de ofício, ministério ou encargo têm relações frequentes com os fiéis cristãos de outra Igreja *sui iuris*, são cuidadosamente formados no conhecimento e na veneração do rito da mesma Igreja, segundo a importância do ofício, ministério ou do encargo que exercem" (CCEO, n. 41).

3. As Igrejas particulares (n. 293-297)

293. "O anúncio, a transmissão e a experiência vivida pelo Evangelho realizam-se na Igreja particular ou Diocese" (DGC, n. 217).[126] A Igreja particular é a porção do povo de Deus, "congregada no Espírito Santo [...], na qual está verdadeiramente presente e opera a Única, Santa, Católica e Apostólica Igreja de Cristo" (CD, n. 11). A razão disso é que nela estão presentes as estruturas constitutivas da Igreja: o Evangelho, os Sacramentos, o episcopado, que assistido pelo presbitério preside o cuidado pastoral. A Igreja particular "é a Igreja encarnada em um espaço concreto, dotada de

---

[126] No decorrer do documento, a expressão *Igreja particular* refere-se à Diocese e a seus assimilados (CIC, cân. 368). A expressão *Igreja local* refere-se às agregações de Igrejas particulares, estabelecidas em uma região ou nação, ou mesmo em um grupo de nações unidas por vínculos particulares.

todos os meios de salvação dados por Cristo, mas com um rosto local" (EG, n. 30). Igreja em plenitude não é, porém, sozinha, mas em comunhão de todas as Igrejas. Existe, assim, um só povo, "um só corpo [...] um só Senhor, uma só fé, um só batismo" (Ef 4,4-5). Dá-se um intenso intercâmbio recíproco e "só uma atenção constante aos dois polos da Igreja nos permitirá aperceber-nos da riqueza dessa relação entre Igreja universal e Igrejas particulares" (EN, n. 62).

294. Assim como a Igreja universal, cada Igreja particular é sujeito da evangelização. Essa constituição se torna fonte de sua missão. Antes, é justamente por seu intermédio que as pessoas entram em contato com uma comunidade, escutam a Palavra de Deus, tornam-se cristãos com o Batismo e se reúnem para a assembleia eucarística, que, presidida pelo Bispo, é a principal manifestação da Igreja (SC, n. 41).

295. Munidas de todos os meios do Espírito Santo, cabe às Igrejas particulares dar continuidade à obra da evangelização, contribuindo para o bem da Igreja universal. Reunidas pela Palavra de Deus, as Igrejas particulares são chamadas a proclamá-la e a difundi-la. Acolhendo o desafio evangelizador, a Palavra de Deus exige alcançar as áreas mais distantes, abrindo-se a todas as periferias. Vivendo também em um determinado espaço, as Igrejas particulares evangelizam enraizadas na história, na cultura, nas tradições, nas linguagens e nos problemas de seu próprio povo. A Palavra de Deus "fomenta e assume, enquanto bons, as capacidades, as riquezas e os costumes dos povos, e, ao assumi-los, purifica-os, fortalece-os e os eleva" (LG, n. 13).

Realiza-se, assim, o dom do Pentecostes, graças ao qual a Igreja "fala todas as línguas, na caridade compreende e abraça todos os idiomas e assim supera a dispersão de Babel" (AG, n. 4).

296. Cada Igreja em particular é convidada a desenvolver a catequese como uma expressão evangelizadora dentro de seu próprio contexto cultural e social. Toda a comunidade cristã é responsável pela catequese, mesmo que somente alguns recebam do Bispo o mandado para serem catequistas. Eles agem e operam em forma eclesial em nome de toda a Igreja.

297. A proposta catequética se realiza em contextos que, às vezes, desafiam as formas tradicionais de iniciação e educação à fé. De fato, diversas Igrejas particulares e locais se empenharam em processos de avaliação e renovação da pastoral, identificando objetivos, elaborando projetos e realizando iniciativas diocesanas, nacionais e continentais. Essa renovação exige também que as comunidades reformem as estruturas. É forte a exigência de colocar tudo sob perspectiva evangelizadora, como princípio fundamental que orienta toda a ação da Igreja. Também a catequese participa dessa transformação missionária, criando, primeiramente, espaços e propostas concretas para o primeiro anúncio e para repensar a iniciação cristã em chave catecumenal. Articulando-se organicamente com as outras dimensões da pastoral e graças a um discernimento pastoral realista, será possível evitar o risco do ativismo, do empirismo e da fragmentação de propostas.

4. As paróquias (n. 298-303)

298. Decorrentes da expansão missionária da Igreja, as paróquias se conectam diretamente à Igreja particular, da qual são como uma célula (AA, n. 10). "As paróquias têm lugar proeminente, colocando à sua frente pastores que as governem em lugar do Bispo: eles, de algum modo, representam a Igreja visível estabelecida em todo o mundo" (SC, n. 42). Por meio delas, as comunidades são alcançadas, inclusive fisicamente, pelos meios de salvação: dentre esses, os principais são a Palavra de Deus, o Batismo e a Eucaristia. "Em definitivo, a Paróquia está fundada sobre uma realidade teológica, pois ela é uma *comunidade eucarística*" (CfL, n. 26). A Eucaristia, vínculo de caridade, impulsiona à solicitude para com os mais pobres, "cuja evangelização é dada como sinal da obra messiânica" (PO, n. 6).

299. As paróquias, fundadas sobre os pilares da Palavra de Deus, dos sacramentos e da caridade, que por sua vez pressupõem uma rede de serviços, ministérios e carismas, oferecem "exemplo claro do apostolado comunitário, pois todos os que nela se encontram, com todas as diferenças humanas, são congregados na unidade e inseridos na universalidade da Igreja" (AA, n. 10). As paróquias manifestam o rosto do povo de Deus que está aberto a todos, sem juízo de pessoas. Elas são "o ambiente ordinário no qual se nasce e se cresce na fé. Constitui, por isso, um espaço comunitário muito adequado a fim de que o ministério da Palavra, realizado nesta, seja, contemporaneamente, ensinamento, educação e experiência vital" (DGC, n. 257).

300. A importância das paróquias não pode ignorar as dificuldades hodiernas, ditadas pela mudança dos espaços históricos, sociais e culturais em que nasceram. Incidem fenômenos como a urbanização, o nomadismo, os fluxos migratórios, o declínio numérico do clero. É preciso iniciar um processo de *conversão missionária* que não se limite a manter a existência ou a garantir a administração dos sacramentos, mas que se projete em direção evangelizadora. "A paróquia não é uma estrutura caduca; precisamente porque possui uma grande plasticidade, pode assumir formas muito diferentes que requerem a docilidade e a criatividade missionária do Pastor e da comunidade. Embora não seja certamente a única instituição evangelizadora, se for capaz de se reformar e se adaptar constantemente, continuará a ser 'a própria Igreja que vive no meio das casas dos seus filhos e das suas filhas'. Isso supõe que esteja realmente em contato com as famílias e com a vida do povo, e não se torne uma estrutura complicada, separada das pessoas, nem um grupo de eleitos que olham para si mesmos" (EG, n. 28; cf. CfL, n. 26).

301. As paróquias estão atualmente empenhadas em renovar a dinâmica relacional e a tornar suas estruturas abertas e menos burocratizadas. Propondo-se como *comunidade de comunidades* (EAm, n. 41),[127] será para os movimentos e os pequenos grupos um sustento e um ponto

---

[127] SÃO JOÃO PAULO II. Exortação Apostólica pós-sinodal *Ecclesia in America*: sobre o encontro com Jesus Cristo vivo, caminho para a conversão, a comunhão e a solidariedade na América. Cidade do México, 22 de janeiro de 1999, n. 41.

de referência para viver na comunhão da própria atividade evangelizadora. Em algumas Igrejas, surgem novas formas de organização interna da diocese, denominadas *unidades pastorais*, que preveem a ampliação da participação ministerial. Presentes em diversas tipologias, têm por escopo implementar a evangelização com uma pastoral orgânica e integral, de forma inovadora e criativa.

302. A dinâmica da conversão missionária implica que a paróquia questione o tipo de catequese que propõe, especialmente em novos contextos sociais e culturais. Continua sendo um lugar privilegiado de educação religiosa, ciente, no entanto, de que não é o centro da gravitação de toda a função da catequese, pois existem outros caminhos e propostas da Igreja não estritamente ligadas às estruturas existentes. A comunidade paroquial poderá dialogar com essas realidades, reconhecer seu valor e chegar ao discernimento pastoral sobre novas formas de evangelizar as modalidades de presença no território.

303. A necessidade de um renovado impulso evangelizador motiva a decisão de repensar, de forma missionária, todas as ações pastorais da comunidade cristã, inclusive aquelas mais comuns e tradicionais. Também a catequese é tocada pelas exigências da conversão missionária à qual a paróquia é chamada. Pelo contrário, contribui ela mesma, quando inerva de primeiro anúncio todos os seus processos. Para uma renovação da proposta de catequese paroquial, convém considerar alguns aspectos:

    a. *Comunidade de discípulos missionários:* no centro da proposta evangelizadora da paróquia, não há primeiramente uma estratégia pastoral, tampouco um grupo elitista e exclusivo de pessoas perfeitas e especialistas, mas uma comunidade de discípulos missionários, homens e mulheres que fazem experiência do Cristo ressuscitado e que vivem relações novas geradas por Ele. Uma comunidade cristã que, mesmo na fraqueza de seus membros e na escassez de seus recursos, vive essa *fraternidade mística*, que se torna o primeiro e natural anúncio da fé.

b. *Mentalidade missionária:* trata-se, antes de tudo, de amadurecer uma nova visão da realidade, passando de uma proposta pastoral feita de ideias, projetos, esquemas preestabelecidos para uma abertura à ação do Ressuscitado e do seu Espírito que sempre precede os seus. Seguindo esses passos, também a catequese paroquial pode ser lida à luz de um dúplice e recíproco movimento com relação às pessoas, sendo chamada a interiorizar novos estilos relacionais e comunicativos: passa-se, por exemplo, do acolhimento ao deixar-se acolher; do deter a palavra, administrando a comunicação, para o dar a palavra, sempre reconhecendo com surpresa a livre iniciativa de Deus. Essa tensão missionária convida a catequese a se descentralizar e a colocar--se *à escuta* e *em saída* em direção às experiências de vida das pessoas, iluminando-as com a luz do Evangelho. Essa operação de descentralização, que diz respeito primeiramente às atitudes mentais, pode também se exprimir do ponto de vista dos espaços físicos: a alegria da Igreja em comunicar

Jesus Cristo "exprime-se tanto na sua preocupação por anunciá-lo em outros lugares mais necessitados como em uma constante saída para as periferias do seu território ou para os novos âmbitos socioculturais" (EG, n. 30).

c. *Propostas formativas de inspiração catecumenal:* a comunidade paroquial saiba oferecer, especialmente para jovens e adultos, percursos formativos integrais nos quais seja possível acolher e aprofundar existencialmente o querigma, experimentando sua beleza. Uma proposta catequética que não sabe se harmonizar com as demais ações da pastoral corre o risco de se apresentar como uma teoria certamente correta, mas pouco relevante para a vida, esforçando-se assim para efetivamente manifestar a bondade do Evangelho para as pessoas do nosso tempo.

5. As associações, os movimentos e os grupos de fiéis (n. 304-308)

304. O reconhecimento das paróquias não leva a confinar a experiência eclesial a elas. As *associações*, os *movimentos* e os *diversos grupos eclesiais*, após o Concílio Vaticano II, conheceram um novo florescimento. Eles são uma realidade na Igreja que mostra grande capacidade evangelizadora, penetrando ambientes muitas vezes distantes das estruturas tradicionais. O associacionismo dos fiéis acompanhou a história cristã e tem sido fonte de renovação e de apostolado. Por isso, é preciso promovê-lo, reconhecendo que o Espírito distribui livremente seus carismas (1Cor 12,11). "Os Movimentos representam um verdadeiro dom de Deus para a nova evangelização e para a atividade missionária propriamente dita" (RMi, n. 72). Embora os objetivos e as metodologias se diferenciem muito, alguns elementos comuns se destacam: a redescoberta da dimensão comunitária; o fortalecimento de aspectos da vida cristã como a escuta da Palavra; a prática da piedade, da caridade; a promoção do laicato na missão eclesial e social.

305. A Igreja reconheceu o direito de associação dos fiéis, fundamentando-o na dimensão social da natureza humana e na dignidade batismal. "A razão profunda [...] [é] eclesiológica, como abertamente reconhece o Concílio Vaticano II, ao apontar o apostolado associado como uma "expressão da comunhão e da unidade da Igreja em Cristo (AA, n. 18)" (CfL, n. 29). Às vezes, pode haver dificuldades, sobretudo inerentes ao risco de um percurso exclusivo, de um excessivo senso de identificação e de uma insuficiente inserção nas Igrejas particulares, com as quais devem sempre cuidar da comunhão. Os *critérios de eclesialidade* (CfL, n. 30)[128] são um importante auxílio para superar as dificuldades e dar testemunho da unidade. As agregações eclesiais "são uma riqueza da Igreja que o Espírito suscita para evangelizar todos os ambientes e setores. Frequentemente trazem

---

[128] Os critérios de eclesialidade são: o primado dado à vocação de cada cristão à santidade; a responsabilidade em professar a fé católica; o testemunho de uma comunhão sólida e convicta, em relação filial com o Papa e com o Bispo; a conformidade e a participação na finalidade apostólica da Igreja; e o empenho de uma presença na sociedade humana.

um novo ardor evangelizador e uma capacidade de diálogo com o mundo que renovam a Igreja. Mas é muito salutar que não percam o contato com essa realidade muito rica da paróquia local e que se integrem de bom grado na pastoral orgânica da Igreja particular" (EG, n. 29).

306. Uma maturidade já foi adquirida pelas *comunidades eclesiais de base*, promovidas por várias Conferências Episcopais e muito difundidas em alguns países. Elas promoveram a renovação da missão: partindo da escuta da Palavra de Deus; enraizando o Evangelho na cultura e nas situações das populações locais, especialmente entre os que vivem em realidade de pobreza; fomentando experiências de vida comunitária mais acolhedoras; envolvendo as pessoas em uma participação mais consciente na evangelização. "Elas são um sinal da vitalidade da Igreja, instrumento de formação e evangelização, um ponto de partida válido para uma nova sociedade, fundada na 'civilização do amor' [...] 'se verdadeiramente vivem em unidade com a Igreja, elas representam uma verdadeira expressão de comunhão e um meio eficaz para construir uma comunhão ainda mais profunda. Por isso, são um motivo de grande esperança para a vida da Igreja'" (RMi, n. 51; EN, n. 58).

307. Essas associações, movimentos e grupos eclesiais, a fim de cultivar todas as dimensões fundamentais da vida cristã, dão especial importância ao momento formativo. De fato, eles "têm, com efeito, a possibilidade, cada qual pelos próprios métodos, de oferecer uma formação profundamente inserida na própria experiência de vida apostólica, bem como a oportunidade de integrar, concretizar e especificar a formação que os seus adeptos recebem de outras pessoas e comunidades" (CfL, n. 62; cf. DGC, n. 261). Os percursos formativos, que aprofundam o carisma específico de cada uma dessas realidades, não podem ser uma alternativa à catequese, que permanece essencial na formação cristã. É fundamental, portanto, que as associações, os movimentos ou os grupos reservem rotineiramente um tempo dedicado à catequese.

308. Acerca da catequese dentro dessas agregações, é necessário considerar alguns aspectos:

a. a catequese é invariavelmente obra da Igreja e, portanto, o princípio de eclesialidade da catequese precisa estar sempre evidente. As associações, os movimentos e os grupos particulares, portanto, colocar-se-ão em sintonia com os planos pastorais diocesanos;

b. é necessário respeitar a natureza própria da catequese, desenvolvendo toda a sua riqueza e formando em todas as dimensões da vida cristã, conforme a sensibilidade e o estilo de apostolado peculiar de cada carisma;

c. a paróquia é chamada a apreciar a catequese que se realiza nos diversos grupos, porque muitas vezes envolve mais globalmente as pessoas, ultrapassando as fronteiras paroquiais.

6. A escola católica (n. 309-312)

309. A escola católica, "como as outras escolas, [...] busca fins culturais e a formação humana da juventude.

O que lhe é próprio, porém, é criar para a comunidade escolar um ambiente animado pelo espírito evangélico [...] e finalmente, orientar toda a cultura humana ao anúncio da salvação, de modo que o conhecimento gradual que os estudantes adquirem do mundo, da vida e da pessoa humana seja iluminado pela fé" (GE, n. 8). Em suma, observam-se as seguintes características: a sintonia com a finalidade formativa da escola pública; a originalidade de uma comunidade educativa permeada por valores evangélicos; a atenção aos jovens; a preocupação em educar a uma síntese entre fé, cultura e vida.

310. "Uma reviravolta decisiva na história da escola católica [é] a passagem da escola-instituição à escola-comunidade", em que "a dimensão comunitária como tal não é, no texto conciliar, uma simples categoria sociológica, mas é sobretudo teológica".[129] A escola católica é uma *comunidade de fé*, que tem por base um projeto educativo caracterizado por valores evangélicos. A dimensão comunitária deve ser vivida concretamente, forjando um estilo relacional sensível e respeitoso. Esse projeto inclui o envolvimento de toda a comunidade escolar, incluindo os pais, sempre colocando os estudantes ao centro, crescendo juntos, no respeito aos ritmos de cada um. "Lembrem-se os professores de que depende principalmente deles que a escola católica realize seus propósitos e suas iniciativas" (GE, n. 8).

---

[129] CONGREGAÇÃO PARA A EDUCAÇÃO CATÓLICA. *A Dimensão Religiosa da instrução na Escola Católica*: orientações para a reflexão e a revisão. Roma, 7 de abril 1988, n. 31.

311. A escola católica é *sujeito eclesial*, que torna visível a missão da Igreja, sobretudo, nos âmbitos da educação e da cultura. Ela tem como ponto de referência a Igreja particular, da qual a escola não é um corpo estranho. Não é possível, portanto, excluir e tampouco marginalizar nem sua identidade católica nem seu papel na evangelização. "Da identidade católica emergem, com efeito, as características da originalidade da escola, que se 'estrutura' como uma realidade eclesial, lugar de autêntica e específica ação pastoral. Ela partilha a missão evangelizadora da Igreja e é o lugar privilegiado no qual se realiza a educação cristã."[130] O ministério da Palavra pode ser exercido nas escolas católicas de diversas formas, levando em consideração as diferentes áreas geográficas, a identidade cultural e os destinatários. De particular importância se reveste o *ensino da religião católica* e a *catequese*.

312. As razões pelas quais os alunos ou suas famílias preferem a escola católica podem ser diversas. O pluralismo das escolhas deve ser respeitado. Todavia, mesmo quando a razão da escolha diz respeito à qualidade do projeto formativo, a catequese e o ensino da religião católica são apresentados com todo o seu valor cultural e pedagógico. "A escola católica, obedecendo à solicitude da Igreja, empenha-se em promover o homem na sua integridade, consciente de que todos os valores humanos encontram a sua realização plena e, portanto, a sua unidade em Cristo."[131]

---

[130] CONGREGAÇÃO PARA A EDUCAÇÃO CATÓLICA. *A Escola Católica no limiar do Terceiro Milênio*. Roma, 28 de dezembro de 1997, n. 11.

[131] Ibidem, n. 9.

Em um contexto de pluralismo cultural e religioso, é função das Conferências Episcopais e de cada Bispo garantir que o desenrolar da catequese ou do ensino da religião católica seja garantido em sua completude e coerência.

7. O ensino da religião católica na escola (n. 313-318)

313. O ensino escolar da religião católica mudou consideravelmente ao longo do tempo. Sua relação com a catequese é de distinção na complementaridade. Onde a distinção não é clara, há o perigo de ambos perderem sua identidade. A catequese "promove a adesão pessoal a Cristo e o amadurecimento da vida cristã. O ensino escolar, por outro lado, transmite aos alunos o conhecimento sobre a identidade do cristianismo e da vida cristã".[132] "A sua peculiar característica é o fato de ser chamado a penetrar no âmbito da cultura e de relacionar-se com outras formas do saber. Como forma original do ministério da Palavra, de fato, o ensino religioso escolar torna presente o Evangelho no processo pessoal de assimilação, sistemática e crítica, da cultura" (DGC, n. 73). No contexto atual, "em muitos casos, isso representa para os estudantes uma ocasião única de contato com a mensagem da fé" (VD, n. 111).

314. Onde esse ensino acontece, ele é um serviço à pessoa humana e uma contribuição valiosa para o projeto educacional da escola. "A dimensão religiosa, com efeito,

---

[132] CONGREGAÇÃO PARA A EDUCAÇÃO CATÓLICA. *"Educar para o diálogo intercultural na escola católica: viver juntos para uma civilização de amor"*. Roma, 28 de outubro de 2013, n. 74.

é intrínseca ao fato cultural, contribui para a formação global da pessoa e permite transformar o conhecimento em sabedoria de vida."[133] É direito dos pais e dos alunos receber uma formação integral, uma vez que o fator religioso é uma dimensão da existência e não pode ser negligenciado em um contexto como a escola, que propõe o desenvolvimento harmonioso da personalidade. O ensino da religião católica, nesse sentido, tem um grande valor educativo e serve ao desenvolvimento da sociedade mesma.

315. Como disciplina escolar, é necessário que o ensino da religião católica apresente a mesma exigência de sistemática e rigor das demais disciplinas, uma vez que, especialmente nesse âmbito, a improvisação é prejudicial e deve ser rejeitada. É necessário que seus objetivos sejam alcançados em conformidade com os objetivos da instituição de ensino. Na relação com as outras disciplinas, o ensino da religião católica é chamado a amadurecer a disposição a um diálogo respeitoso e aberto, especialmente neste tempo em que as posições se fecham facilmente ao ponto de resultar em violentos embates ideológicos. "Por meio da religião, portanto, pode-se passar a mensagem-testemunho de um humanismo integral, alimentado da própria identidade e da valorização de suas grandes tradições, como a fé, o respeito à vida humana desde a concepção até seu fim natural, da família, da comunidade, da educação e do trabalho: ocasiões e instrumentos não de fechamento, mas de abertura e diálogo com todos e com tudo que conduz ao

---

[133] BENTO XVI. *Aos participantes do encontro dos Professores de Religião Católica*. Sala Paulo VI, 25 de abril de 2009.

bem e à verdade. O diálogo continua sendo a única solução possível, mesmo diante da negação da religiosidade, do ateísmo e do agnosticismo."[134]

316. "Não é possível reduzir a uma única forma todos os modelos de ensinamento religioso escolar, desenvolvidos historicamente em seguida a Acordos com os Estados e às deliberações de cada Conferência dos Bispos. Todavia, é necessário esforçar-se para que, segundo os relativos pressupostos, o ensino religioso escolar responda às suas finalidades e características peculiares" (DGC, n. 74). Levando em consideração as situações locais, as Conferências Episcopais (e, nos casos particulares, os Bispos diocesanos) poderão discernir as diversas orientações para atualizar o ensinamento da religião católica. Além disso, às Conferências Episcopais se solicita a providência de disponibilizar livros didáticos e, se oportuno, outras ferramentas e subsídios adequados.

317. É desejável que as Conferências Episcopais tenham atenção semelhante ao ensinamento da religião na escola onde há membros de diversas confissões cristãs, seja quando esse ensinamento está confiado a professores de uma confissão específica, seja nas situações em que os docentes não têm conotação confessional. Tal ensinamento, todavia, tem valor ecumênico, quando a doutrina cristã é genuinamente apresentada. Nesse sentido, a disponibilidade ao dialogar, embora mais difícil de implementar, deveria

---

[134] CONGREGAÇÃO PARA A EDUCAÇÃO CATÓLICA. *"Educar para o diálogo intercultural na escola católica: viver juntos para uma civilização de amor"*. Roma, 28 de outubro de 2013, n. 72.

também inspirar as relações com os novos movimentos religiosos de matriz cristã e de inspiração evangélica que surgiram nos últimos tempos.

318. Para que o ensinamento escolar da religião católica seja frutuoso, é fundamental que os docentes sejam capazes de correlacionar a fé e a cultura, as componentes humanas e religiosas, a ciência e a religião, a escola e as outras instâncias educativas. O compromisso do docente é peculiarmente educativo, orientado ao amadurecimento humano dos alunos. Ao mesmo tempo, pede-se que os professores sejam crentes e empenhados em um crescimento pessoal da fé, inseridos em uma comunidade cristã e desejosos de dar razão da própria fé também por meio das próprias competências profissionais (CIC, cân. 804, § 2; cân. 805).

Capítulo X

A CATEQUESE DIANTE DOS CENÁRIOS CULTURAIS CONTEMPORÂNEOS

319. A catequese tem uma intrínseca dimensão cultural e social, uma vez que se encontra em uma Igreja inserida na comunidade humana. Nela, os discípulos do Senhor Jesus condividem "as alegrias e as esperanças, as tristezas e as angústias dos homens de hoje" (GS, n. 1). A missão de ler os sinais dos tempos está sempre viva, especialmente neste tempo, percebido como um ponto de virada epocal e marcado por contradições e, ao mesmo tempo, por anseios de paz e justiça, de encontro e solidariedade. A catequese participa do desafio eclesial de se opor a processos centrados na injustiça, na exclusão dos pobres, na primazia do dinheiro, de modo a, antes, tornar-se sinal profético de promoção de vida plena para todos. Esses não são somente temas aos quais dar espaço, mas *atenções constitutivas* da catequese e da pastoral eclesial; são sinais de uma catequese plenamente a serviço da inculturação da fé. A seguir, destacam-se algumas questões culturais, sociais e religiosas que convidam os cristãos a se lembrar de que "evangelizar é tornar o Reino de Deus presente no mundo" (EG, n. 176).

1. Catequese em contextos de pluralismo e complexidade (n. 319-342)

320. A cultura contemporânea é uma realidade muito complexa, uma vez que, por causa dos fenômenos da globalização e do uso em massa dos meios de comunicação, aumentaram as conexões e as interdependências entre questões e setores que no passado podiam ser considerados distintamente, e que hoje exigem uma abordagem integrada. No mundo atual, de fato, juntos e continuamente se fundem os progressos do conhecimento e as tendências culturais, a globalização dos estilos de vida e os condicionantes dos sistemas econômico-políticos, as pertenças étnicas e religiosas, as antigas e novas questões sociais, gerando situações concretas variantes e flutuantes. Em tal situação de grande complexidade, as pessoas se colocam diante da vida e da fé de formas muito diferentes, dando origem a um pluralismo cultural e religioso particularmente acentuado e dificilmente catalogável.

321. Essa realidade, tão heterogênea e mutável, tanto do ponto de vista sociocultural quanto do religioso, exige ser lida de tal maneira que seja possível compreender sua *poliedricidade*,[135] de modo que cada aspecto mantenha

---

[135] O modelo do poliedro é usado principalmente para explicar a relação entre localização e globalização: cf. EG, n. 236; FRANCISCO. *Mensagem para o 3º Festival da Doutrina Social da Igreja*. Verona, 21 de novembro de 2013. Esse modelo pode igualmente iluminar a reflexão sobre o significado de carismas e dons na unidade eclesial: FRANCISCO. *Discurso aos membros da Renovação no Espírito Santo*. Praça São Pedro, 3 de julho de 2015; ChV, n. 207. Por fim, ele acompanha a dinâmica do discernimento pastoral em situações difíceis: AL, n. 4. É nesse último sentido que ele é entendido aqui.

sua validade e peculiaridade, mesmo na diversificada relação com a totalidade. Essa abordagem interpretativa permite ler os fenômenos a partir de diversos pontos de vista, porém colocando-os em relação uns com os outros. É importante que a Igreja, que a todos e a cada um quer dar a beleza da fé, esteja ciente dessa complexidade e amadureça a respeito da realidade um olhar mais profundo e sábio. Tal condição obriga ainda mais a assumir a *perspectiva sinodal* como metodologia coerente com o percurso que a comunidade é chamada a fazer. Esse é um caminho comum ao qual convergem diferentes presenças e papéis para que a evangelização se realize de forma mais participativa possível.

322. No que diz respeito ao *âmbito estritamente religioso*, há muitos contextos locais em que a Igreja vive em um ambiente ecumênico ou multirreligioso, mas muitas vezes, precisamente entre os cristãos, crescem formas de indiferença e insensibilidade religiosas, relativismo ou sincretismo no contexto de uma visão secularista que nega qualquer abertura à transcendência. Diante dos desafios apresentados por uma determinada cultura, a primeira reação pode ser sentir-se confuso e perdido, incapaz de enfrentar e avaliar os fenômenos subjacentes. Isso não pode deixar indiferente a comunidade cristã, chamada também a, além de anunciar o Evangelho para aqueles que não o conhecem, sustentar seus filhos na consciência da própria fé. O valor que a cultura atual atribui à *liberdade* no que se refere à escolha da própria fé pode ser entendido como uma oportunidade preciosa para que a adesão ao Senhor seja um ato profundamente pessoal e livre, maduro e consciente. Por essa razão, torna-se evidente o profundo vínculo que a catequese deve ter com a evangelização. A catequese forma nos cristãos uma identidade clara e segura, serenamente capaz, em diálogo com o mundo, de dar razão à esperança cristã com doçura, respeito e reta consciência (1Pd 3,15-16).

323. Do *ponto de vista sociocultural*, é inegável que os processos de comunicação de massa sofreram uma notável aceleração, muito contribuindo para produzir uma mentalidade global que, por um lado, oferece a todos, e de modo imediato, a oportunidade de se sentirem membros da grande família humana, compartilhando projetos e recursos; e, por outro, planifica e homogeneíza, acabando por fazer as pessoas vítimas de um poder muitas vezes anônimo. Além disso, "vivemos em uma sociedade da informação que nos satura indiscriminadamente de dados, todos postos no mesmo nível, e acaba por nos conduzir a uma tremenda superficialidade no momento de enquadrar as questões morais. Por conseguinte, torna-se necessária uma educação que ensine a pensar criticamente e ofereça um caminho de amadurecimento nos valores" (EG, n. 64).

324. A comunidade eclesial é chamada a olhar a sociedade em que vive com espírito de fé, para "descobrir o fundamento das culturas, que no seu núcleo mais profundo permanecem sempre abertas, sequiosas de Deus",[136] para

---

[136] FRANCISCO. *Discurso aos participantes no Congresso Internacional de Pastoral das Grandes Cidades.* Sala do Consistório, 27 de novembro de 2014.

interpretar os significados das mudanças culturais, para levar o Evangelho da alegria que tudo renova e vivifica. Por essa razão, estará desejosa por entrar nessas *interconexões da existência, âmbitos antropológicos* e *areópagos modernos* nos quais são criadas tendências culturais e novas mentalidades são moldadas: a escola, a pesquisa científica e o ambiente de trabalho; a área das *mídias sociais* e da comunicação; o âmbito dos compromissos com a paz, o desenvolvimento, a salvaguarda da criação; a defesa dos direitos dos mais fracos; o mundo do lazer, do turismo, do bem-estar; do espaço da literatura, da música e das diversas expressões artísticas.

325. A face multiforme da realidade, marcada por elementos ambivalentes de pluralismo religioso e cultural, é, em última análise, visível em cada pessoa, cuja fisionomia interior é hoje particularmente dinâmica, complexa e poliédrica. O serviço à pessoa concreta é o motivo último pelo qual a Igreja olha para as culturas humanas e, em atitude de escuta e diálogo, examina todas as coisas, mantendo o que é bom (1Ts 5,21). Será a Igreja particular, e nela cada comunidade cristã ou grupo eclesial, o agente desse discernimento pastoral voltado a formular a compreensão do querigma mais adequada às várias mentalidades, de modo que o processo da catequese seja verdadeiramente inculturado nas múltiplas situações e para que o Evangelho ilumine a vida de todos. A avaliação pastoral também levará em consideração alguns *espaços humanos* que têm características típicas: o contexto urbano das grandes cidades, o contexto rural e o das culturas locais tradicionais.

O contexto urbano

326. A realidade da cidade e, de modo especial, dos grandes aglomerados metropolitanos é um fenômeno multiforme e global que se torna cada vez mais determinante para a humanidade, porque, tocando de várias formas a concretude da vida cotidiana, influencia a compreensão que a pessoa tem de si, das relações que vive, do próprio sentido da vida. Nas cidades modernas, em contraste com as culturas rurais ou com a situação urbana anterior, os modelos culturais são frequentemente gerados por outras instituições, não mais pela comunidade cristã, com "outras linguagens, símbolos, mensagens e paradigmas, que oferecem novas orientações de vida, muitas vezes em contraste com o Evangelho de Jesus" (EG, n. 73). Isso não significa que, na vida da cidade, esteja ausente um sentido religioso, mesmo que mediado por diferentes formas, e que, portanto, precisa ser descoberto e apreciado. A Igreja é chamada a se colocar com humildade e audácia nos rastros da presença de Deus e a "reconhecer a cidade a partir de um olhar contemplativo, isto é, um olhar de fé que descubra Deus, que habita nas suas casas, nas suas ruas, nas suas praças" (EG, n. 71), tornando-se, diante das ambivalências e contradições da vida social, "a presença profética que saiba levantar a voz em relação a questões de valores e princípios do Reino de Deus" (DAp, n. 518-i).

327. Nos passos de uma presença pastoral capaz de iluminar com a palavra do Senhor o coração da cidade "onde são concebidas as novas histórias e paradigmas" (EG, n. 74), a proposta da catequese será um anúncio querigmático transparente, humanizador e cheio de esperança no que diz respeito à segregação, à desumanidade e à violência que muitas vezes emergem nos grandes contextos urbanos. "A proclamação do Evangelho será uma base para restabelecer a dignidade da vida humana nestes contextos, porque Jesus quer derramar nas cidades vida em abundância (Jo 10,10)" (EG, n. 75).

328. Embora a vida urbana possa ser para muitos uma oportunidade única de abertura a novas perspectivas, de partilha fraterna e de realização da própria vida, muitas vezes se torna paradoxalmente um lugar de grande solidão, desilusão e desconfiança, assim como pode se transformar em espaço em que acabam vivendo, ignorando ou desprezando diferentes categorias sociais. Essa é uma oportunidade de repropor, criativamente, uma catequese inspirada no catecumenato, capaz de oferecer contextos comunitários de fé nos quais, vivendo o anonimato, reconhece-se o valor de cada pessoa e a todos é oferecido o bálsamo da fé pascal para curar as feridas. No contexto do processo catequético, pode-se "imaginar espaços de oração e de comunhão com características inovadoras, mais atraentes e significativas para as populações urbanas" (EG, n. 73), com a criação, por exemplo, de sinais e narrativas capazes de reconstituir o sentido de pertencimento à comunidade que na cidade pode facilmente deixar de existir. Uma catequese urbana de inspiração catecumenal pode transformar a paróquia em *comunidade de comunidades*, que, ao experimentar uma verdadeira proximidade fraterna, revela a maternidade da Igreja e oferece um testemunho concreto de misericórdia e ternura, que gera orientação e sentido para a vida mesma da cidade.

O contexto rural

329. Embora o processo contínuo de urbanização em curso seja relevante, não podemos nos esquecer dos muitos contextos rurais nos quais vivem diversos povos e nos quais a Igreja está presente, condividindo as alegrias e os sofrimentos. Em nosso tempo, essa proximidade deve ser reafirmada e renovada para ajudar as comunidades rurais a se orientar diante das mudanças que ameaçam sobrecarregar suas identidades e valores. A terra é o espaço em que é possível fazer experiência de Deus, lugar onde Ele se manifesta (Sl 19,1-7). Nela – que não é fruto do acaso, mas um dom de seu amor (Gn 1–2) –, o Criador deixa transparecer a sua proximidade, a sua providência e a sua atenção para com todos os seres vivos, particularmente para a família humana. O próprio Jesus, a partir da sucessão das estações e dos acontecimentos do mundo agrícola, colheu alguns de seus mais belos ensinamentos e parábolas. Partindo do criado para chegar ao Criador, a comunidade cristã sempre encontrou caminhos de anúncio e catequese, o que é sábio retomar de modo novo.

330. O cultivo da terra, o cuidado com as plantas e com os animais, a alternância do dia e da noite, a proximidade das semanas, dos meses e das estações são lembretes para respeitar os ritmos da criação, para viver a vida cotidiana de forma saudável e natural, encontrando assim tempo para si e para Deus. Essa é a mensagem de fé que a catequese ajuda a descobrir, mostrando sua realização no ritmo cíclico do ano litúrgico e nos elementos naturais assumidos pela liturgia. Além disso, a cultura do campo preserva, de forma mais visível, valores não incentivados na atual sociedade do consumo – assim como a simplicidade e a sobriedade no estilo de vida, o acolhimento e a solidariedade nas relações sociais, o sentido do trabalho e da festa, a salvaguarda da criação – que são já um caminho aberto para o anúncio do Evangelho. A catequese será capaz de valorizar esse patrimônio, evidenciando seu sentido cristão. Trata-se de um enriquecimento para toda a Igreja, que é convidada a difundir, graças a seus percursos formativos, uma reflexão sobre o cuidado com a Criação e os estilos de vida.

As culturas locais tradicionais

331. A tendência da cultura global a uniformizar tudo, o crescimento dos meios de comunicação de massa, as migrações em busca de melhores condições de vida influenciaram muito as culturas locais tradicionais. Em muitos casos, "a globalização incluiu uma acelerada deterioração das raízes culturais com a invasão de tendências pertencentes a outras culturas, economicamente desenvolvidas, mas eticamente debilitadas" (EG, n. 62). Algumas contradições da cultura atual já foram evidenciadas pelo Concílio, por exemplo, a harmonização entre a cultura global e o caráter próprio de cada povo; entre a promoção do que une os povos e a fidelidade às tradições locais (GS, n. 53-62). Essa reflexão é particularmente necessária quando os resultados do desenvolvimento técnico-científico devem se harmonizar com as culturas tradicionais. A Igreja sempre reiterou a necessidade de prestar especial atenção às especificidades locais e às diversidades culturais, que estão sujeitas ao risco de serem comprometidas pelos processos econômico-financeiros do mundo.

332. Em vários países há povos *indígenas* (também chamados de *aborígenes* ou *nativos*) que se caracterizam por ter língua, ritos e tradições particulares e organizam a vida familiar e comunitária de acordo com os próprios costumes. Alguns desses grupos há muito tempo acolheram a fé católica como parte integrante de sua cultura, dando-lhe uma expressão ritual típica. Os agentes pastorais que sabem compartilhar a vida com eles e se esforçam para conhecer e amar essas culturas locais, sem julgá-las como errôneas ou como resultantes da ignorância, estão "felizes em descobrir e prontos para respeitar os germes da Palavra que estão escondidos deles" (AG, n. 11). A Igreja, descobrindo nos povos indígenas a presença do Espírito Santo que age sempre, a leva ao seu pleno desenvolvimento em Cristo. Por essa razão, "todo elemento do bem presente e encontrado no coração e na alma humanos ou nos usos particulares e civilizações dos povos, não só não está perdido, mas está curado, elevado e aperfeiçoado para a glória de Deus" (AG, n. 9).

333. A catequese que se realiza no contexto das culturas locais tradicionais será particularmente atenta primeiramente a *conhecer* as pessoas com as quais se engaja em um diálogo sincero e paciente, buscando *examinar* essas culturas à luz do Evangelho, a fim de descobrir a ação do Espírito: "Aqui há que reconhecer muito mais que 'sementes do Verbo', visto que se trata de uma autêntica fé católica com modalidades próprias de expressão e de pertença à Igreja" (EG, n. 68). Por fim, uma vez que toda expressão cultural, bem como todo grupo social, precisa de purificação e amadurecimento, a catequese saberá *manifestar* a plenitude e a novidade do Senhor Jesus, que cura e liberta de algumas fraquezas e distorções.

334. Ser catequista para os povos indígenas requer um humilde esvaziamento de atitudes de orgulho e desprezo para com aqueles que pertencem a uma cultura diferente. Devem ser evitados fechamentos ou condenações prévias, bem como julgamentos simplistas ou pedantes. Sem se esquecer de ser discípulos missionários do Senhor, ter-se--á a audácia de propor processos de evangelização e de catequese adequados à cultura dos povos indígenas, sem nunca impor a própria. "O cristianismo não dispõe de um único modelo cultural. [...] Nos diferentes povos, que experimentam o dom de Deus segundo a própria cultura, a Igreja exprime a sua genuína catolicidade e mostra 'a beleza deste rosto pluriforme'" (EG, n. 116; cf. NMI, n. 295).

335. Os catequistas, que trabalham entre os povos indígenas, terão o cuidado de:

- não ir em nome próprio ou sozinhos, mas enviados pela Igreja local e, melhor, em grupos com outros discípulos missionários;
- apresentar-se como continuadores da obra de evangelização anterior, se houver;
- imediatamente manifestar que se moveu somente pela fé e não por intenções políticas ou econômicas, expressando proximidade especialmente com os enfermos, os mais pobres e as crianças;
- empenhar-se para aprender a língua, os ritos, os costumes indígenas, sempre mostrando grande respeito;

- participar dos ritos e das celebrações, sabendo intervir no momento oportuno para propor algumas modificações, se necessário, especialmente se houver perigo de sincretismo religioso;
- organizar a catequese por faixas etárias e celebrar os sacramentos, valorizando as festas tradicionais.

A piedade popular

336. A piedade popular, fruto da inculturação da fé do povo de Deus em um determinado contexto, assumiu formas diversas de acordo com as diferentes sensibilidades e culturas. Em algumas comunidades cristãs existem, como um precioso tesouro que a Igreja possui, "particulares expressões de busca de Deus e de vida religiosa, carregadas de fervor e de pureza de intenções, às vezes comoventes, que podem ser chamadas de *piedade popular*" (DGC, n. 195),[137] mas também "*espiritualidade popular* ou *mística popular*. Trata-se de uma verdadeira 'espiritualidade encarnada na cultura dos simples'. Não é vazia de conteúdos, mas descobre-os e exprime-os mais pela via simbólica do que pelo uso da razão instrumental e, no ato de fé, acentua mais o *credere in Deum* que o *credere Deum*" (EG, n. 124; DAp, n. 262-263). "Para compreender esta necessidade, é preciso abordá-la com o olhar do Bom Pastor, que não procura julgar, mas amar. Só a partir da conaturalidade afetiva que dá o amor é que podemos apreciar a vida teologal presente

---

[137] Cf. CONGREGAÇÃO PARA O CULTO DIVINO E A DISCIPLINA DOS SACRAMENTOS. *Diretório sobre a piedade popular e a liturgia*: princípios e orientações. Vaticano, 17 de dezembro de 2001.

na piedade dos povos cristãos, especialmente nos pobres" (EG, n. 125).

337. A piedade popular tem um indubitável significado espiritual, pois "ela traduz em si certa sede de Deus, que somente os pobres e os simples podem experimentar; ela torna as pessoas capazes para terem rasgos de generosidade e predispõe-nas para o sacrifício até ao heroísmo, quando se trata de manifestar a fé; ela comporta um apurado sentido dos atributos profundos de Deus: a paternidade, a providência, a presença amorosa e constante etc. Ela, depois, suscita atitudes interiores que raramente se observam alhures no mesmo grau: paciência, sentido da cruz na vida cotidiana, desapego, aceitação dos outros, dedicação, devoção etc." (EN, n. 48). Além disso, a piedade popular também tem um significado social, uma vez que é uma possibilidade de curar as fraquezas – como o machismo, o alcoolismo, a violência doméstica, as crenças fatalistas ou supersticiosas (EG, n. 69) – que algumas culturas populares às vezes apresentam.

338. A piedade popular celebra os mistérios da vida de Jesus Cristo, sobretudo sua paixão, reverencia com ternura a Mãe de Deus, os mártires e os santos, reza pelos defuntos. Exprime-se por meio da veneração de relíquias, das visitas aos santuários, das peregrinações, das procissões, da via-sacra, das danças religiosas, do Rosário, das medalhas e de outros exercícios individuais, familiares e comunitários de piedade. A piedade popular, "no ambiente de secularização que vivem nossos povos, continua sendo uma poderosa confissão do Deus vivo que atua na história e um canal de transmissão da fé" (DAp, n. 264), quase se constituindo como depósito de fé e de esperança em uma sociedade que está perdendo sua referência de Deus. Nesse sentido, a piedade popular, "verdadeira expressão da atividade missionária espontânea do povo de Deus [...] cujo protagonista é o Espírito Santo" (EG, n. 122), é "um *lugar* teológico a que devemos prestar atenção particularmente na hora de pensar a nova evangelização" (EG, n. 126).

339. Todavia, não se pode negar que a piedade popular também necessita de vigilância e purificação, porque ela está "frequentemente aberta à influência de muitas deformações da religião, como sejam, por exemplo, as superstições. Depois, ela permanece com frequência apenas em um nível de manifestações cultuais, sem expressar ou determinar uma verdadeira adesão de fé. Ela pode, ainda, levar à formação de seitas e pôr em perigo a verdadeira comunidade eclesial" (EN, n. 48). Além disso, as formas de devoção popular estão sujeitas ao desgaste do tempo, por isso muitas vezes continuam a ser praticadas pela tradição por pessoas que perderam a consciência de seu significado original. Esses riscos são potenciados pela cultura midiática, voltada a acentuar os aspectos emocionais e sensacionalistas dos fenômenos religiosos, às vezes por interesses econômicos.

340. A catequese terá o cuidado de apreciar a força evangelizadora das expressões da piedade popular, integrando-as e valorizando-as em seu processo formativo, e deixando-se inspirar pela eloquência natural dos ritos e dos sinais do povo em relação à custódia da fé e a sua transmissão de uma geração para outra. Nesse sentido, muitas práticas de piedade popular já são um caminho traçado para a catequese. Além disso, a catequese buscará retornar algumas manifestações de piedade popular à sua raiz evangélica, trinitária, cristológica e eclesial, purificando-as de deformações ou atitudes errôneas, delas fazendo ocasião para um novo compromisso na vida cristã. Interpretando com sabedoria os elementos constitutivos das práticas devocionais e reconhecendo o valor dos preciosos aspectos, a catequese mostra sua ligação com a Escritura e a liturgia, especialmente com a Eucaristia dominical, de modo que levem a um sentido de pertencimento eclesial mais forte, a um autêntico testemunho cotidiano e a uma caridade efetiva para com os pobres.

O santuário e a peregrinação

341. A visita aos santuários é uma manifestação particular de espiritualidade popular. Os santuários, que têm "na Igreja um grande valor simbólico" e "são ainda percebidos como espaços sagrados rumo aos quais ir como peregrinos para encontrar um momento de descanso, de silêncio e de contemplação na vida, muitas vezes frenética, dos nossos dias", são um "lugar genuíno de evangelização, onde a partir do primeiro anúncio até à celebração dos mistérios sagrados se torna manifesto o poder da ação com a qual a misericórdia de Deus age na vida das pessoas".[138] O serviço pastoral dos santuários é uma ocasião propícia para o

---

[138] FRANCISCO. Carta Apostólica em forma de *Motu Proprio Sanctuarium in Ecclesia*. Cidade do Vaticano, 11 de fevereiro de 2017.

anúncio e a catequese, ligados "à *memória* [...], à mensagem particular, ao *carisma* que o Senhor lhe confiou e que a Igreja reconheceu e ao *patrimônio* muitas vezes riquíssimo das tradições e dos costumes ali estabelecidos".[139]

342. Ligada à pastoral dos santuários está a experiência da peregrinação, que como tal possui um grande valor. De fato, "a decisão de caminhar em direção ao santuário já é uma confissão de fé, o caminhar é um verdadeiro canto de esperança e a chegada é um encontro de amor" (DAp, n. 259). Redescobrindo a raiz bíblica e o significado antropológico do caminho e seguindo os passos dos muitos santos peregrinos, a comunidade cristã saberá propor a peregrinação como fecundo instrumento de anúncio e crescimento na fé.

2. Catequese em contexto ecumênico e de pluralismo religioso (n. 343-353)

343. O fenômeno da mobilidade humana, seja por razões de estudo e trabalho, seja por fuga de situações de violência ou de guerra, de fato possibilitou o encontro de diversos povos também em territórios novos com relação àqueles que sempre conheceram a presença de outras Igrejas e comunidades cristãs ou de diferentes religiões. A convivência – nas escolas, nas universidades e em outros ambientes de vida – de diferentes crenças ou o crescimento

---

[139] PONTIFÍCIO CONSELHO DA PASTORAL PARA OS MIGRANTES E OS ITINERANTES. *O Santuário*: memória, presença e profecia do Deus vivente. Roma, 8 de maio de 1999, n. 10.

do número de casamentos mistos exorta a Igreja a reconsiderar a sua pastoral e a sua proposta catequética, com relação às situações concretas que venham a aparecer.

Catequese em contexto ecumênico

344. A Igreja, por sua natureza uma realidade dialógica[140] enquanto imagem da Trindade e animada pelo Espírito Santo, está irreversivelmente comprometida na promoção da unidade de todos os discípulos de Cristo. Como todas as ações eclesiais, também a catequese está intrinsecamente marcada por uma *dimensão ecumênica*, nos passos do movimento, suscitado pelo Espírito, que impulsiona a Igreja Católica a buscar, com as outras Igrejas ou confissões cristãs, a perfeita unidade desejada pelo Senhor, fundamentando-se no Batismo, na Sagrada Escritura, no patrimônio da fé que é comum e, especialmente hoje, na forte experiência da partilha do martírio.[141] De um lado, o anúncio do Evangelho e da catequese está a serviço do diálogo e da formação ecumênica; por outro lado, o mesmo compromisso com a unidade dos cristãos é uma via e instrumento credível de evangelização no mundo (EN, n. 77; EG, n. 244).

---

[140] Sobre a natureza dialógica da Igreja, ver: n. 53-54 (*A catequese como "laboratório" do diálogo*) deste *Diretório*.

[141] É o chamado "ecumenismo de sangue": SÃO JOÃO PAULO II. Carta Apostólica *Tertio millennio adveniente*. Vaticano, 10 de novembro de 1994, n. 37; FRANCISCO. *Homilia na solenidade da Conversão de São Paulo Apóstolo*: celebração das Vésperas. Basílica de São Paulo Extramuros, 25 de janeiro de 2016.

345. A catequese, especialmente nos contextos em que as divisões entre os cristãos são mais visíveis, cuidará de:

a. afirmar que a divisão é uma ferida grave que contradiz a vontade do Senhor e que os católicos são convidados a participar ativamente do movimento ecumênico, especialmente com a oração (UR, n. 1 e 8);

b. expor com clareza e caridade a doutrina da fé católica, "respeitando especialmente a ordem e a hierarquia das verdades (UR, n. 11) e evitando as expressões e os modos de expor a doutrina que poderiam obstruir o diálogo";[142]

c. apresentar adequadamente o ensino das demais Igrejas e comunidades eclesiais, mostrando o que une os cristãos e explicando, também com breves referências históricas, o que divide.

Além disso, a catequese, por seu valor educacional, tem a missão de despertar, nos catequizandos, um desejo de unidade, ajudando-os a viver o contato com as pessoas de outras confissões, cultivando sua identidade católica no respeito à fé dos outros.

346. Em razão da exigência da missão evangelizadora comum, e não apenas por motivações puramente organizacionais, é importante que sejam previstas "certas experiências de

---

[142] PONTIFÍCIO CONSELHO PARA A PROMOÇÃO DA UNIDADE DOS CRISTÃOS. *Diretório para a aplicação dos princípios e das normas sobre o ecumenismo*, 25 de março de 1993, n. 61. Ver também: SÃO JOÃO PAULO II. Carta Encíclica *Ut unum sint*. Roma, 25 de maio de 1995, n. 18-20.

colaboração no domínio da catequese entre católicos e outros cristãos, como complemento da catequese normal, que, de todas as maneiras, os católicos devem sempre receber" (CT, n. 33). Tal testemunho de colaboração catequética entre cristãos, embora limitada por causa das divergências especialmente no âmbito sacramental, todavia, pode ser frutuoso: "se nos concentrarmos nas convicções que nos unem e recordarmos o princípio da hierarquia das verdades, poderemos caminhar decididamente para formas comuns de anúncio, de serviço e de testemunho" (EG, n. 246).

Catequese com relação ao judaísmo

347. "A Igreja, povo de Deus na Nova Aliança, escrutando seu próprio mistério, descobre seu vínculo com o povo judeu 'a quem Deus falou em primeiro lugar'" (CIgC, n. 839)[143] e, reconhecendo a rica herança comum, promove e recomenda o recíproco conhecimento, amizade e diálogo (NA, n. 4).[144] Na verdade, graças às suas raízes judaicas, a

---

[143] Cf. COMISSÃO PARA AS RELAÇÕES RELIGIOSAS COM O JUDAÍSMO. *Orientação e sugestões para a aplicação da declaração conciliar* Nostra Aetate *n. 4*, 1º de dezembro de 1974; COMISSÃO PARA AS RELAÇÕES RELIGIOSAS COM O JUDAÍSMO. *Subsídio para uma concreta apresentação dos judeus e do judaísmo na pregação e na catequese da Igreja Católica.* Roma, 24 de junho de 1985; COMISSÃO PARA AS RELAÇÕES RELIGIOSAS COM O JUDAÍSMO. *Porque os dons e o chamado de Deus são irrevogáveis (Rm 11,29)*: reflexões sobre questões teológicas atinentes às relações católico-judaicas por ocasião do 50o aniversário da *Nostra Aetate* n. 4, Roma, 10 de dezembro de 2015; cf. EG, n. 247-249.

[144] CONCÍLIO VATICANO II. Declaração *Nostra Aetate*: sobre a Igreja e as religiões não cristãs. In: SANTA SÉ. *Concílio Ecumênico Vaticano II*: Documentos. Brasília: Edições CNBB, 2018, p. 659-667.

Igreja se encontra na história da salvação. O diálogo judai-co-cristão, conduzido de forma honesta e sem preconceitos, pode ajudar a Igreja a compreender melhor certos aspectos de sua própria vida, trazendo à luz as riquezas espirituais preservadas no judaísmo. Serão objetivos do diálogo: uma decidida postura contra todas as formas de antissemitismo e um compromisso comum com a paz, a justiça e o desenvolvimento dos povos.

348. Por essas razões, também na catequese deve-se ter uma atenção especial à religião judaica e aos temas do judaísmo. Particularmente haja o cuidado de apresentar alguns pontos decisivos:

a. para os cristãos, o judaísmo não pode ser considerado simplesmente como outra religião, porque o cristianismo tem raízes judaicas e as relações entre as duas tradições são únicas: "Jesus era judeu, viveu na tradição judaica de seu tempo e se formou decisivamente por esse ambiente religioso";[145]

b. "a Palavra de Deus é uma realidade única e indivisa que assume forma concreta no contexto histórico de cada um":[146] essa Palavra, que se cumpre em Jesus Cristo, tem sua expressão histórica na Torá, que expressa a intervenção de Deus a favor de seu povo;

---

[145] COMISSÃO PARA AS RELAÇÕES RELIGIOSAS COM O JUDAÍSMO. *Porque os dons e o chamado de Deus são irrevogáveis (Rm 11,29)*: reflexões sobre questões teológicas atinentes às relações católico-judaicas por ocasião do 50º aniversário da *Nostra Aetate* n. 4, Roma, 10 de dezembro de 2015, n. 14.

[146] Ibidem, n. 25.

c. o Antigo Testamento é parte integrante da única Bíblia cristã e a Igreja testemunha sua fé no único Deus, autor de ambos os Testamentos, rejeitando assim qualquer suposta oposição entre os dois;

d. a Nova Aliança não substitui a Aliança de Deus com Israel, mas a pressupõe: a primeira Aliança jamais foi revogada (Rm 11,28-29) e permanece com sua validade, que encontra pleno cumprimento no que Jesus realizou com seu mistério de salvação;

e. a Igreja e o judaísmo não podem ser apresentados como duas vias de salvação: da confissão da mediação salvífica universal e exclusiva de Jesus Cristo, coração da fé cristã, não deriva a exclusão dos judeus da salvação; de fato, "a Igreja espera pelo dia só por Deus conhecido em que todos os povos a uma só voz aclamarão e servirão 'ao Senhor, todos juntos' (Sf 3,9)" (NA, n. 4).

Catequese no contexto de outras religiões

349. O fenômeno do pluralismo religioso não diz respeito apenas às nações em que o cristianismo sempre foi uma minoria, mas também a muitas outras sociedades, marcadas pelos fluxos migratórios das últimas décadas. Embora existam tantas variáveis culturais, étnicas, econômicas e sociais a serem consideradas, de fato é preciso reconhecer que, juntamente com outras razões, o encontro com diversas religiões modificou entre os cristãos o modo de viver a experiência da fé, abrindo os fiéis às questões relativas à verdade dos conteúdos da fé e à liberdade de escolha. Essa situação relativamente recente, ao lado da situação tradicional daqueles que vivem sua fé cristã em condições de minoria, provoca a Igreja a considerar o significado da relação com as outras religiões, também tendo em vista a formação catequética de seus filhos. Nessa reflexão, "considera com sincero respeito seus modos de agir e de viver, seus preceitos e suas doutrinas que, embora em muitos pontos estejam em desacordo com os que ela crê e propõe, não raro refletem, todavia, raios daquela verdade que ilumina todos os homens" (NA, n. 2).

350. A catequese com os cristãos que vivem em contextos de pluralismo religioso terá algumas atenções (EN, n. 53; RMi, n. 55-57):[147]

a. aprofundar e fortalecer a *identidade* dos fiéis, especialmente em um contexto de minoria, por meio do conhecimento do Evangelho e dos conteúdos das outras religiões, mediante um profundo processo de inculturação da fé;

b. ajudar os fiéis a crescer em um *discernimento* em relação às outras religiões, nelas reconhecendo e

---

[147] Cf. PONTIFÍCIO CONSELHO PARA O DIÁLOGO INTER-RELIGIOSO; CONGREGAÇÃO PARA A EVANGELIZAÇÃO DOS POVOS. *Diálogo e anúncio*: reflexões e orientações sobre o diálogo inter-religioso e sobre o anúncio do Evangelho de Jesus Cristo. Cidade do Vaticano, 19 de maio de 1991; PONTIFÍCIO CONSELHO PARA O DIÁLOGO INTER-RELIGIOSO. *Diálogo na verdade e na caridade*: orientação pastorais para o diálogo inter-religioso. Cidade do Vaticano, 19 de maio de 2014; FRANCISCO; AHMAD AL-TAYYEB. *Documento sobre a fraternidade humana em prol da paz mundial e da convivência comum*. Abu Dabhi, 4 de fevereiro de 2019.

apreciando as sementes do Verbo, discernindo o que não está de acordo com a fé cristã;

c. encorajar em todos os fiéis um *impulso missionário* feito de *testemunho* da fé; de *colaboração* em defesa da dignidade humana; de *diálogo* afável e cordial e, sempre que possível, de *anúncio* explícito do Evangelho.

351. Haja um cuidado especial na relação com os fiéis do Islã, particularmente presentes em muitos países da antiga tradição cristã. Diante de episódios de fundamentalismo violento, a Igreja, em sua proposta catequética, valendo-se de operadores devidamente preparados, promove o conhecimento e o encontro com os muçulmanos como ferramenta oportuna para se evitarem generalizações superficiais e danosas (EG, n. 252-254).

Catequese no contexto de novos movimentos religiosos

352. Nas últimas décadas e em áreas cada vez mais vastas do mundo, a Igreja é colocada diante do fenômeno da proliferação de novos movimentos religiosos, compostos de realidades muito diferenciadas e de classificação não fácil. Esses grupos têm denominações e matrizes muito diversas: alguns, de modos variados, fazem referência ao cristianismo, embora com diferenças doutrinais consideráveis; outros derivam de religiões orientais ou de cultos tradicionais; outros ainda mostram elementos de magia, superstição, neopaganismo, espiritismo, até o satanismo; por fim, há outros *movimentos* chamados *do potencial humano* que se apresentam com uma face humanista e terapêutica. Em muitos casos, diferentes elementos desses novos movimentos religiosos se fundem em formas sincréticas ainda mais complexas.[148] Se por um lado tais movimentos são uma "reação humana contra a sociedade materialista, consumista e individualista" e preencham "um vazio deixado pelo racionalismo secularista" (EG, n. 63), por outro lado, parecem aproveitar-se das necessidades das pessoas marcadas por tantas formas de pobreza ou fracasso de vida. É preciso reconhecer que a comunidade cristã nem sempre é capaz de ser significativa para aqueles cristãos que, tendo um pouco de fé enraizada, precisam de mais cuidado e acompanhamento e que, depois, encontram nos novos movimentos a satisfação de suas necessidades.

353. Diante desse fenômeno que se apresenta como um grande desafio para a evangelização, a Igreja particular é chamada a se interrogar para interpretar o que leva muitos cristãos a se aproximar dos novos movimentos religiosos. Para que cada batizado continue a se abrir à Boa Notícia do Senhor Jesus, água viva para a sede (Jo 4,5-15), e se tornar cada vez mais enraizado na comunidade cristã, a obra catequética terá de colocar alguns elementos em evidência:

a. anunciar o querigma de Jesus Sabedoria de Deus, que com sua Páscoa doa verdadeira paz e alegria, como proposta de sentido para o ser humano que, particularmente hoje, busca bem-estar e a harmonia;

---

[148] PONTIFÍCIO CONSELHO PARA A CULTURA; PONTIFÍCIO CONSELHO PARA O DIÁLOGO INTER-RELIGIOSO. *Jesus Cristo portador da água viva*: uma reflexão cristã sobre a *New Age*, 2003.

b. empenhar-se para que a Igreja seja uma verdadeira comunidade de vida e de fé, livre de formalismos vazios e frios, mas que seja capaz de acolhimento e proximidade, ativamente atenta às pessoas que vivem no sofrimento, na pobreza e na solidão, dispostas a valorizar a preciosa contribuição de cada um;

c. assegurar o conhecimento bíblico e doutrinal básicos, tanto tornando a Sagrada Escritura acessível e compreensível a todos quanto por meio de adequadas ferramentas catequética de divulgação;

d. prestar atenção aos símbolos, gestos e ritos da liturgia e da piedade popular, não menosprezando sua carga afetiva que mais facilmente toca o coração da pessoa.

Uma atenção particular será devida àqueles que, decepcionados ou feridos por essa experiência, sentem a necessidade de retornar à comunidade cristã. É importante que se sintam acolhidos em vez de julgados, e que o catequista possa desenvolver um trabalho de recuperação e reinserção na comunidade por meio de uma obra de esclarecimento e compreensão.

3. Catequese em contextos socioculturais (n. 354-393)

Catequese e mentalidade científica

354. O progresso contínuo das ciências, cujos resultados são massivamente utilizados na sociedade, marcam fortemente a cultura contemporânea. As pessoas, impregnadas pela mentalidade científica, se perguntam como o conhecimento científico pode ser conjugado com os dados da fé. Assim afloram questões sobre a origem do mundo e da vida, o aparecimento do ser humano na Terra, a história dos povos, as leis que governam a natureza, o caráter espiritual que torna singular a vida humana entre os demais seres viventes, o progresso humano e o futuro do planeta. Essas questões, como expressão da busca por sentido, tocam a questão da fé e, portanto, interpelam a Igreja. Diversos documentos magisteriais trataram diretamente da relação entre ciência e fé.[149]

355. Embora reconhecendo as vertentes ideológicas do reducionismo naturalista e do cientificismo,[150] bem distintos do empreendimento científico enquanto tal, e, todavia, consciente dos problemas éticos que podem nascer da aplicação de certos resultados das ciências, o julgamento da Igreja sobre a cultura científica é positivo, considerando-a uma atividade com a qual o ser humano participa do plano criador de Deus e do progresso da família humana. Enquanto, por um lado, a "evangelização está atenta aos progressos científicos para iluminá-los com a luz da fé e

---

[149] Dentre outros, tem lugar relevante a Encíclica *Fides et ratio* de São João Paulo II, dedicada especificamente a esse tema. Também algumas passagens do Concílio Vaticano II: GS, n. 5, 36, 57, 62; OT, n. 13, 15; e AA, n. 7; alguns números do CIgC: n. 31-34, 39, 159, 2292-2296, 2417. Os Pontífices, ademais, proferiram diversos discursos às universidades, aos cientistas e às pessoas de cultura.

[150] O cientificismo reduz o complexo fenômeno humano às suas componentes materiais. Segundo essa visão, as realidades espirituais, éticas e religiosas, não sendo experimentáveis empiricamente, não seriam reais e estariam confinadas à imaginação subjetiva (FR, n. 88).

da lei natural" (EG, n. 242), por outro lado, é verdade que, "quando algumas categorias da razão e das ciências são acolhidas no anúncio da mensagem, tais categorias tornam-se instrumentos de evangelização" (EG, n. 132). Os aparentes conflitos entre o conhecimento científico e alguns dos ensinamentos da Igreja devem ser esclarecidos no processo de exegese bíblica e da reflexão teológica, interpretando a Revelação; aplicando uma correta epistemologia científica; esclarecendo equívocos históricos, trazendo à luz preconceitos e ideologias.

356. A técnica, fruto da engenhosidade do homem, sempre acompanhou a história humana. Suas potencialidades devem ser direcionadas para o aprimoramento das condições de vida e o progresso da família humana. Todavia, enquanto acompanha e condiciona estilos de vida, a técnica parece afetar a própria visão do ser humano. Além disso, algumas aplicações da pesquisa tecnológica podem transformar o ser humano em algo sem precedentes, às vezes sem avaliar adequadamente as consequências. Entre as muitas áreas de pesquisa, as da *inteligência artificial* e da *neurociência* apresentam questões filosóficas e éticas relevantes. A inteligência artificial pode ajudar as pessoas e, em alguns casos, substituí-las, mas não pode tomar decisões que cabem a elas. Na ponta da neurociência encontra-se, dentre outras coisas, um melhor conhecimento do corpo humano, das capacidades e do funcionamento do cérebro; embora fatores positivos, nunca poderão explicar totalmente a identidade pessoal nem eliminar sua responsabilidade diante do Criador. O fim da tecnologia é a pessoa. Do progresso, portanto, deve-se valorizar a intrínseca dimensão humana, aquela do melhoramento das condições de vida, do serviço ao desenvolvimento dos povos, da glória a Deus que a técnica manifesta quando sabiamente empregada.[151] Ao mesmo tempo, a Igreja acolhe os desafios antropológicos decorrentes do progresso das ciências e deles faz motivo de profundo discernimento.

357. Em seus percursos ordinários de catequese, o catequista levará em consideração a influência que a mentalidade científica exerce sobre as pessoas, muitas vezes persuadidas por algumas teorias apresentadas de modo superficial, em parte por certa divulgação científica pouco precisa e às vezes também por uma pastoral inadequada. A catequese, portanto, deve saber levantar questões e introduzir temas de particular relevância, como a complexidade do universo, a criação como sinal do Criador, a origem e o fim da humanidade e do cosmos. Algumas questões históricas importantes, cuja influência ainda está presente, devem ser abordadas e expostas para além das simplificações midiáticas. Muitas vezes, a abertura à fé depende, especialmente entre os jovens, do fato de se essas perguntas são respondidas satisfatoriamente, ou seja, se é indicado o caminho adequado para respondê-las. Por essa razão, o testemunho dos cientistas cristãos deve ser valorizado, uma vez que mostram, com sua coerência de vida, harmonia e síntese entre fé e razão. É preciso divulgar aos catequistas os principais documentos do Magistério que abordam a relação entre a fé e a razão,

---

[151] SÃO JOÃO PAULO II. *Discurso aos participantes da Sessão Plenária da Pontifícia Academia de Ciências.* Vaticano, 13 de novembro de 2000.

entre a teologia e a ciência. Deve-se sugerir, também, o uso de ferramentas e subsídios para se adquirir uma formação adequada.

358. A Igreja é chamada a oferecer sua contribuição para a evangelização das pessoas das ciências, que muitas vezes são ricas em qualidades que os agentes pastorais saberão valorizar. A pessoa das ciências é uma testemunha apaixonada do mistério; busca a verdade com sinceridade; é naturalmente inclinada à colaboração, à comunicação e ao diálogo; cultiva a profundidade, o rigor e a correção do raciocínio; ama a honestidade intelectual. São disposições que favorecem o encontro com a Palavra de Deus e o acolhimento da fé. Trata-se, na verdade, de fomentar uma verdadeira inculturação de fé no mundo científico. Os cristãos que trabalham profissionalmente no mundo das ciências desempenham um papel muito importante. Para eles, a Igreja fornecerá os cuidados pastorais necessários para que seu testemunho se torne mais eficaz.

Catequese e cultura digital

Características gerais

359. A introdução e o uso em massa de ferramentas digitais têm causado mudanças profundas e complexas em muitos âmbitos com consequências culturais, sociais e psicológicas que ainda não são totalmente claras. O *digital*, que não corresponde somente à presença de meios tecnológicos, de fato caracteriza o mundo contemporâneo e sua influência tornou-se, em pouco tempo, ordinária e contínua, a ponto de ser percebida como natural. Vive-se "em uma cultura amplamente digitalizada, que afeta de modo muito profundo a noção de tempo e de espaço, a percepção de si mesmo, dos outros e do mundo, o modo de comunicar, de aprender, de informar-se, de entrar em relação com os outros" (ChV, n. 86). O *digital*, portanto, não apenas faz parte das culturas existentes, mas está se estabelecendo como uma nova cultura, modificando primeiramente a linguagem, moldando a mentalidade e reformulando as hierarquias dos valores. E tudo isso em escala global, uma vez que, apagando distâncias geográficas com a presença generalizada de dispositivos conectados em rede, envolve as pessoas em todas as partes do planeta.

360. A internet e as redes sociais criam "[...] uma oportunidade extraordinária de diálogo, encontro e intercâmbio entre pessoas, bem como de acesso à informação e ao conhecimento. Por outro lado, o ambiente digital é um contexto de participação sociopolítica e cidadania ativa, e pode facilitar a circulação de informações independentes capazes de proteger com eficácia as pessoas mais vulneráveis, expondo as violações de seus direitos. Em numerosos países, *web* e redes sociais representam um lugar irrenunciável para alcançar os jovens e envolvê-los, inclusive em iniciativas e atividades pastorais" (ChV, n. 87). Outros elementos positivos do mundo digital incluem a extensão e o enriquecimento das habilidades cognitivas humanas. A tecnologia digital pode ajudar a memória, por exemplo, por meio de ferramentas de captura, armazenamento e restituição de dados. As ferramentas de coleta digital de dados e os instrumentos de suporte às decisões melhoraram a capacidade de escolha e permitiram coletar mais dados para avaliar as implicações para diversas questões. De muitas maneiras, pode-se positivamente falar de um *aprimoramento* digital.

361. Deve-se reconhecer, no entanto, que "o ambiente digital é também um território de solidão, manipulação, exploração e violência, até chegar ao caso extremo da *dark web*. Os meios de comunicação podem expor ao risco de dependência, isolamento e perda progressiva de contato com a realidade concreta, dificultando o desenvolvimento das relações interpessoais autênticas. Novas formas de violência são disseminadas por meio das mídias sociais, por exemplo, o *cyberbullying*; a *web* também é um canal para a divulgação de pornografia e exploração de pessoas para fins sexuais ou mediante os jogos de azar" (ChV, n. 88). Além disso, os interesses econômicos, ativos no mundo digital, são "capazes de realizar formas de controle tão sutis como invasivas, criando mecanismos de manipulação das consciências e do processo democrático" (ChV, n. 89). É preciso recordar que diversas plataformas muitas vezes favorecem "o encontro entre as pessoas que pensam da mesma maneira, dificultando a relação entre as diferenças. Esses circuitos fechados facilitam a divulgação de informações e notícias falsas, fomentando preconceitos e ódio" (ChV, n. 89). Os espaços digitais podem criar uma visão distorcida da realidade, a ponto de gerar uma falta de cuidado com a vida interior, visível na perda da identidade e das raízes, no cinismo como resposta ao vazio, na progressiva desumanização e no crescente fechamento em si mesmos.

Transformação antropológica

362. O efeito da exponencial digitalização da comunicação e da sociedade está levando a uma verdadeira transformação antropológica. Os chamados *nativos digitais*, isto é, as pessoas nascidas e crescidas em contato com as tecnologias digitais em uma *sociedade multitela*, consideram as tecnologias como um elemento natural, não experimentando nenhum desconforto na manipulação e na interação com elas. Por outro lado, a situação atual vê coexistir, especialmente entre educadores, professores e catequistas, os não nativos digitais, os chamados *imigrantes digitais*, que não nasceram em um mundo digital, mas posteriormente entraram nele. As diferenças fundamentais entre esses sujeitos são as diferentes abordagens mentais que eles têm com relação às novas tecnologias e ao seu uso. Há também uma diferença no estilo do discurso, que nos primeiros é mais espontâneo, interativo e participativo.

363. Um *nativo digital* parece privilegiar a imagem em detrimento da escuta. Do ponto de vista cognitivo e comportamental, encontra-se de certa forma moldado pelo consumo midiático ao qual está submetido, infelizmente reduzindo seu desenvolvimento crítico. Esse consumo de conteúdo digital, portanto, não é somente um processo quantitativo como também qualitativo, que produz outra linguagem e uma nova forma de organizar o pensamento. *Multitasking*, hipertextualidade e interatividade são apenas algumas características do que parece ser uma nova e inédita forma de compreensão e comunicação que caracterizam as gerações digitais. Emerge uma capacidade mais intuitiva e emocional do que analítica. A arte de contar histórias (*storytelling*), que utiliza os princípios da retórica e uma linguagem própria adotada pelo *marketing*, é considerada pelos jovens como mais convincente e envolvente do que as formas tradicionais de discurso. A linguagem que tem maior aderência na geração digital é a da narrativa, muito mais que a da argumentação.

364. Todavia, essa novidade da linguagem faz com que os usuários sejam usufruidores, e não decodificadores de mensagens: as narrativas de histórias-limite e polêmicas expõem ao risco da polarização na relação com temas complexos, sem se valer do uso da argumentação ou das soluções de mediação. Se a narrativa se tornar o único instrumento de comunicação, corre-se o risco de que somente as opiniões subjetivas sobre a realidade cresçam. Esse subjetivismo traz o risco de relegar questões políticas e éticas para a esfera pessoal e privada. A norma moral fica exposta ao risco de ser percebida como autoritária, enquanto as narrativas se tornam verdades que nos impedem de buscar a verdade e o bem. Além disso, o universo narrativo se configura como um experimento no qual tudo é possível e dizível, e a verdade não tem peso existencial. Esses horizontes mostram como o digital e suas ferramentas são meios poderosos de encontrar formas novas e inéditas de transmissão da fé, mas também é verdade que a ação eclesial deve tornar conhecidas as possíveis ambiguidades de uma linguagem sugestiva, mas pouco comunicativa da verdade.

Cultura digital como fenômeno religioso

365. A *cultura digital* também se apresenta como portadora de crenças que possuem características religiosas. A disseminação dos conteúdos digitais, a difusão de máquinas que funcionam de forma autônoma com algoritmos e *softwares* cada vez mais sofisticados levam a perceber todo o universo como um fluxo de dados, a compreender a vida e os organismos vivos como pouco mais do que algoritmos bioquímicos e, nas versões mais radicais, a acreditar que existe, para a humanidade, a vocação cósmica de criar um sistema abrangente de processamento de dados.

366. Trata-se de uma inédita e desafiadora modalidade que muda as coordenadas de referência no processo de confiança e de atribuição de autoridade. O modo como se questiona um mecanismo de busca, os algoritmos de uma inteligência artificial ou um computador sobre algumas respostas que dizem respeito à vida privada, revela que se relaciona com a máquina e com sua resposta em uma *atitude fideística*. Cria-se assim uma espécie de pseudorreligião universal que legitima uma nova fonte de autoridade e que tem todos os componentes dos ritos religiosos: do sacrifício ao temor do absoluto, até a sujeição a um novo "motor imóvel", que se faz amar, mas não ama.

367. Com esses componentes técnicos e religiosos, poder-se-ia dar lugar a uma cultura global que molda, sobretudo, o modo de pensar e de acreditar das próximas gerações de jovens. Eles serão cada vez mais digitais e apresentarão características e maneiras de pensar globais, graças às grandes plataformas de compartilhamento e devido ao seu poder de difusão e instantaneidade. Isso, para além de um desafio, pode ser uma oportunidade. Desenvolver formas e ferramentas capazes de decodificar as instâncias antropológicas que fundamentam esses fenômenos e refinar novas modalidades de evangelização permite oferecer ações pastorais globais, assim como é global a *cultura digital*.

Cultura digital e questões educacionais

368. O desenvolvimento tecnológico no âmbito das mídias digitais oferece a possibilidade de acesso imediato a qualquer tipo de conteúdo desvinculado de qualquer hierarquia de importância, criando uma cultura muitas vezes marcada pelo imediatismo do instante e pela fraqueza da memória, suscitando uma falta de perspectiva e de uma visão integral. As *mídias*, por sua própria natureza, fornecem versões seletivas do mundo, mais do que acesso direto a ele, combinando diferentes linguagens em uma comunicação difusa global e instantaneamente. As novas gerações nem sempre são formadas e culturalmente preparadas para enfrentar os desafios que a sociedade digital apresenta. É urgente, portanto, a *educação midiática* para quem se encontra diante de uma forma de analfabetismo digital. Na interminável produção digital, os analfabetos contemporâneos serão aqueles que não sabem perceber a diferença qualitativa e veritativa dos diversos conteúdos digitais dos quais estão diante.

369. Reconhece-se, cada vez mais, que as *mídias sociais*, especialmente as de natureza digital, são de fato os principais agentes de socialização, quase chegando a substituir os tradicionais como a família, a Igreja, a escola. A intersubjetividade parece estar cada vez mais desenvolvida nas *redes sociais* e cada vez menos nos espaços sociais tradicionais. Em âmbito operacional, é preciso estimar e compreender os limites do aprendizado implícito que a era digital proporciona diariamente. Muitas *formas de interação* pessoal tornaram-se *virtuais*, suplantando completamente a necessidade, especialmente nas gerações mais jovens, de formas tradicionais de relacionamento, impedindo-as de "tomar contato direto com a angústia, o tremor, a alegria do outro e com a complexidade da sua experiência pessoal" (LS, n. 47).

Anúncio e catequese na era digital

370. A Igreja é chamada a refletir sobre a peculiar modalidade de busca de fé dos jovens digitais e, consequentemente, atualizar suas modalidades de anúncio do Evangelho para a linguagem das novas gerações, convidando-as a criar um novo senso de pertencimento comunitário, que inclui, mas não exaure, o que elas experimentam na rede. Parece abrir-se a um período em que a catequese se torna portadora de instâncias capazes de gerar caminhos de aproximação à fé cada vez menos padronizados e mais atentos à singularidade de cada um. O desafio pastoral é acompanhar o jovem em sua busca de autonomia, que se refere à descoberta da liberdade interior e do chamado de Deus, que o diferencia do grupo social ao qual pertence. Outro desafio certamente é *esclarecer a linguagem* utilizada na rede, que muitas vezes tem consonância com a linguagem religiosa. Pense, por exemplo, no chamado de Jesus para serem discípulos, termo esse que precisa ser explicado para evitar que se confunda com as dinâmicas típicas da rede: a dinâmica de serem discípulos, na verdade, não é a mesma que se estabelece entre um *influencer* e seus *followers* virtuais. Para isso, precisamos de figuras credíveis, que, por meio do acompanhamento pessoal, levem cada jovem a redescobrir seu projeto pessoal de vida. Essa jornada exige passar da solidão, nutrida pelos *likes*, para a realização de projetos pessoais e sociais a serem realizados em comunidade.

371. No processo do anúncio do Evangelho, a verdadeira questão não é como utilizar as novas tecnologias para evangelizar, mas sim como se tornar *uma presença evangelizadora no continente digital*. A catequese, que não pode simplesmente digitalizar-se, certamente precisa conhecer o poder do meio e utilizar todo o seu potencial e sua positividade, com a consciência, porém, de que não se faz catequese utilizando somente ferramentas digitais, mas oferecendo espaços de experiências de fé. Isso evitará uma virtualização da catequese que corre o risco de tornar a ação da catequese fraca e pouco influente. A geração adulta que quer transmitir a fé tem a missão de promover as experiências. Somente uma catequese que passa da informação religiosa para o acompanhamento e a experiência de Deus será capaz de oferecer sentido. A transmissão da fé se fundamenta nas experiências autênticas, que não devem ser confundidas com experimentos: a *experiência* transforma e fornece chaves interpretativas da vida, ao passo que o experimento se reproduz apenas de maneira idêntica. A catequese é chamada a encontrar formas adequadas de enfrentar as grandes questões acerca do sentido da vida, da corporeidade, da afetividade, da identidade de gênero, da justiça e da paz, que na era digital são interpretadas de maneiras diferentes.

372. A catequese na era digital será personalizada, mas nunca um processo individual: do mundo individualista e isolado das mídias sociais se deve passar à comunidade eclesial, lugar no qual a experiência de Deus se realiza em comunhão e partilha da vivência. Não se pode subestimar o poder da liturgia na comunicação da fé e na introdução à experiência de Deus. A liturgia compõe-se de uma pluralidade de códigos comunicativos que apelam à interação dos sentidos (sinestesia) para além da comunicação verbal. Portanto, é necessário redescobrir a capacidade da liturgia, mas também da arte sacra, para expressar os mistérios da fé. O desafio da evangelização inclui o desafio da inculturação no continente digital. É importante ajudar a não confundir os meios com o fim, a discernir como navegar na rede, de modo a crescer como sujeitos e não como objetos, e ir além da técnica para encontrar uma humanidade renovada na relação com Cristo.

Catequese e algumas questões de bioética

373. A vida e a bondade da criação se fundam na bênção original de Deus: "Ele viu o que tinha feito, e eis que foi uma coisa muito boa". Essa bênção oferece à humanidade um mundo ordenado, mas pede a cada um uma contribuição para sua proteção e crescimento. No âmbito católico, a bioética se move no plano racional, inspirando-se, porém, nos dados da Revelação divina, que, por sua vez, fundamenta a antropologia cristã. A pesquisa científica e suas aplicações, portanto, não são moralmente neutras e os critérios de orientação não podem ser derivados apenas da eficiência técnica, da utilidade ou das ideologias dominantes. Os principais temas abordados pela bioética se referem ao início da vida (estatuto do embrião humano, procriação medicamente assistida), ao seu fim (definição de morte, eutanásia, cuidados paliativos), à saúde e aos experimentos humanos (engenharia genética, biotecnologia).

374. O desenvolvimento científico e as suas aplicações tecnológicas no âmbito biológico melhoraram as condições de vida humana. A *genética* é de particular importância nesse desenvolvimento. A Igreja apoia e agradece àqueles que se dedicam com empenho e generoso compromisso com a pesquisa nesse âmbito. O cientista, todavia, se por um lado é chamado a avaliar as possibilidades técnicas, por outro deve estar ciente de que nem tudo o que é tecnicamente possível é moralmente admissível. Convém considerar a dimensão ética da pesquisa e das suas aplicações. Na verdade, uma ação tecnicamente eficaz poderia eventualmente estar em desacordo com a dignidade da pessoa.

375. É importante distinguir, com atenção, a diferença entre *intervenção terapêutica* e *manipulação*. A terapia para corrigir as anomalias genéticas será lícita desde que promova o bem da pessoa sem prejudicar sua identidade e sua integridade; nesse caso, não se altera a natureza humana. A intervenção terapêutica nas linhagens somáticas está em conformidade com a dignidade da pessoa, ao passo que as alterações nas linhas germinais, que modificam a identidade da espécie humana, são incompatíveis com o respeito à pessoa.

376. A biotecnologia permite a intervenção não apenas nos defeitos como também em outros dados genéticos. É preciso ter muito cuidado com os experimentos genéticos, particularmente com o risco da *eugenética*, que é uma prática que – de fato – opera uma discriminação entre as pessoas. Além disso, as possibilidades técnicas da chamada engenharia genética tocam o próprio núcleo da antropologia na possibilidade concreta de automanipulação e de autodefinição de acordo com a filosofia do chamado *transumanismo*, dando vida a indivíduos com uma herança genética diversa e determinada pela vontade.

377. Uma orientação difusa do que hoje se apresenta sob a denominação de *gender* coloca em discussão o dado revelado: "homem e mulher os criou" (Gn 1,27). A identidade de gênero, segundo essa posição, não é mais um fato original que a pessoa humana deve acolher e preencher de significado, mas uma construção social que se decide de forma autônoma, totalmente desvinculada do sexo biológico. Nesse sentido, o ser humano nega a sua natureza e decide que ele mesmo é capaz de criá-la. Em vez disso, de acordo com o relato bíblico da criação, o ser humano foi criado por Deus como homem e mulher. A Igreja está bem ciente da complexidade das situações pessoais, às vezes, de forma conflitante. Não julga as pessoas e convida a acompanhá-las sempre e em qualquer situação. Porém, está ciente de que, do ponto de vista da fé, a sexualidade não é apenas um fato físico, mas uma realidade pessoal, um valor confiado à responsabilidade da pessoa. Dessa forma, a identidade sexual e a experiência existencial devem ser uma resposta ao chamado original de Deus.

378. As questões de bioética desafiam a catequese e a sua função formativa. Quando apropriado e de acordo com as circunstâncias, os operadores pastorais promovam caminhos específicos de educação na fé e na moral cristãs, e temas como a vida humana como dom de Deus, o respeito e o desenvolvimento integral da pessoa, a ciência e a técnica ordenadas ao bem da pessoa humana tenham um espaço adequado, à luz do Magistério da Igreja, também expresso no *Catecismo da Igreja Católica*. A catequese educa os catequistas a formar uma consciência relativa às questões da vida, recordando a necessidade de se prestar atenção aos desafios colocados pelo desenvolvimento da ciência e da tecnologia e trazendo à tona os elementos fundamentais para o anúncio da fé:

- Deus é a referência inicial e final da vida, desde sua concepção até a morte natural;
- a pessoa é sempre uma unidade de espírito e corpo;
- a ciência está a serviço da pessoa;
- a vida deve ser acolhida em todas as condições, porque é redimida pelo mistério pascal de Jesus Cristo.

Catequese e integridade da pessoa

379. Cada pessoa, criada à imagem e semelhança de Deus, é única e tem uma dignidade intrínseca e inalienável.

Isso tem por fundamento a verdade revelada, que faz emergir os princípios inscritos na natureza humana como um reconhecimento perene e universal do sinal de Deus Criador. Toda a Revelação se orienta para essa verdade e atesta a igualdade de todas as pessoas diante de Deus, que é o único garantidor e juiz da vida. No contexto hodierno, urge a necessidade de um empenho concreto na defesa da vida e da sua dignidade diante das diversas expressões da cultura da morte que se faz cada vez mais presente em vastos setores da sociedade mundial (GS, n. 27). "A defesa da dignidade da vida humana desde o primeiro instante da concepção até à morte natural sempre encontrou, no ensinamento da Igreja, a sua voz coerente e autorizada."[152]

380. Em sua missão de promover a vida humana sempre e em todos os lugares e de defendê-la quando ameaçada, a Igreja afirma com clareza que a vida pessoal é sagrada e inviolável. Nesse sentido, acolhendo o progresso na doutrina por via dos últimos Pontífices, "deve afirmar-se energicamente que a condenação à pena de morte é uma medida desumana que, independentemente do modo como for realizada, humilha a dignidade pessoal. Em si mesma, é contrária ao Evangelho, porque voluntariamente se decide suprimir uma vida humana que é sempre sagrada aos olhos do Criador".[153] A catequese, portanto, terá de realizar todos os esforços para fazer compreender o ensinamento da Igreja a esse respeito e para ajudar a criar uma nova cultura. O

---

[152] FRANCISCO. *Discurso do Santo Padre no XXV aniversário do Catecismo da Igreja Católica*. Sala do Sínodo, 11 de setembro de 2017.

[153] Ibidem; cf. CIgC, n. 2267 (nova redação de 1º agosto de 2018).

desafio do respeito à dignidade e à integridade da pessoa permanece, portanto, um cenário atual para o anúncio do amor misericordioso de Deus no mundo contemporâneo.

Catequese e compromisso ecológico

381. O crescimento da técnica e da ciência se, por um lado, expressa a grandeza da alma humana, por outro, porém, "não foi acompanhado por um desenvolvimento do ser humano quanto à responsabilidade, aos valores, à consciência" (LS, n. 105). Um âmbito em que se percebem claramente as consequências do *excesso antropocêntrico* é aquele da *crise ecológica*, a qual afeta questões que exigem ser tratadas simultaneamente: poluição e mudanças climáticas, uso de recursos primários e perda de biodiversidade, desigualdade planetária, deterioração da qualidade de vida humana e degradação social. Diante da aceleração e da complexidade do problema ecológico, os Pontífices[154] têm continuamente clamado por uma profunda *conversão ecológica*, capaz de tocar a essência do ser humano, em que, em última análise, se encontra a raiz do problema e sua solução.

382. A questão ecológica é sentida por pessoas e organizações de diversos estratos culturais e filosóficos, mas os fiéis são chamados a se sentirem interpelados, conscientes

---

[154] Particularmente: SÃO PAULO VI. Carta Apostólica *Octogesima Adveniens* por ocasião do 80º aniversário da *Rerum Novarum*, 14 de maio de 1971; SÃO JOÃO PAULO II. Carta Encíclica *Centesimus Annus*: no centenário da *Rerum Novarum*, 1º de setembro de 1991; BENTO XVI. Carta Encíclica *Caritas in Veritate*, 29 de junho de 2009. Tem lugar relevante nesse tema a Encíclica *Laudato Si'* do Papa Francisco.

de que "sua tarefa no seio da criação e os seus deveres em relação à natureza e ao Criador fazem parte da sua fé".[155] A visão cristã da criação e da atividade humana oferece "aos cristãos – e, em parte, também a outros crentes – motivações importantes para cuidar da natureza e dos irmãos e irmãs mais frágeis" (LS, n. 64), juntamente com critérios alternativos segundo os quais se deve repensar a relação entre a economia, a salvaguarda da criação, a justiça social e as decisões políticas. Portanto, faz-se necessário escutar o grito da terra, que está intimamente ligado ao grito dos pobres. Nesse grito, no qual ressoa o gemido da criação (Rm 8,22), esconde-se um apelo que vem de Deus.

383. A catequese sabe reconhecer nesses sinais a voz de Deus e, por essa razão, juntamente com todas as outras ações da pastoral da Igreja, não deixará fora de sua missão motivar e sustentar nos fiéis uma mentalidade e uma espiritualidade ecológicas, baseadas na sabedoria das narrativas bíblicas e no Magistério social da Igreja. Uma catequese sensível à salvaguarda da criação promove uma cultura de atenção tanto ao meio ambiente quanto às pessoas que nele vivem. Isso significa promover uma atitude de respeito para com todos; ensinar uma correta concepção do meio ambiente e da responsabilidade humana; educar para uma vida virtuosa, capaz de assumir estilos de vida humildes e sóbrios, livres do consumismo; para destacar o valor simbólico das realidades criadas, especialmente nos sinais

---

[155] SÃO JOÃO PAULO II. *Mensagem para o XXIII Dia Mundial da Paz*: paz com Deus criador, paz com toda a criação. Vaticano, 8 de dezembro de 1989, n. 15.

da liturgia. Trata-se, portanto, de favorecer a aquisição de uma atitude e de consequentes comportamentos atentos à *ecologia integral*, que abrange as diferentes facetas da proposta formativa da Doutrina Social da Igreja: ecologia ambiental, econômica, social e política; ecologia cultural; ecologia da vida cotidiana.

384. A catequese terá primeiramente o cuidado de ajudar os fiéis a se conscientizarem de que o compromisso com a questão ecológica é parte integrante da vida cristã. Em segundo lugar, anunciará as verdades da fé subjacentes ao tema ambiental: Deus Pai todo-poderoso e criador; o mistério da criação como dom que precede o homem que dele é vértice e guardião; a correlação e a harmonia de todas as realidades criadas; a redenção realizada por Cristo, primogênito da criação nova (LS, cap. II; CIgC, n. 279-384). Finalmente, graças a sua conatural dimensão educativa, acompanhará os cristãos na vivência das exigências morais da fé, identificando as atitudes que obstaculizam os caminhos de solução, fornecendo motivações teológicas e espirituais para a conversão ecológica e apoiando ações concretas para o cuidado da casa comum.[156]

Catequese e opção pelos pobres

385. A opção ou amor preferencial pelos pobres é uma forma especial de primazia no exercício da caridade que toca a vida de cada cristão, enquanto imitador de Cristo.[157]

---

[156] Vide, na Encíclica *Laudato Si'*, indicações sobre *atitudes impeditivas*: n. 14; sobre *motivações*: n. 62-64 e 216; sobre *ações concretas*: capítulos V-VI.

[157] SÃO JOÃO PAULO II. Carta Encíclica *Sollicitudo Rei Socialis*. Roma, 30 de dezembro de 1987, n. 42.

O amor da Igreja pelos pobres e por todos aqueles que vivem em situação de pobreza pertence à sua constante Tradição:[158] "para a Igreja, a opção pelos pobres é mais uma categoria teológica que cultural, sociológica, política ou filosófica" (EG, n. 198). De fato, essa opção tem como fundamento o amor de Deus pelos exilados, deserdados, abandonados, viúvas, órfãos, doentes, assim como narra a Sagrada Escritura constantemente.

386. No Filho Unigênito, o próprio Deus se fez pobre para enriquecer a humanidade (Fl 2,6-8). Jesus, no anúncio do Reino de Deus, tem como destinatários privilegiados os pobres (Lc 4,18-19; Mt 11,5). Ele declara que os pobres são bem-aventurados (Lc 6,20-21), ensinando assim que servir e acolher cada pessoa em situação de pobreza significa reconhecer a presença do próprio Jesus, para poder se identificar com eles: "foi a mim que o fizestes!" (Mt 25,40). Jesus mostra, assim, um forte elo entre a contemplação de Deus e a relação pessoal com aqueles que são feridos e rejeitados, chamando seus discípulos não apenas para servir os pobres, como também para descobri-lo verdadeiramente presente neles e, por meio deles, para encontrar o Pai. Para os discípulos de Cristo, a pobreza é antes de tudo a vocação

---

[158] Para conhecer o magistério com relação à opção pelos pobres nos dois últimos séculos: LEÃO XIII. *Rerum Novarum*; PIO XI. *Quadragesimo Anno*; SÃO JOÃO XXIII. *Mater et Magistra*; CONCÍLIO ECUMÊNICO VATICANO II. *Gaudium et Spes*; SÃO PAULO VI. *Populorum Progressio*; SÃO JOÃO PAULO II. *Sollicitudo Rei Socialis*; SÃO JOÃO PAULO II. *Centesimus Annus*; PONTIFÍCIO CONSELHO "JUSTIÇA E PAZ". *Compêndio da Doutrina Social da Igreja*; BENTO XVI. *Caritas in Veritate*.

de seguir Jesus pobre, é uma atitude do coração que impede de pensar nas realidades contingentes como um objetivo de vida e uma condição de felicidade. Também a Igreja é chamada a viver a pobreza como um abandono total a Deus, sem confiar nos meios mundanos.

387. A opção pelos pobres implica um dinamismo missionário que acarreta um enriquecimento recíproco: libertá-los, mas também ser libertados por eles; curar suas feridas, mas também ser curados por eles; evangelizá-los e, ao mesmo tempo, ser evangelizados por eles. "Estes têm muito para nos ensinar. Além de participar do *sensus fidei*, nas suas próprias dores conhecem Cristo sofredor. É necessário que todos nos deixemos evangelizar por eles. A nova evangelização é um convite a reconhecer a força salvífica das suas vidas, e a colocá-los no centro do caminho da Igreja" (EG, n. 198). O encontro com Cristo, finalidade de cada percurso de fé, se realiza de forma especial no encontro com os pobres, graças às experiências de solidariedade e de voluntariado: "Se realmente queremos encontrar Cristo, é preciso que toquemos o seu corpo no corpo chagado dos pobres, como resposta à comunhão sacramental recebida na Eucaristia".[159]

388. A catequese se deixa provocar pela pobreza, uma vez que ela é intrínseca à mensagem do Evangelho. Porque reconhece seu valor e, tendo em vista a formação integral dos cristãos, será capaz de educar na pobreza evangélica e a um modo de vida sóbrio. Além disso, promoverá nos fiéis

---

[159] FRANCISCO. *Mensagem para o I Dia Mundial dos Pobres*: "Não amemos com palavras, mas com obras". Vaticano, 13 de junho de 2017, n. 3.

algumas atitudes basilares: respeito à dignidade da pessoa, apoio a seu crescimento, promoção da cultura da fraternidade, indignação para com as situações de miséria e injustiça. A catequese, dentre outras coisas, recorda que a pobreza é uma virtude que permite usar adequadamente os bens materiais, ajudando a viver de modo livre e saudável também os laços e os afetos. Pede-se, portanto, aos catequistas que sensibilizem, especialmente nas proximidades do *Dia Mundial dos Pobres*, para que a reflexão catequética seja acompanhada de um compromisso concreto e direto com sinais tangíveis de atenção aos pobres e aos marginalizados.

Catequese e engajamento social

389. A complexidade dos problemas sociais hodiernos pode levar os fiéis a amadurecer atitudes de desconfiança e desengajamento, ao passo que no coração do Evangelho se encontra o serviço ao próximo, para o qual "tanto o anúncio como a experiência cristã tendem a provocar consequências sociais" (EG, n. 180; cf. n. 178-185). A Igreja, evidenciando a íntima conexão entre evangelização e desenvolvimento humano integral (PP, n. 14),[160] reitera que a fé não deve ser vivida como um fato individual, privado de consequências concretas na vida social. "Uma fé autêntica – que nunca é cômoda nem individualista – comporta sempre um profundo desejo de mudar o mundo, transmitir valores, deixar a terra um pouco melhor depois da nossa passagem por ela"

---

[160] SÃO PAULO VI. Carta Encíclica *Populorum Progressio*: sobre o desenvolvimento dos povos. Roma, 26 de março de 1967.

(EG, n. 183). É parte integrante da jornada de aprofundamento da fé pelo amadurecimento de uma visão social e política atenta à eliminação das injustiças, à construção da paz e à preservação da criação, à promoção de várias formas de solidariedade e subsidiariedade.

390. A catequese, com a ajuda da Doutrina Social da Igreja[161] e adaptando as propostas à condição dos sujeitos, dá possibilidade a um olhar evangélico sobre a realidade e conscientiza sobre a existência de estruturas do pecado, que têm impacto negativo sobre o tecido social e no meio ambiente. Além disso, motiva os fiéis a agir pelo bem comum, seja na esfera de seu cotidiano, seja, em maior escala, no compromisso social e político mais direto. "O amor pela sociedade e o compromisso com o bem comum são uma forma eminente de caridade, que diz respeito não só às relações entre os indivíduos, mas também às macrorrelações, às relações sociais, econômicas, políticas" (LS, n. 231; CV, n.2).

391. Os fiéis que têm maiores responsabilidades sociais, culturais, midiáticas, econômicas e políticas devem receber uma atenção particular. Por causa de sua profissão ou serviço nas instituições, têm uma grande possibilidade de influência sobre o bem comum. Por meio de agregações laicais de ambiente ou outras formas de empenho pastoral, é necessário oferecer uma catequese que sustente a adesão vital à pessoa de Cristo, a capacidade de discernimento

---

[161] Para uma visão sintética da Doutrina Social da Igreja, vide: PONTIFÍCIO CONSELHO JUSTIÇA E PAZ. *Compêndio da Doutrina Social da Igreja*. Cidade do Vaticano, 2 de abril de 2004.

evangélico em situações complexas, a disponibilidade ao diálogo com todos e uma retidão moral que desencoraje a dissociação entre fé e vida, entre pertença eclesial e empenho no mundo.

Catequese e ambiente de trabalho

392. Trabalhando com as próprias mãos em Nazaré, o Senhor conferiu ao trabalho uma altíssima dignidade. O ser humano, portanto, oferecendo a Deus o próprio trabalho, associa-se à mesma obra redentora de Cristo. "Com seu trabalho, o homem sustenta sua vida e a dos seus, une-se a seus irmãos e os serve, pode exercer a caridade fraterna e prestar sua colaboração no aperfeiçoamento da criação divina" (GS, n. 67). Cada pessoa com seu trabalho livre, criativo e solidário expressa a dignidade da própria existência, uma vez que "o trabalho é uma das características que distinguem o homem do resto das criaturas" (LE, n. 1).[162] No contexto da globalização, muitas complexidades e contradições afetam o mundo do trabalho. As mudanças no mundo do trabalho fazem necessária uma ação de evangelização e formação cristã, voltada àqueles que estão mais diretamente envolvidos ou detêm maiores responsabilidades.

393. Em seu serviço de educação à fé, a catequese propõe a Doutrina Social da Igreja como ponto de referência para uma formação cristã capaz de motivar a evangelização das realidades temporais e mais diretamente do trabalho.

---

[162] SÃO JOÃO PAULO II. Carta Encíclica *Laborem Exercens*: sobre o trabalho humano. Castel Gandolfo, 14 de setembro de 1981.

Tal atenção, típica dos percursos formativos das agregações laicais de trabalhadores e da ação pastoral nos ambientes de trabalho, também está presente nos caminhos ordinários de catequese com crianças, jovens e adultos: de fato contribui para uma formação orgânica da personalidade da pessoa que crê. Em se tratando do trabalho humano, a catequese deverá ilustrar o nobre significado do engajamento humano no mundo; sustentar o testemunho cristão no local de trabalho; ajudar os fiéis a serem fermentos de reconciliação em situações de conflito; incentivar o compromisso com a humanização do trabalho; apelar para a defesa dos direitos dos mais fracos.

CAPÍTULO XI

A CATEQUESE A SERVIÇO DA INCULTURAÇÃO DA FÉ

394. "As Igrejas particulares, profundamente amalgamadas não apenas com as pessoas como também com as aspirações, as riquezas e as limitações, as maneiras de orar, de amar, de encarar a vida e o mundo, que caracterizam este ou aquele aglomerado humano, tem o papel de assimilar o essencial da mensagem evangélica, de transpô-la, sem a mínima traição à sua verdade essencial, para a linguagem que esses homens compreendam e, em seguida, de anunciá-la nessa mesma linguagem" (EN, n. 63). O serviço de inculturação da fé a que cada Igreja em particular é chamada é um sinal da perene fecundidade do Espírito Santo que agracia a Igreja universal. "Cada porção do povo de Deus, ao traduzir na vida o dom de Deus segundo a sua índole própria, dá testemunho da fé recebida e enriquece-a com novas expressões que falam por si" (EG, n. 122). Os itinerários catequéticos e os próprios catecismos locais representam um sinal desse frutuoso processo de inculturação.

1. Natureza e finalidade da inculturação da fé
(n. 394-400)

395. Na obra de evangelização, a Igreja é chamada a imitar o "movimento que levou o próprio Cristo, na sua encarnação, a sujeitar-se a certas condições sociais e culturais dos homens com os quais conviveu" (AG, n. 10). Essa primeira forma de inculturação da Palavra de Deus permanece como a forma arquetípica de toda a evangelização da Igreja. A inculturação não pode ser considerada como uma mera adaptação a uma cultura. É, antes, uma jornada profunda, global e progressiva. Trata-se de uma lenta penetração do Evangelho no íntimo das pessoas e dos povos. "Enfim, o que se deve procurar é que a pregação do Evangelho, expressa com categorias próprias da cultura onde é anunciado, provoque uma nova síntese com essa cultura" (EG, n. 129).

396. A catequese "é chamada a levar a força do Evangelho ao coração da cultura e das culturas" (CT, n. 53)[163] e tem uma grande responsabilidade no processo de inculturação da fé. Compreender a cultura como lugar hermenêutico da fé oferece à catequese uma maior possibilidade de alcançar sua finalidade de ser educação *à* fé e *na* fé. A contribuição específica da catequese para a evangelização é a tentativa de se relacionar com as experiências das pessoas, com seus modos de vida e os processos de crescimento pessoal e comunitário. A inculturação, no fundo, tem por finalidade o processo de interiorização da experiência da fé. Isso é ainda mais urgente no contexto atual em que não contribuem as

---

[163] Sobre o tema da inculturação da fé nas diversas áreas geográficas, são importantes as Exortações Apostólicas que se seguem aos Sínodos continentais: SÃO JOÃO PAULO II. *Ecclesia in Africa*; SÃO JOÃO PAULO II. *Ecclesia in America*; SÃO JOÃO PAULO II. *Ecclesia in Asia*; SÃO JOÃO PAULO II. *Ecclesia in Oceania*; SÃO JOÃO PAULO II. *Ecclesia in Europa*; BENTO XVI. *Africae munus*; BENTO XVI. *Ecclesia in Medio Oriente*; FRANCISCO. *Querida Amazônia*.

condições culturais para a transmissão do Evangelho, antes garantidas pela família e pela sociedade; o enfraquecimento desses processos colocou em crise a apropriação subjetiva da fé. É importante, portanto, que a catequese não se concentre somente na transmissão do conteúdo da fé, mas tenha no coração o *processo de recepção pessoal da fé*, de modo que o ato com o qual se crê exprima melhor as razões de liberdade e de responsabilidade que a própria fé contém.

397. No que diz respeito à inculturação da fé, a catequese levará em consideração as seguintes indicações metodológicas (DGC, n. 203; CT, n. 53):

a. conhecer profundamente a cultura das pessoas, ativando dinâmicas relacionais marcadas pela reciprocidade, que favorece uma nova compreensão do Evangelho;

b. reconhecer que o Evangelho tem sua própria dimensão cultural, mediante a qual se inseriu ao longo dos séculos nas diversas culturas;

c. comunicar a verdadeira conversão que o Evangelho, enquanto força transformadora e regeneradora, realiza nas culturas;

d. fazer compreender que o Evangelho está presente e germinando nas culturas, e, todavia, as transcende sem nelas exaurir;

e. prestar atenção para que na nova expressão do Evangelho, segundo a cultura evangelizada, não seja negligenciada a integridade do conteúdo da fé, fator de comunhão da Igreja.

398. "A catequese, ao mesmo tempo que deve evitar toda e qualquer manipulação de uma cultura, também não pode limitar-se simplesmente à justaposição do Evangelho a esta, 'de maneira decorativa', mas sim deverá propô-lo 'de maneira vital, em profundidade', e isso até às suas raízes, à cultura e às culturas do homem. Isso determina um processo dinâmico, feito de diversos momentos que interagem entre si: esforçar-se por *escutar*, na cultura das pessoas, o eco (presságio, invocação, sinal) da Palavra de Deus; *discernir* aquilo que é autêntico valor evangélico ou, pelo menos, é aberto ao Evangelho daquilo que não o é; purificar o que está sob o sinal do pecado (paixões, estruturas do mal) ou da fragilidade humana; *penetrar* nas pessoas, estimulando uma atitude de radical conversão a Deus, de diálogo com os demais e de paciente amadurecimento interno" (DGC, n. 204; EN, n. 20).

399. A inculturação da fé, que é conatural às Igrejas particulares, "deve envolver todo o povo de Deus e não apenas alguns peritos, dado que o povo reflete aquele sentido da fé que é necessário nunca perder de vista. Ela seja guiada e estimulada, mas nunca forçada, para não provocar reações negativas nos cristãos: deve ser uma expressão da vida comunitária, ou seja, amadurecida no seio da comunidade, e não fruto exclusivo de investigações eruditas" (RMi, n. 54). Se o Evangelho é inculturado em um povo, ele, também por meio da própria cultura, transmitirá a fé de maneira totalmente viva, de modo a fazê-la sempre nova e atraente.

400. A catequese que trabalha a serviço da inculturação da fé se esforçará para avaliar todas as tendências e modalidades culturais com as quais a pessoa se expressa, seja aquelas mais tradicionais e locais, seja aquelas mais recentes e globais,[164] entrando em contato com a variada concretude com que cada povo se manifesta e vive a própria experiência de fé. Por essa razão, a catequese saberá valorizar especialmente alguns âmbitos da pastoral eclesial, nos quais é explicitamente chamada a encontrar novas linguagens e modalidades de expressão, pelas quais transpareça um estilo missionário sereno e alegre; por exemplo, o catecumenato, a iniciação cristã, a pastoral bíblica, a catequese litúrgica. O Evangelho "transmite-se com formas tão diversas que seria impossível descrevê-las ou catalogá-las, e cujo sujeito coletivo é o povo de Deus com seus gestos e sinais inumeráveis. Por conseguinte, se o Evangelho se encarnou em uma cultura, já não se comunica apenas pelo anúncio de pessoa a pessoa. Isto deve nos fazer pensar que, nos países onde o cristianismo é minoria, para além de animar cada batizado a anunciar o Evangelho, as Igrejas particulares hão de promover ativamente formas, pelo menos incipientes, de inculturação" (EG, n. 129).

2. Os catecismos locais (n. 401-408)

401. Os catecismos locais são ferramentas inestimáveis para a catequese, chamada a levar a novidade do Evangelho às diversas culturas dos povos. Nelas, a Igreja comunica o Evangelho de forma acessível à pessoa para que ela o

---

[164] Acerca dos cenários culturais contemporâneos, ver: Capítulo X deste *Diretório*.

encontre na situação em que vive, em sua cultura e em seu mundo. Os catecismos são ponto de referência para a catequese em um determinado contexto, enquanto fruto do processo de inculturação da fé realizado pelas Igrejas locais. Eles manifestam, portanto, a compreensão da fé de um povo, mas também são sua autêntica expressão cultural. Os catecismos locais podem ser *diocesanos*, *regionais* ou *nacionais*. O Catecismo diocesano precisa da aprovação do Bispo diocesano (CIC, cân. 775, § 1). Os catecismos regionais ou nacionais, com curadoria das respectivas Conferências Episcopais, precisam da aprovação da Sé Apostólica (CIC, cân. 775, § 2).

402. Os catecismos são caracterizados por dois aspectos principais: eles têm um caráter oficial e são uma síntese orgânica e fundamental da fé. O *Catecismo local*, que é expressão de um ato do Magistério episcopal, é *texto oficial* da Igreja. O caráter oficial desses catecismos estabelece uma distinção qualitativa em relação a outros instrumentos úteis na pedagogia catequética, como textos didáticos, catecismos não oficiais, guias para catequistas. Além disso, cada *Catecismo* é uma *síntese orgânica e básica da fé*, em que se apresentam os eventos e as verdades fundamentais do mistério cristão. Trata-se de um conjunto estruturado de documentos da Revelação e da Tradição cristã, elaborado, porém, com uma atenção pedagógica que leva em consideração as situações mais concretas. Embora seja um instrumento de primeira ordem, não é único; de fato, são necessários outros instrumentos de trabalho mais imediatos.

403. O *Catecismo da Igreja Católica* é o texto que, por sua natureza, figura-se como referência para o *Catecismo local*. Eles, todavia, embora estejam conectados, são de ordens diversas. Os catecismos locais, que nos conteúdos se referem ao *Catecismo da Igreja Católica*, também evocam todas as outras dimensões do processo catequético. Abordam os problemas do contexto, assumindo o empenho da inculturação da mensagem em relação aos sujeitos da catequese; contêm sugestões para ajudar na preparação de itinerários de catequese. Estes, portanto, não são uma mera síntese do *Catecismo da Igreja Católica*.

404. Um *Catecismo local* deverá apresentar a fé em referência à cultura em que seus destinatários estão imersos. É importante estar atentos à forma concreta de viver a fé em uma determinada sociedade. O *Catecismo* incorporará, portanto, todas essas "expressões originais de vida, de celebração e de pensamento cristãos" (CT, n. 53), nascidas de sua própria tradição cultural e fruto do trabalho e da inculturação da Igreja local. Um *Catecismo local* deverá prestar atenção para garantir que o mistério cristão seja apresentado de modo coerente com a mentalidade e com a idade do sujeito, levando em consideração as experiências fundamentais de sua vida e atento aos dinamismos de crescimento de cada pessoa. O *Catecismo*, portanto, será uma ferramenta adequada para favorecer os itinerários de formação, sustentando os catequistas na arte de acompanhar os fiéis rumo à maturidade da vida cristã.

405. É bom que a Igreja local, precisamente em vista de sua responsabilidade na inculturação da fé, prossiga na publicação de seu próprio catecismo. Confia-se ao discernimento pastoral da Igreja local e à sua criatividade a decisão de modular a apresentação das quatro dimensões da vida cristã,[165] estruturando os conteúdos e articulando suas partes conforme as modalidades particulares, na forma que melhor ajudar no acolhimento e no crescimento da fé de seus filhos. A mesma coisa se aplica às diferentes formas com as quais se exprime a mensagem de fé e às ferramentas operacionais.

406. Na época da nova evangelização, o Espírito Santo convida os cristãos a ter "a coragem de encontrar os novos sinais, os novos símbolos, uma nova carne para a transmissão da Palavra" (EG, n. 167), na consciência serena de que "Cristo é 'Evangelho eterno' (Ap 14,6), sendo 'o mesmo, ontem, hoje e sempre' (Hb 13,8), mas a sua riqueza e a sua beleza são inesgotáveis. Ele é sempre jovem, e fonte de constante novidade. [...] Sempre que procuramos voltar à fonte e recuperar o frescor original do Evangelho, despontam novas estradas, métodos criativos, outras formas de expressão, sinais mais eloquentes, palavras cheias de renovado significado para o mundo atual" (EG, n. 11).

---

[165] Acerca das quatro dimensões da vida cristã, ver: n. 79-87 e n. 187-189 (*Fontes e estrutura do Catecismo*) deste *Diretório*. Alguns catecismos têm uma estruturação trinitária e são configurados de acordo com os momentos da história da salvação ou segundo um tema bíblico ou teológico (por exemplo: Aliança, Reino de Deus). Outros são dispostos com base nas virtudes teologais ou nos tempos do ano litúrgico. Outros, por sua vez, articulam-se tendo por fundamento as grandes questões de sentido ou as etapas do crescimento humano e espiritual, ou mesmo algumas situações particulares de vida dos indivíduos.

Indicações para se obter a necessária aprovação da Sé Apostólica para os catecismos e outros escritos relativos à instrução catequética

407. O procedimento para receber a aprovação da Sé Apostólica é um serviço recíproco entre as Igrejas particulares e a Igreja universal. Por sua vez, a Igreja particular oferece a possibilidade à Sé Apostólica de dar sugestões e observações que, em seu juízo, poderiam melhorar a qualidade geral de um texto de catequese, permitindo às Igrejas locais informar e iluminar a Sé Apostólica acerca do contexto da catequese e os principais pontos de interesse em determinado território. "A *prévia aprovação da Sé Apostólica*, que se requer para os catecismos emanados pelas Conferências dos Bispos, deve ser entendida no sentido de que eles são documentos mediante os quais a Igreja universal, nos diferentes espaços socioculturais aos quais é enviada, anuncia e transmite o Evangelho e gera as Igrejas particulares, manifestando-se nestas. A aprovação de um Catecismo é o reconhecimento do fato de que se trata de um texto da Igreja universal para uma determinada situação e cultura" (DGC, n. 285).

408. Com a Carta Apostólica *Fides per doctrinam*, a competência sobre catequese é confiada ao *Pontifício Conselho para a Promoção da Nova Evangelização*, que concede a prescrita aprovação da Sé Apostólica para os catecismos e demais escritos relativos à instrução catequética. A aprovação da Sé Apostólica é necessária para as seguintes tipologias de textos:

- os *Catecismos* nacionais;
- os *Diretórios* nacionais para a catequese ou textos similares de igual valor;
- os *Catecismos* e os *Diretórios* regionais;
- as traduções do *Catecismo da Igreja Católica* nas línguas nacionais;
- os textos escolares nacionais em territórios nos quais o ensino da religião católica tem um valor catequético ou onde tais textos são de uso da catequese.

Capítulo XII

ORGANISMOS A SERVIÇO DA CATEQUESE

1. A Santa Sé (n. 409-410)

409. "O mandato de Cristo de pregar o Evangelho a toda criatura (Mc 16,15), com Pedro e sob Pedro, compete em primeiro lugar e imediatamente a eles [os Bispos]" (AG, n. 38). A ele o Senhor dá a missão de confirmar os irmãos na fé (Lc 22,32). Portanto, o anúncio e a transmissão do Evangelho pelo Sucessor de Pedro, juntamente com o Colégio episcopal, é sua missão fundamental. O Romano Pontífice, além dos ensinamentos e homilias, exerce esse múnus também por meio de suas catequeses.

410. No que concerne à catequese, o Romano Pontífice age ordinariamente por meio do *Pontifício Conselho para a Promoção da Nova Evangelização*, que tem a missão de vigiar "sobre o relevante instrumento de evangelização que representa para a Igreja, tanto a catequese como o ensinamento catequético nas suas diversas manifestações, de maneira a realizar uma ação pastoral mais orgânica e eficaz. Este novo Pontifício Conselho poderá oferecer às Igrejas locais e aos Bispos diocesanos um serviço adequado nesta matéria".[166] Com base nas competências a ele conferidas em

---

[166] BENTO XVI. Carta Apostólica *Fides per doctrinam*. Roma, 16 de janeiro de 2013.

relação à catequese, o Pontifício Conselho para a Promoção da Nova Evangelização:

- cuida da promoção da formação religiosa dos fiéis de todas as idades e condições;
- tem o direito de emanar normas adequadas para que a catequese seja implementada de modo conveniente segundo a constante Tradição da Igreja;
- é responsável por garantir que a formação catequética seja conduzida corretamente e de acordo com as metodologias e finalidades segundo as indicações do Magistério;
- concede a prescrita aprovação da Sé Apostólica para os demais catecismos escritos relativos à instrução catequética;
- assiste as Comissões de catequese presentes nas Conferências Episcopais, acompanha suas iniciativas relativas à formação religiosa e que tenham caráter internacional, coordenando suas atividades e eventualmente oferecendo-lhes a ajuda necessária.

2. Os Sínodos dos Bispos ou os Conselhos dos Hierarcas das Igrejas orientais (n. 411)

411. Compete ao *Sínodo dos Bispos* das respectivas Igrejas Patriarcais ou das Igrejas Arcebispais Maiores ou ao *Conselho dos Hierarcas* das Igrejas Metropolitanas *sui iuris*, dentro de suas próprias fronteiras, "emanar normas sobre a instrução catequética a serem reunidas ordenadamente em um Diretório de catequese" (CCEO, cân. 621, § 1).

É importante que cada Igreja católica oriental *sui iuris*, valorizando a própria tradição, empreenda a redação do seu catecismo, adaptado aos diversos grupos de fiéis e acompanhado de subsídios e instrumentos (CCEO, cân. 621, § 3). O Sínodo dos Bispos, também por meio de uma *comissão de catequese*, tem a missão de promover e coordenar as diversas iniciativas catequéticas (CCEO, cân. 622). Cuidar-se-á, além disso, das estruturas e das instituições que se dedicam à transmissão da fé, salvaguardando o patrimônio litúrgico e teológico da própria Igreja e levando em consideração o ensinamento da Igreja universal.

3. A Conferência Episcopal (n. 412-415)

412. O *Código de Direito Canônico* estabelece que na "Conferência Episcopal pode-se constituir um secretariado para a catequese, cujo múnus principal seja o de prestar auxílio às várias dioceses em matéria catequética" (CIC, cân. 775, § 3), realidade já consolidada em quase todos os lugares. "Importa ter em conta o fato essencial de as Conferências Episcopais, com as suas comissões e ofícios, existirem para ajudar os Bispos, e não para ocupar o lugar deles."[167] A *Comissão Nacional de Catequese* (ou *Secretariado Nacional de Catequese*) é, portanto, um organismo de serviço às dioceses de seu território.

413. A Comissão Nacional de Catequese, em primeiro lugar, procederá à *análise da situação* da catequese em

---

[167] SÃO JOÃO PAULO II. Carta apostólica em forma de *Motu Proprio Apostolos Suos*. Roma, 21 de maio de 1998, n. 18.

seu território, valendo-se também das pesquisas e estudos de centros acadêmicos ou científicos e de especialistas no tema. Essa análise tem por objetivo a *elaboração de um projeto nacional de catequese* e, por isso, é necessária uma *coordenação de suas atividades* com as de outros centros nacionais da Conferência Episcopal. Esse projeto nacional pode incluir primeiramente a elaboração de diretrizes e orientações catequéticas, instrumentos de caráter reflexivos e orientacionais, que são de grande inspiração para a catequese das Igrejas locais e constituem um ponto de referência para a formação dos catequistas (DGC, n. 282).[168] Além disso, a partir das diretrizes, a comissão de catequese ocupar-se-á da preparação de verdadeiros e próprios catecismos locais.

414. Em relação às dioceses, a Comissão Nacional de Catequese, de acordo com as necessidades e as possibilidades, proverá a *formação dos coordenadores regionais e diocesanos*, também por meio de conferências, seminários de estudos e publicações. Além disso, organizará eventos sobre a catequese para o território nacional, coordenará as atividades das coordenações diocesanas e sustentará especialmente as dioceses menos equipadas em matéria de catequese. Por fim, cuidará das relações com os editores e autores, garantindo que o material publicado atenda às necessidades da catequese em seu próprio país.

415. Também em âmbito internacional e continental, foram criados, nos Conselhos das Conferências Episcopais,

---

[168] Tais textos são chamados de diversos modos: *Diretório catequético, Orientações catequéticas, Documentos de base, Texto de referência.*

organismos de comunhão e colaboração para ajudar na reflexão e na animação pastoral. Nesses organismos eclesiais também estão em funcionamento os setores de catequese com o objetivo de dar apoio aos Bispos e às Conferências Episcopais.

4. As dioceses (n. 416-425)

416. A Igreja particular, manifestação concreta da única Igreja em um lugar do mundo, sob a orientação de seu Bispo, é objeto da evangelização. Como tal, "é mais do que uma instituição orgânica e hierárquica; é, antes de tudo, um povo que peregrina para Deus [...] que sempre transcende toda a necessária expressão institucional" (EG, n. 111). A serviço desse povo evangelizador está a Cúria diocesana em suas diversas articulações (coordenações, conselhos, comissões), que ajuda a discernir e ordenar as prioridades pastorais, a condividir objetivos, a elaborar estratégias operacionais, evitando a fragmentação de propostas.

A Coordenação diocesana de catequese e suas respectivas tarefas

417. Na Cúria diocesana o cuidado e a promoção da catequese são confiados à *Coordenação diocesana de catequese*.[169] A catequese é uma atividade tão fundamental

---

[169] A Coordenação nacional de catequese (*officium catecheticum*) foi estabelecida pelo Decreto *Provido Sane*: SAGRADA CONGREGAÇÃO DO CONCÍLIO. *Decreto Provido Sane*, 12 de janeiro de 1935; cf. CIC, cân. 775, § 1.

para a vida de uma Igreja particular que em cada diocese se pede uma equipe de coordenação para a catequese. Será guiada por um responsável possivelmente especialista em catequética, sustentado por pessoas competentes, de modo que as diversas questões sejam tratadas com a devida responsabilidade. Convém que esse serviço diocesano seja composto de presbíteros, pessoas consagradas e leigos. A Coordenação diocesana de catequese interage com a Coordenação nacional de catequese da Conferência Episcopal e com outros organismos nacionais. Também cultiva relações colaborativas com outras dioceses. Entre as suas atribuições, a Coordenação diocesana de catequese se preocupará em analisar a situação, coordenar com toda a pastoral diocesana, elaborar o projeto de catequese e o seu programa operacional, e emprenhar-se na formação de catequistas.

Análise da situação

418. Na organização da atividade da catequese, a Coordenação da catequese começará suas atividades a partir da *análise da situação*. Essa tomada de consciência da realidade diz respeito aos aspectos socioculturais e religiosos, tendo em vista uma interpretação pastoral para a inculturação da fé. Essa análise da situação é um primeiro auxílio de caráter informativo, que é oferecido aos catequistas. A *análise do contexto sociocultural* ajuda a compreender as transformações que ocorrem na sociedade que condicionam a vida de cada pessoa. Da mesma forma, a *análise da situação religiosa* estuda "o *senso do sagrado*, isto é, daquelas experiências humanas que, por sua profundidade, tendem a abrir ao mistério; o *senso religioso*, ou seja, os modos concretos que um povo determinado utiliza para conceber Deus e comunicar-se com Ele; e as *situações de fé* com a diversa tipologia dos crentes" (DGC, n. 279). Essas análises também permitem vislumbrar os *valores* que as pessoas aceitam ou rejeitam enquanto tais. Na compreensão do contexto sociocultural e religioso, serão úteis os estudos realizados por instituições científicas e por centros de pesquisa especializados.

419. Essas contribuições ajudam a Coordenação de catequese em sua missão de *avaliar o estado da catequese no interior do processo de evangelização*. Na prática, trata-se de examinar o equilíbrio e a articulação dos percursos de catequese e tentar compreender como de fato se desenvolve (conteúdos, estilo, método, ferramentas). Além disso, é importante considerar a condição dos catequistas e de sua formação. Não é necessário, porém, recair em "um *excesso de diagnóstico*, que nem sempre é acompanhado por propostas resolutivas e realmente aplicáveis. Por outro lado, também não nos seria de grande proveito um olhar puramente sociológico"; é frutífero, em vez disso, "um *discernimento evangélico*. É o olhar do discípulo missionário" (EG, n. 50) que, em espírito de fé e em atitude de escuta e diálogo, apreciando serenamente o que já existe, acompanha pacientemente o crescimento da fé.

Coordenação da catequese

420. É importante que a catequese seja coordenada com as outras dimensões da pastoral da Igreja particular. Isso "não é um fato meramente estratégico, voltado para uma mais incisiva eficácia da ação evangelizadora, mas possui uma dimensão teológica de fundo. A ação evangelizadora deve ser bem coordenada, porque ela visa à *unidade da fé*, a qual, por sua vez, sustenta todas as ações da Igreja" (DGC, n. 272). A catequese tem uma relação direta com a pastoral familiar, juvenil e vocacional, bem como com a pastoral escolar e universitária. Embora a ação pastoral da Igreja seja mais ampla do que a catequese, esta, porém – em virtude de sua função iniciática – a anima e a faz fecunda. A ênfase querigmática e missionária da catequese nos tempos atuais favorece a conversão pastoral e, portanto, a transformação missionária da Igreja.

421. A necessidade de uma pastoral orgânica requer a coordenação da catequese com as outras atividades de evangelização. Poderia ser oportuno, por exemplo, que na Igreja particular se organize uma *comissão de iniciação à vida cristã*, da qual fizessem parte a pastoral do primeiro anúncio e a catequese, a pastoral litúrgica e a Cáritas, as associações e os movimentos laicais. Essa comissão poderia oferecer à pastoral diocesana as diretrizes comuns para a iniciação à vida cristã, seja na forma de catecumenato para os não batizados, seja com inspiração catecumenal da catequese para os batizados, sendo importante que todas as propostas pastorais tenham a mesma inspiração de fundo.

Projeto diocesano de catequese

422. É necessário que a diocese realize uma ação pastoral orgânica, de modo que os diversos carismas, ministérios, serviços, estruturas e organizações se articulem no mesmo projeto evangelizador. No contexto mais amplo do *Projeto pastoral diocesano*, "o *Projeto diocesano de catequese* é a oferta catequética global de uma Igreja particular, que integra, de modo articulado, coerente e coordenado, os diversos processos catequéticos" (DGC, n. 274). Os diversos percursos de catequese não devem ser organizados separadamente, mas em sua complementaridade recíproca, tendo em vista que "o *princípio organizador*, que dá coerência aos diversos processos de catequese oferecidos por uma Igreja particular, é a atenção à catequese com adultos. Esse é o eixo em torno do qual gira e se inspira a catequese" (DGC, n. 275). Não se trata, portanto, de acrescentar algumas atividades para adultos à catequese de crianças e jovens, mas de uma nova compreensão de toda a atividade catequética.

423. O Projeto frequentemente é estruturado de acordo com as *idades da vida*. Tal modalidade de organização da catequese certamente permanece válida, mas hoje se faz necessário considerar outros critérios. O Projeto pode de fato ser elaborado levando em consideração as *etapas de crescimento na fé*: de fato, alguns dão os primeiros passos da busca por Deus; outros, embora praticando a fé, não estão suficientemente catequizados; outros, ainda, pedem para serem acompanhados em um aprofundamento da fé. Outro critério pode ser o que considera *a situação existencial* dos sujeitos: noivos, pessoas que vivem em situações de fragilidade, profissionais etc. A estruturação diversificada da proposta formativa da Coordenação de catequese será respeitosa para com os processos pessoais e ritmos comunitários. Por mais importante que seja, o *Projeto diocesano de catequese* nunca substitui o acompanhamento pessoal, mas estará, antes, a serviço dessas situações individuais, fornecendo as orientações necessárias para que os catequistas estejam próximos de seus irmãos nas etapas do caminho que estão percorrendo.

Programa operacional

424. Se o *Projeto Diocesano de catequese* é um plano orgânico de orientações fundamentais e de longo prazo, o *programa operacional* é a sua implementação concreta para uma situação específica e por um tempo determinado. "A experiência indica que o programa de ação é de grande utilidade para a catequese, uma vez que, ao definir alguns objetivos comuns, leva a unificar os esforços e a trabalhar em uma perspectiva de conjunto. Por isso, a sua primeira condição deve ser o realismo, unido à simplicidade, concisão e clareza" (DGC, n. 281). Esse programa, portanto, identifica os conteúdos, indica os objetivos intermediários – claros, graduais, estimáveis –, prepara atividades e técnicas, desenvolve ou indica subsídios e materiais, determina o tempo. Na elaboração do programa, além disso, dará importância ao momento da avaliação, que permite fazer memória do caminho e se abrir para mudanças e melhorias.

Formação de catequistas

425. A Coordenação diocesana de catequese deverá ter cuidado especial na formação dos catequistas,[170] bem sabendo que o Espírito Santo se vale da preciosa e

---

[170] Acerca dos princípios gerais da formação dos catequistas, ver: capítulo IV deste *Diretório*.

competente colaboração deles para que o Evangelho seja acolhido por todos. Avaliando primeiramente as reais necessidades dos catequistas e com um estilo adequado aos tempos e à sensibilidade contemporânea, a Coordenação busca predispor uma oferta formativa que responda às dimensões do *ser*, do *saber ser com*, do *saber fazer*, evitando acentuar indevidamente uma dimensão em detrimento das outras. O objetivo, que pode ser mais bem perseguido em oportunos *Centros para a formação*, é tanto o de fornecer aos catequistas uma formação fundamental e permanente quanto o de prover uma formação especializada para os responsáveis e os coordenadores da catequese de acordo com as decisões e necessidades da Igreja particular. Por isso, é importante que a Coordenação de catequese colabore com os outros centros e realidades diocesanas e cultive uma relação de confiança, apoio e colaboração com os leigos e os presbíteros das comunidades paroquiais, nas quais efetivamente tem lugar a formação ordinária de catequistas.

CONCLUSÃO
(n. 426-428)

426. A comunhão com Jesus Cristo, morto e ressuscitado, vivo e sempre presente, é a finalidade última de toda ação eclesial e, portanto, também da catequese. A Igreja, de fato, transmite sempre o que ela, por sua vez, recebeu: "que Cristo morreu pelos nossos pecados, segundo as Escrituras, foi sepultado e, ao terceiro dia, foi ressuscitado, segundo as Escrituras; e apareceu a Cefas e, depois, aos Doze" (1Cor 15,3-5). Essa primeira profissão de fé no mistério da Páscoa é o coração da fé da Igreja, como nos recorda o Apóstolo: "se Cristo não ressuscitou, vã é a nossa pregação, e vã nossa fé" (1Cor 15,14). Da Páscoa de Cristo, testemunha suprema de seu Evangelho, jorra uma esperança que leva para além dos horizontes visíveis do imanente para mirar a eternidade: "se é só para esta vida que pusemos a nossa esperança em Cristo, somos, dentre todos os homens, os mais dignos de compaixão" (1Cor 15,19). A catequese, ressonância da Páscoa no coração humano, convida incessantemente a sair de si para encontrar o vivente, aquele que dá a vida em plenitude.

427. Jesus Cristo, Alfa e Ômega, é a chave de toda a história. Ele acompanha cada pessoa para revelar o amor de Deus. O Crucificado Ressuscitado está no centro do desenrolar do tempo para redimir toda a criação e a humanidade nela. Do lado perfurado de Jesus crucificado, o Espírito Santo se derrama no mundo e nasce a Igreja. A evangelização, sustentada pelo Paráclito, visa fazer todas as pessoas partícipes desse grande e vivificante mistério, sem discriminação alguma. A catequese, momento essencial nesse processo, leva ao encontro mais consciente e íntimo com o Redentor do homem. O *Diretório para a Catequese* é uma contribuição para essa grande missão. Com ele se pretende encorajar e sustentar aqueles que têm no coração a transmissão da fé, que é sempre obra de Deus. Poder colaborar com Ele, além de consolar, acalmar e confirmar na esperança, é fonte de grande alegria, porque o Senhor de toda a criação escolhe ter suas criaturas como colaboradoras.

428. Na alegre missão evangelizadora da Igreja, resplandece sempre Maria, a Mãe do Senhor que, plenamente dócil à ação do Espírito Santo, soube escutar e acolher em si a Palavra de Deus, tornando-se "a realização mais pura da fé" (CIgC, n. 149). Assegurando um clima doméstico de humildade, ternura, contemplação e cuidado para com os outros, Maria educou Jesus, o Verbo feito carne, pelas vias da justiça e da obediência à vontade do Pai. Por sua vez, a Mãe aprendeu a seguir o Filho, tornando-se a primeira e a mais perfeita de seus discípulos. Na manhã de Pentecostes, a Mãe da Igreja presidiu com a sua oração o início da evangelização, sob a ação do Espírito Santo, e hoje ela continua a interceder para que as pessoas do tempo presente possam encontrar a Cristo e, por meio da fé nele, serem salvas recebendo em plenitude a vida dos filhos de Deus. Maria Santíssima resplandece como catequese exemplar, pedagoga da evangelização e modelo eclesial para a transmissão da fé.

Sua Santidade o Papa Francisco, na Audiência concedida ao subscrito Presidente em 23 de março de 2020, Memória Litúrgica de São Turíbio de Mongrovejo, aprovou o presente Diretório para a Catequese *e autorizou sua publicação.*

✠ Salvatore Fisichella
Arcebispo titular de Voghenza
Presidente

✠ Octavio Ruiz Arenas
Arcebispo Emérito de Villavicencio
Secretário

REFERÊNCIAS BIBLIOGRÁFICAS

BENTO XVI

Carta Apostólica em forma de *Motu Proprio Ubicumque et Semper*, com a qual se institui o Pontifício Conselho para a promoção da Nova Evangelização. (Documentos Pontifícios, 8). Brasília: Edições CNBB, 2011: Disponível em: https://www.edicoescnbb.com.br/documentos/documentos-pontificios.

Carta Apostólica *Fides per doctrinam*. Roma, 16 de janeiro de 2013. Disponível em: http://www.vatican.va/content/benedict-xvi/pt/motu_proprio/documents/hf_ben-xvi_motu-proprio_20130116_fides-per-doctrinam.html.

Carta Apostólica sob forma de *Motu Proprio Porta Fidei*, com a qual se proclama o Ano da Fé. (Documentos Pontifícios, 9). Brasília: Edições CNBB, 2012. Disponível em: https://www.edicoescnbb.com.br/produto/documentos-pontificios-09-%E2%80%93-porta-fidei-%E2%80%93-carta-apostolica-sob-forma-de-motu-proprio-do-sumo-pontifi-70608.

Carta Encíclica *Caritas in Veritate*: sobre o desenvolvimento humano integral na caridade e na verdade. (Documentos Pontifícios, 3). Brasília: Edições CNBB, 2009. Disponível em: https://www.edicoescnbb.com.

br/produto/documentos-pontificios-03-%E2%80%-93-caritas-in-veritate-%E2%80%93-carta-enciclica-sobre-o-desenvolvimento-humano-int-70602.

Carta Encíclica *Deus Caritas Est*: sobre o amor cristão. (Documentos Pontifícios, 1). Brasília: Edições CNBB, 2007. Disponível em: https://www.edicoescnbb.com.br/produto/documentos-pontificios-01-%E2%80%93-deus-caritas-es-carta-enciclica-sobre-o-amor-cristao-70600.

Discurso aos participantes da Assembleia Plenária do Pontifício Conselho para a Família. Sala Clementina, 5 de abril de 2008. Disponível em: http://www.vatican.va/content/benedict-xvi/pt/speeches/2008/april/documents/hf_ben-xvi_spe_20080405_pc-family.html.

Discurso aos participantes do encontro dos Professores de Religião Católica nas escolas italianas. Sala Paulo VI, 25 de abril de 2009. Disponível em: http://www.vatican.va/content/benedict-xvi/pt/speeches/2009/april/documents/hf_ben-xvi_spe_20090425_insegnanti-religione.html.

Discurso do Papa à primeira Assembleia Plenária do Pontifício Conselho para a Promoção da Nova Evangelização. Sala Clementina, 30 de maio de 2011. Disponível em: http://www.vatican.va/content/benedict-xvi/pt/speeches/2011/may/documents/hf_ben-xvi_spe_20110530_nuova-evangelizzazione.html.

Discurso do Papa aos participantes na Assembleia Plenária do Pontifício Conselho para as Comunicações Sociais. Sala Clementina, 28 de fevereiro de 2011. Disponível em: http://www.vatican.va/content/

benedict-xvi/pt/speeches/2011/february/documents/
hf_ben-xvi_spe_20110228_pccs.html.

Exortação Apostólica Pós-Sinodal *Africae munus*: sobre a Igreja na África a serviço da reconciliação da justiça e da paz. Ouidah, 19 de novembro de 2011. Disponível em: http://www.vatican.va/content/benedict-xvi/pt/apost_exhortations/documents/hf_ben-xvi_exh_20111119_africae-munus.html.

Exortação Apostólica Pós-Sinodal *Ecclesia in Medio Oriente*: sobre a Igreja no Oriente Médio, comunhão e testemunho. Beirute, 14 de setembro de 2012. Disponível em: http://www.vatican.va/content/benedict-xvi/pt/apost_exhortations/documents/hf_ben-xvi_exh_20120914_ecclesia-in-medio-oriente.html.

Exortação Apostólica Pós-Sinodal *Sacramentum Caritatis*: sobre a Eucaristia fonte e ápice da vida e da missão da Igreja. Roma, 22 de fevereiro de 2007. Disponível em: http://w2.vatican.va/content/benedict-xvi/pt//apost_exhortations/documents/hf_ben--xvi_exh_20070222_sacramentum-caritatis.html.

Exortação Apostólica Pós-Sinodal *Verbum Domini*: sobre a Palavra de Deus na vida e na missão da Igreja. (Documentos Pontifícios, 6). Brasília: Edições CNBB, 2011. Disponível em: https://www.edicoescnbb.com.br/produto/documentos-pontificios-06-%E2%80%-93-verbum-domini-%E2%80%93-exortacao-apostolica-pos-sinodal-do-santo-padre-bento-xv-70605.

Homilia na conclusão da XIII Assembleia Geral Ordinária do Sínodo dos Bispos. Basílica Vaticana, 28 de outubro de 2012. Disponível em: http://www.vatican.

va/content/benedict-xvi/pt/homilies/2012/documents/ hf_ben-xvi_hom_20121028_conclusione-sinodo.html.

Homilia na Santa Missa de abertura da V Conferência Geral do Episcopado da América Latina e do Caribe, 13 de maio de 2007. In: CELAM. *Documento de Aparecida*: Documento Conclusivo da V Conferência Geral do Episcopado Latino-Americano e do Caribe. Brasília/São Paulo: Edições CNBB/Paulus/Paulinas, 2008. Disponível em: https://www.edicoescnbb.com. br/produto/documento-de-aparecida-%E2%80%- 93-texto-conclusivo-da-v-conferencia-geral-do-espiscopado-latino-americano-e-d-70732.

Meditação do Papa por ocasião da primeira Congregação Geral da XIII Assembleia Geral Ordinária do Sínodo dos Bispos. Sala do Sínodo, 8 de outubro de 2012. Disponível em: http://www.vatican.va/content/ benedict-xvi/pt/speeches/2012/october/documents/ hf_ben-xvi_spe_20121008_meditazione-sinodo.html.

Mensagem para o XLVII Dia Mundial das Comunicações Sociais, 2013 – "Redes Sociais: portais de verdade e de fé; novos espaços de evangelização". Vaticano, 12 de maio de 2013. Disponível em: http://www. vatican.va/content/benedict-xvi/pt/messages/communications/documents/hf_ben-xvi_mes_20130124_ 47th-world-communications-day.html.

Motu Proprio para aprovação e publicação do Compêndio do Catecismo da Igreja Católica. Roma, 28 de junho de 2005. Disponível em: http://www.vatican. va/content/benedict-xvi/pt/motu_proprio/documents/ hf_ben-xvi_motu-proprio_20050628_compendio-catechismo.html.

COMISSÃO PARA AS RELAÇÕES RELIGIOSAS COM O JUDAÍSMO

Orientações e sugestões para a aplicação da declaração conciliar Nostra Aetate *n. 4*, 1º de dezembro de 1974. Disponível em: http://www.vatican.va/roman_curia/pontifical_councils/chrstuni/relations-jews-docs/rc_pc_chrstuni_doc_19741201_nostra-aetate_it.html.

Porque os dons e o chamado de Deus são irrevogáveis (Rm 11,29): reflexões sobre questões teológicas atinentes às relações católico-judaicas por ocasião do 50º aniversário da *Nostra Aetate* n. 4. Roma, 10 de dezembro de 2015. Disponível em: http://www.vatican.va/roman_curia/pontifical_councils/chrstuni/relations-jews-docs/rc_pc_chrstuni_doc_20151210_ebraismo-nostra-aetate_it.html.

Subsídio para uma concreta apresentação dos judeus e do judaísmo na pregação e na catequese da Igreja Católica. Roma, 24 de junho de 1985. Disponível em: http://www.vatican.va/roman_curia/pontifical_councils/chrstuni/relations-jews-docs/rc_pc_chrstuni_doc_19820306_jews-judaism_it.html.

CONCÍLIO ECUMÊNICO VATICANO II

Constituição Dogmática *Dei Verbum*: sobre a Divina Revelação. In: SANTA SÉ. *Concílio Ecumênico Vaticano II*: Documentos. Brasília: Edições CNBB, 2018, p. 175-198 Disponível em: https://www.edicoescnbb.com.br/produto/concilio-ecumenico-vaticano-ii-71236.

Constituição Dogmática *Lumen Gentium*. In: SANTA SÉ. *Concílio Ecumênico Vaticano II*: Documentos. Brasília: Edições CNBB, 2018, p. 75-173. Disponível em: https://www.edicoescnbb.com. br/produto/concilio-ecumenico-vaticano-ii-71236.

Constituição *Gaudium et Spes*. In: SANTA SÉ. *Concílio Ecumênico Vaticano II*: Documentos. Brasília: Edições CNBB, 2018, p. 199-329. Disponível em: https://www.edicoescnbb.com.br/produto/concilio--ecumenico-vaticano-ii-71236.

Constituição *Sacrosanctum Concilium*: sobre a Sagrada Liturgia. In: SANTA SÉ. *Concílio Ecumênico Vaticano II*: Documentos. Brasília: Edições CNBB, 2018, p. 21-74. Disponível em: https://www.edicoescnbb.com.br/produto/concilio-ecumenico-vaticano-ii-71236.

Declaração *Gravissimum Educationis*. In: SANTA SÉ. *Concílio Ecumênico Vaticano II*: Documentos. Brasília: Edições CNBB, 2018, p. 639-658. Disponível em: https://www.edicoescnbb.com.br/produto/concilio-ecumenico-vaticano-ii-71236.

Declaração *Nostra Aetate*: sobre a Igreja e as religiões não cristãs. In: SANTA SÉ. *Concílio Ecumênico Vaticano II*: Documentos. Brasília: Edições CNBB, 2018, p. 659-667. Disponível em: https://www.edicoescnbb.com.br/produto/concilio-ecumenico-vaticano-ii-71236.

Decreto *Ad Gentes*. In: SANTA SÉ. *Concílio Ecumênico Vaticano II*: Documentos. Brasília: Edições CNBB, 2018, p. 529-588. Disponível em: https://www.

edicoescnbb.com.br/produto/concilio-ecumenico-vaticano-ii-71236.

Decreto *Apostolicam Actuositatem*. In: SANTA SÉ. *Concílio Ecumênico Vaticano II*: Documentos. Brasília: Edições CNBB, 2018, p. 481-528. Disponível em: https://www.edicoescnbb.com.br/produto/concilio-ecumenico-vaticano-ii-71236.

Decreto *Christus Dominus*: sobre o múnus pastoral dos Bispos na Igreja. In: SANTA SÉ. *Concílio Ecumênico Vaticano II*: Documentos. Brasília: Edições CNBB, 2018, p. 395-433. Disponível em: https://www.edicoescnbb.com.br/produto/concilio-ecumenico-vaticano-ii-71236.

Decreto *Optatam Totius*: sobre a formação sacerdotal. In: SANTA SÉ. *Concílio Ecumênico Vaticano II*: Documentos. Brasília: Edições CNBB, 2018, p. 455-480. Disponível em: https://www.edicoescnbb.com.br/produto/concilio-ecumenico-vaticano-ii-71236.

Decreto *Orientalium Ecclesiarum* sobre as Igrejas Orientais Católicas. In: SANTA SÉ. *Concílio Ecumênico Vaticano II*: Documentos. Brasília: Edições CNBB, 2018, p. 349-364. Disponível em: https://www.edicoescnbb.com.br/produto/concilio-ecumenico-vaticano-ii-71236.

Decreto *Presbyterorum Ordinis*. In: SANTA SÉ. *Concílio Ecumênico Vaticano II*: Documentos. Brasília: Edições CNBB, 2018, p. 589-636. Disponível em: https://www.edicoescnbb.com.br/produto/concilio--ecumenico-vaticano-ii-71236.

Decreto *Unitatis Redintegratio*: sobre o ecumenismo. In: SANTA SÉ. *Concílio Ecumênico Vaticano II*: Documentos. Brasília: Edições CNBB, 2018, p. 365-394. Disponível em: https://www.edicoescnbb.com.br/produto/concilio-ecumenico-vaticano-ii-71236.

V CONFERÊNCIA GERAL DO EPISCOPADO LATINO-AMERICANO E DO CARIBE

Documento de Aparecida: Documento Conclusivo da V Conferência Geral do Episcopado Latino-Americano e do Caribe. Brasília/São Paulo: Edições CNBB/Paulus/Paulinas, 2008. Disponível em: https://www.edicoescnbb.com.br/produto/documento-de-apareci-da-%E2%80%93-texto-conclusivo-da-v-conferencia--geral-do-espiscopado-latino-americano-e-d-70732.

CONGREGAÇÃO PARA A DOUTRINA DA FÉ

Carta *Iuvenescit Ecclesia* aos Bispos da Igreja Católica sobre a relação entre dons hierárquicos e carismáticos para a vida e missão da Igreja. (Documentos da Igreja, 30). Brasília: Edições CNBB, 2016. Disponível em: https://www.edicoescnbb.com.br/produto/docu-mentos-da-igreja-30-%E2%80%93-carta-iuvenescit--ecclesia-sobre-a-relacao-entre-dons-hierarquicos-e--carismaticos-para-a-vida-e-missao-da-igreja-70447.

Instrução *Donum Veritatis*: sobre a vocação eclesial do teólogo, 24 de maio de 1990. Disponível em: http://www.vatican.va/roman_curia/congregations/cfaith/documents/rc_con_cfaith_doc_19900524_theologian--vocation_po.html.

CONGREGAÇÃO PARA A EDUCAÇÃO CATÓLICA

"Educar para o diálogo intercultural na escola católica. Viver juntos para uma civilização de amor". Roma, 28 de outubro de 2013. Disponível em: http://www.vatican.va/roman_curia/congregations/ccatheduc/documents/rc_con_ccatheduc_doc_20131028_dialogo-interculturale_it.html.

A Dimensão Religiosa da instrução na Escola Católica: orientações para a reflexão e a revisão. Roma, 7 de abril 1988, n. 31. Disponível em: http://www.vatican.va/roman_curia/congregations/ccatheduc/documents/rc_con_ccatheduc_doc_19880407_catholic-school_po.html.

A Escola Católica no limiar do Terceiro Milênio. Roma, 28 de dezembro de 1997. Disponível em: http://www.vatican.va/roman_curia/congregations/ccatheduc/documents/rc_con_ccatheduc_doc_27041998_school2000_po.html.

Normas fundamentais para a formação dos diáconos permanentes; CONGREGAÇÃO PARA O CLERO. *Diretório do ministério e da vida dos diáconos permanentes.* (Declaração Conjunta). Roma, 22 de fevereiro de 1998. Disponível em: http://www.vatican.va/roman_curia/congregations/ccatheduc/documents/rc_con_ccatheduc_doc_31031998_directorium-diaconi_po.html.

CONGREGAÇÃO PARA AS IGREJAS ORIENTAIS

Instrução para a aplicação das prescrições litúrgicas do Código dos Cânones das Igrejas Orientais, 6 de

janeiro de 1996. Disponível em: https://www.vatican.
va/roman_curia/congregations/orientchurch/Istruzio-
ne/pdf/istruzionecongchieseorientali.pdf.

CONGREGAÇÃO PARA O CLERO

Diretório Geral para a catequese. Vaticano, 17 de
abril de 1998. Disponível em: http://www.vatican.
va/roman_curia/congregations/cclergy/documents/
rc_con_ccatheduc_doc_17041998_directory-for-ca-
techesis_po.html.

Diretório para o Ministério e a Vida dos Presbíteros.
(Nova Edição). Roma, 11 de fevereiro de 2013, n. 65.
Disponível em: http://www.vatican.va/roman_curia/
congregations/cclergy/documents/rc_con_cclergy_
doc_20130211_direttorio-presbiteri_po.html.

O dom da vocação presbiteral: *Ratio fundamentalis institutionis sacerdotalis*. (Documentos da
Igreja, 32). Brasília: Edições CNBB, 2017. Disponível em: https://www.edicoescnbb.com.br/
produto/documentos-da-igreja-32-%E2%80%93-o-
-dom-da-vocacao-presbiteral-%E2%80%93-ratio-
-fundamentalis-institutionis-sacerdota-70689.

CONGREGAÇÃO PARA O CULTO DIVINO E A DISCIPLINA DOS SACRAMENTOS

Diretório sobre a piedade popular e liturgia: princípios e orientações. Cidade do Vaticano, 17 de dezembro de 2001. Disponível em: http://www.vatican.
va/roman_curia/congregations/ccdds/documents/rc_
con_ccdds_doc_20020513_vers-direttorio_it.html.

FRANCISCO

Audiência Geral. Praça de São Pedro, 11 de março de 2015. Disponível em: http://www.vatican.va/content/francesco/pt/audiences/2015/documents/papa-francesco_20150311_udienza-generale.html.

Audiência Geral. Praça de São Pedro, 15 de janeiro de 2014. Disponível em: http://www.vatican.va/content/francesco/pt/audiences/2014/documents/papa-francesco_20140115_udienza-generale.html

Audiência Geral. Praça de São Pedro, 4 de março de 2015. Disponível em: http://www.vatican.va/content/francesco/pt/audiences/2015/documents/papa-francesco_20150304_udienza-generale.html.

Carta Apostólica *Admirabile Signum*: sobre o significado e valor do presépio. Gréccio, 1º de dezembro de 2019. Disponível em: http://www.vatican.va/content/francesco/pt/apost_letters/documents/papa-francesco-lettera-ap_20191201_admirabile-signum.html.

Carta Apostólica *De concordia inter Codices* em forma de *Motu Proprio*, com a qual são modificadas algumas normas do *Código de Direito Canônico*. Roma, 31 de maio de 2016. Disponível em: https://w2.vatican.va/content/francesco/it/motu_proprio/documents/papa-francesco-motu-proprio_20160531_de--concordia-inter-codices.html.

Carta Apostólica em forma de *Motu Proprio Aperuit Illis*, com a qual se institui o Domingo da Palavra de Deus. (Documentos Pontifícios, 41). Brasília: Edições CNBB, 2019. Disponível em: https://www.

edicoescnbb.com.br/produto/documentos-pontificios-
-41-carta-apostolica-sob-forma-de-motu-proprio-ape-
ruit-illis-do-santo-padr-71420.

Carta Apostólica em forma de *Motu Proprio Sanctuarium in Ecclesia*. Cidade do Vaticano, 11 de fevereiro de 2017. Disponível em: http://www.vatican.
va/content/francesco/pt/motu_proprio/documents/
papa-francesco-motu-proprio_20170211_sanctua-
rium-in-ecclesia.html.

Carta Apostólica em forma de *Motu Proprio Vos estis
lux mundi*. (Documentos Pontifícios, 39). Brasília:
Edições CNBB, 2019. Disponível em: https://www.
edicoescnbb.com.br/produto/documentos-pontificios-
-39-vos-estis-lux-mundi-71359.

Carta Apostólica *Misericordia et Misera* no término do
Jubileu Extraordinário da Misericórdia. (Documentos
Pontifícios, 29). Brasília: Edições CNBB, 2016. Disponível em: https://www.edicoescnbb.com.br/produto/
documentos-pontificios-29-%E2%80%93-carta-apos-
tolica-misericordia-et-misera-%E2%80%93-no-ter-
mino-do-jubileu-extraord-70739.

Carta Encíclica *Laudato Si'*: sobre o cuidado da Casa
Comum. (Documentos Pontifícios, 22). Brasília: Edições
CNBB, 2016. Disponível em: https://www.edicoescnbb.
com.br/produto/documentos-pontificios-22-%E2%80%-
93-laudato-si-%E2%80%93-carta-enciclica-sobre-o-
-cuidado-da-casa-comum-70391.

Carta Encíclica *Lumen Fidei*: a luz da fé. (Documentos
Pontifícios, 16). Brasília: Edições CNBB, 2013. Dis-

ponível em: https://www.edicoescnbb.com.br/produto/documentos-pontificios-16-%E2%80%93-lumen-fidei-%E2%80%93-carta-enciclica-a-luz-da-fe-70615.

Discurso aos membros da Renovação no Espírito Santo. Praça São Pedro, 3 de julho de 2015. Disponível em: http://w2.vatican.va/content/francesco/pt/speeches/2015/july/documents/papa-francesco_20150703_movimento-rinnovamento-spirito.html.

Discurso aos participantes na Plenária do Pontifício Conselho para a Promoção da Nova Evangelização. Sala do Consistório, 29 de maio de 2015. Disponível em: http://w2.vatican.va/content/francesco/pt/speeches/2015/may/documents/papa-francesco_20150529_nuova-evangelizzazione.html.

Discurso aos participantes na Plenária do Pontifício Conselho para a Promoção da Nova Evangelização. Sala do Consistório, 29 de maio de 2015. Disponível em: http://w2.vatican.va/content/francesco/pt/speeches/2015/may/documents/papa-francesco_20150529_nuova-evangelizzazione.html.

Discurso aos participantes na Plenária do Pontifício Conselho para as Comunicações Sociais. Vaticano, 21 de setembro de 2013. Disponível em: http://w2.vatican.va/content/francesco/pt/speeches/2013/september/documents/papa-francesco_20130921_plenaria-pccs.html.

Discurso aos participantes no Congresso Internacional de Pastoral das Grandes Cidades. Sala do Consistório, 27 de novembro de 2014. Disponível em: http://w2.vatican.va/content/francesco/pt/speeches/2014/

november/documents/papa-francesco_20141127_pastorale-grandi-citta.html.

Discurso aos participantes no Congresso para Pessoas portadoras de Deficiência, promovido pela Conferência Episcopal Italiana. Sala Paulo VI, 11 de junho de 2016. Disponível em: http://www.vatican.va/content/francesco/pt/speeches/2016/june/documents/papa-francesco_20160611_convegno-disabili.html.

Discurso aos participantes no Congresso promovido pelo Pontifício Conselho para a Promoção da Nova Evangelização. Sala Clementina, 21 de outubro de 2017. Disponível em: http://www.vatican.va/content/francesco/pt/speeches/2017/october/documents/papa-francesco_20171021_convegno-pcpne.html.

Discurso aos participantes no VII Congresso Mundial para a Pastoral dos Migrantes. Sala Clementina, 21 de novembro de 2014. Disponível em: http://www.vatican.va/content/francesco/pt/speeches/2014/november/documents/papa-francesco_20141121_congresso-pastorale-migranti.html.

Discurso do Papa aos participantes na Plenária do Pontifício Conselho para a Promoção da Nova Evangelização. Sala Clementina, 14 de outubro de 2013. Disponível em: http://www.vatican.va/content/francesco/pt/speeches/2013/october/documents/papa-francesco_20131014_plenaria-consiglio-nuova-evangelizzazione.html.

Discurso do Papa aos participantes no Congresso Internacional de Pastoral das Grandes Cidades. Sala Paulo VI, 17 de outubro de 2015. Disponível em: http://

www.vatican.va/content/francesco/pt/speeches/2014/
november/documents/papa-francesco_20141127_pas-
torale-grandi-citta.html.

Discurso do Santo Padre no XXV aniversário do Catecismo da Igreja Católica. Sala do Sínodo, 11 de setembro de 2017. Disponível em: http://w2.vatican.va/content/francesco/pt/speeches/2017/october/documents/papa-francesco_20171011_convegno-nuova-evangelizzazione.html.

Discurso na abertura do Congresso Pastoral da Diocese de Roma. Basílica de São João de Latrão, 19 de junho de 2017. Disponível em: http://w2.vatican.va/content/francesco/pt/speeches/2017/june/documents/papa-francesco_20170619_convegno-ecclesiale-diocesano.html.

Discurso pela Comemoração do cinquentenário da instituição do Sínodo dos Bispos. Sala Paulo VI, 17 de outubro de 2015. Disponível em: http://w2.vatican.va/content/francesco/pt/speeches/2015/october/documents/papa-francesco_20151017_50-anniversario-sinodo.html.

Exortação Apostólica *Amoris Laetitia*: sobre o amor na família. (Documentos Pontifícios, 24). Brasília: Edições CNBB, 2016. Disponível em: https://www.edicoescnbb.com.br/produto/documentos-pontificios-24-%E2%80%-93-amoris-laetitia-%E2%80%93-exortacao-apostolica--pos-sinodal-sobre-o-amor-na-famil-70466.

Exortação Apostólica *Evangelii Gaudium*: a Alegria do Evangelho sobre o anúncio do Evangelho no mundo atual. (Documentos Pontifícios, 17). Brasília: Edições CNBB, 2015. Disponível em: https://www.edicoescnbb.com.br/produto/documentos-pontificios-17-%E2%80%93-evangelii-gaudium-%E2%80%93-exortacao-apostolica-a-alegria-do-evangelho-sobre-70616.

Exortação Apostólica *Gaudete et Exsultate*: sobre o chamado à santidade no mundo atual. (Documentos Pontifícios, 33). 3. ed. Brasília: Edições CNBB, 2019. Disponível em: https://www.edicoescnbb.com.br/produto/documentos-pontificios-33-%E2%80%-93-gaudete-et-exsultate-%E2%80%93-sobre-o-chamado-a-santidade-no-mundo-atual-71226.

Exortação Apostólica Pós-Sinodal *Chritus Vivit*. (Documentos Pontifícios, 37). Brasília: Edições CNBB, 2019. Disponível em: https://www.edicoescnbb.com.br/produto/documentos-pontificios-37-exortacao--apostolica-pos-sinodal-christus-vivit-71339.

Exortação Apostólica Pós-Sinodal *Querida Amazônia ao povo de Deus e a todas as pessoas de boa vontade*. (Documentos Pontifícios, 43). Brasília: Edições CNBB, 2020. Disponível em: https://www.edicoescnbb.com.br/produto/querida-amazonia-ao-povo-de--deus-e-a-todas-as-pessoas-de-boa-vontade-71473.

Homilia do Santo Padre na Santa Missa pela Jornada dos catequistas por ocasião do ano da fé. Praça de São Pedro, 29 de setembro de 2013. Disponível em: http://www.vatican.va/content/francesco/pt/homilies/2013/documents/papa-francesco_20130929_giornata-catechisti.html.

Homilia na solenidade da Conversão de São Paulo Apóstolo: Celebração das Vésperas. Basílica de São Paulo Extramuros, 25 de janeiro de 2016. Disponível em: http://www.vatican.va/content/francesco/pt/

homilies/2016/documents/papa-francesco_20160125_
vespri-conversione-san-paolo.html.

Homilia no Jubileu da Misericórdia: Jubileu dos Encarcerados. Basílica Vaticana, 6 de novembro de 2016. Disponível em: http://w2.vatican.va/content/francesco/pt/homilies/2016/documents/papa-francesco_20161106_giubileo-omelia-carcerati.html.

Mensagem do Santo Padre para o XLVIII Dia Mundial das Comunicações Sociais: "Comunicação ao serviço de uma autêntica cultura do encontro". Vaticano, 24 de janeiro de 2014. Disponível em: http://w2.vatican.va/content/francesco/pt/messages/communications/documents/papa-francesco_20140124_messaggio-comunicazioni-sociali.html.

Mensagem para o 3º Festival da Doutrina Social da Igreja. Verona, 21 de novembro de 2013. Disponível em: http://w2.vatican.va/content/francesco/pt/messages/pont-messages/2013/documents/papa-francesco_20131121_videomessaggio-festival-dottrina-sociale.html.

Mensagem para o I Dia Mundial dos Pobres: Não amemos com palavras, mas com obras. Vaticano, 13 de junho de 2017. Disponível em: http://w2.vatican.va/content/francesco/pt/messages/poveri/documents/papa-francesco_20170613_messaggio-i-giornatamondiale-poveri-2017.html.

Misericordiae Vultus: Bula de proclamação do Jubileu Extraordinário da Misericórdia. (Documentos Pontifícios, 20). Brasília: Edições CNBB, 2015. Disponível em: https://www.edicoescnbb.com.br/produto/

documentos-pontificios-20-%E2%80%93-misericor-
diae-vultus-bula-de-proclamacao-do-jubileu-extraor-
dinario-da-mi-70619.

FRANCISCO – AHMAD AL-TAYYEB

*Documento sobre a fraternidade humana em prol da
paz mundial e da convivência comum.* Abu Dabhi,
4 de fevereiro de 2019. Disponível em: http://www.
vatican.va/content/francesco/pt/travels/2019/outside/
documents/papa-francesco_20190204_documento-
-fratellanza-umana.html.

LEÃO XIII

Carta Encíclica *Rerum novarum*: sobre a condição dos
operários. Roma, 15 de maio de 1891. Disponível em:
http://www.vatican.va/content/leo-xiii/pt/encyclicals/
documents/hf_l-xiii_enc_15051891_rerum-novarum.
html.

PIO XI

Carta Encíclica *Quadragesimo anno*: sobre a restauração e aperfeiçoamento da ordem social. Roma, 15
de maio de 1931. Disponível em: http://www.vatican.
va/content/pius-xi/pt/encyclicals/documents/hf_p-
-xi_enc_19310515_quadragesimo-anno.html.

PONTIFÍCIO CONSELHO DA PASTORAL PARA
OS MIGRANTES E OS ITINERANTES

Instrução *Erga migrantes charitas Christi*. Roma, 3
de maio de 2004. Disponível em: http://www.vatican.

va/roman_curia/pontifical_councils/migrants/documents/rc_pc_migrants_doc_20040514_erga-migrantes-caritas-christi_po.html.

O SANTUÁRIO: memória, presença e profecia do Deus vivo. Roma, 8 de maio de 1999. Disponível em: http://www.vatican.va/roman_curia/pontifical_councils/migrants/documents/rc_pc_migrants_doc_19990525_shrine_po.html.

PONTIFÍCIO CONSELHO "JUSTIÇA E PAZ"

Compêndio da Doutrina Social da Igreja. Cidade do Vaticano, 2 de abril de 2004. Disponível em: http://www.vatican.va/roman_curia/pontifical_councils/justpeace/documents/rc_pc_justpeace_doc_20060526_compendio-dott-soc_po.html.

PONTIFÍCIO CONSELHO PARA A CULTURA

A Via pulchritudinis: caminho privilegiado de evangelização e de diálogo. Documento final da Assembleia Plenária, 2006. Disponível em: http://www.vatican.va/roman_curia/pontifical_councils/cultr/documents/rc_pc_cultr_doc_20060327_plenary-assembly_final--document_it.html.

PONTIFÍCIO CONSELHO PARA A CULTURA – PONTIFÍCIO CONSELHO PARA O DIÁLOGO INTER-RELIGIOSO

Jesus Cristo portador da água viva: uma reflexão cristã sobre a *New Age*, 3 de março de 2003. Disponível em: http://www.vatican.va/roman_curia/

pontifical_councils/interelg/documents/rc_pc_interelg_doc_20030203_new-age_it.html.

PONTIFÍCIO CONSELHO PARA A PROMOÇÃO DA NOVA EVANGELIZAÇÃO

Enchiridion da nova evangelização: textos do Magistério pontifício e conciliar 1939-2012 (2012). Disponível em: https://www.amazon.com.br/Enchiridionevangelizzazione-magistero-pontificio-conciliare/dp/8820988976.

PONTIFÍCIO CONSELHO PARA A PROMOÇÃO DA UNIDADE DOS CRISTÃOS

Diretório para a aplicação dos princípios e das normas sobre o ecumenismo, 25 de março de 1993. Disponível em: http://www.vatican.va/roman_curia/pontifical_councils/chrstuni/general-docs/rc_pc_chrstuni_doc_19930325_directory_it.html.

PONTIFÍCIO CONSELHO PARA O DIÁLOGO INTER-RELIGIOSO

Diálogo na verdade e na caridade: orientação pastoral para o diálogo inter-religioso. Cidade do Vaticano, 19 de maio de 2014. Disponível em: https://www.pcinterreligious.org/download/58.

PONTIFÍCIO CONSELHO PARA O DIÁLOGO INTER-RELIGIOSO – CONGREGAÇÃO PARA A EVANGELIZAÇÃO DOS POVOS

Diálogo e Anúncio: reflexões e orientações sobre o diálogo inter-religioso e sobre o anúncio do Evangelho de Jesus Cristo. Cidade do Vaticano, 19 de maio de 1991. Disponível em: http://www.internetica.it/dialogo-annuncio.htm.

RATZINGER, Joseph

Introdução, n. 4. In: SANTA SÉ. *Compêndio do Catecismo da Igreja Católica*. Brasília: Edições CNBB, 2013, p. 15-18. Disponível em: https://www.edicoescnbb.com.br/produto/compendio-do-catecismo-da-igreja-catolica-70553.

SAGRADA CONGREGAÇÃO DO CONCÍLIO

Decreto *Provido Sane*. 12 de janeiro de 1935. In: AAS, n. 27, p. 145-154, 1935. Disponível em: https://w2.vatican.va/archive/aas/documents/AAS-27-1935-ocr.pdf.

SAGRADA CONGREGAÇÃO PARA O CLERO

Directorium Catechisticum Generale Ad normam decreti. Roma, 11 de abril de 1971. In: *AAS*, n. 64, p. 97-176, 1972. Disponível em: https://w2.vatican.va/archive/aas/documents/AAS64-1972-ocr.pdf.

SANTA SÉ

Catecismo da Igreja Católica. Brasília: Edições CNBB, 2013. Disponível em: https://www.edicoescnbb.com.br/produto/catecismo-da-igreja-catolica--%E2%80%93-grande-70423.

Código de Direito Canônico. Brasília: Edições CNBB, 2019. Disponível em: https://www.edicoescnbb.com.br/produto/codigo-de-direito-canonico-71355.

Compêndio do Catecismo da Igreja Católica. Brasília: Edições CNBB, 2013. Disponível em: https://www.edicoescnbb.com.br/produto/compendio-do-catecismo-da-igreja-catolica-70553.

SÃO JOÃO PAULO II

Mensagem para o XXIII Dia Mundial da Paz: Paz com Deus criador, paz com toda a criação. Vaticano, 8 de dezembro de 1989. Disponível em: http://www.vatican.va/content/john-paul-ii/pt/messages/peace/documents/hf_jp-ii_mes_19891208_xxiii-world-day--for-peace.html.

Mensagem para o XXIII Dia Mundial da Paz: Paz com Deus criador, paz com toda a criação. Vaticano, 8 de dezembro de 1989, n. 15. Disponível em: http://www.vatican.va/content/john-paul-ii/pt/messages/peace/documents/hf_jp-ii_mes_19891208_xxiii-world-day--for-peace.html.

Carta Apostólica *Duodecimum saeculum* sobre a veneração das imagens. Roma, 4 de dezembro de 1987. Disponível em: http://www.vatican.va/content/john-paul-ii/pt/apost_letters/1987/documents/hf_jp--ii_apl_19871204_duodecimum-saeculum.html.

Carta apostólica em forma de *Motu Proprio Apostolos Suos*. Roma, 21 de maio de 1998. Disponível em: http://www.vatican.va/content/john-paul-ii/pt/motu_proprio/documents/hf_jp-ii_motu-proprio_22071998_apostolos-suos.html.

Carta Apostólica *Laetamur Magnopere* com a qual é aprovada e promulgada a edição típica latina do

Catecismo da Igreja Católica. Castel Gandolfo, 15 de agosto de 1997. Disponível em: http://www.vatican.va/content/john-paul-ii/pt/apost_letters/1997/documents/hf_jp-ii_apl_15081997_laetamur.html.

Carta Apostólica *Novo Millennio Ineunte* ao episcopado, ao clero e aos fiéis no termo do grande Jubileu do ano 2000. Vaticano, 6 de janeiro de 2001. Disponível em: http://www.vatican.va/content/john-paul-ii/pt/apost_letters/2001/documents/hf_jp-ii_apl_20010106_novo-millennio-ineunte.html.

Carta Apostólica *Tertio millennio adveniente*. Vaticano, 10 de novembro de 1994. Disponível em: http://www.vatican.va/content/john-paul-ii/pt/apost_letters/1994/documents/hf_jp-ii_apl_19941110_tertio-millennio-adveniente.html.

Carta Encíclica *Centesimus Annus*: no centenário da *Rerum Novarum*, 1º de setembro de 1991. Disponível em: http://www.vatican.va/content/john-paul-ii/pt/encyclicals/documents/hf_jp-ii_enc_01051991_centesimus-annus.html.

Carta Encíclica *Fides et Ratio*: sobre as relações entre fé e razão. Roma, 14 de setembro de 1998. Disponível em: http://www.vatican.va/content/john-paul-ii/en/encyclicals/documents/hf_jp-ii_enc_14091998_fides-et-ratio.html.

Carta Encíclica *Laborem Exercens*: sobre o trabalho humano. Castel Gandolfo, 14 de setembro de 1981. Disponível em: http://www.vatican.va/content/john-paul-ii/pt/encyclicals/documents/hf_jp-ii_enc_14091981_laborem-exercens.html.

Carta Encíclica *Redemptor Hominis*: no início do ministério pontifical. Roma, 4 de março de 1979. Disponível em: https://w2.vatican.va/content/john-paul-ii/pt/encyclicals/documents/hf_jp-ii_enc_04031979_redemptor-hominis.html.

Carta Encíclica *Redemptoris Missio*: sobre a validade permanente do mandato missionário. Roma, 7 de dezembro de 1990. Disponível em: http://www.vatican.va/content/john-paul-ii/pt/encyclicals/documents/hf_jp-ii_enc_07121990_redemptoris-missio.html.

Carta Encíclica *Sollicitudo rei socialis*. Roma, 30 de dezembro de 1987. Disponível em: http://www.vatican.va/content/john-paul-ii/pt/encyclicals/documents/hf_jp-ii_enc_30121987_sollicitudo-rei-socialis.html.

Carta Encíclica *Ut unum sint*. Roma, 25 de maio de 1995, n. 18-20. Disponível em: http://www.vatican.va/content/john-paul-ii/pt/encyclicals/documents/hf_jp-ii_enc_25051995_ut-unum-sint.html.

Constituição Apostólica *Fidei Depositum* para a publicação do *Catecismo da Igreja Católica*, redigido depois do Concílio Vaticano II. Roma, 11 de outubro de 1992. Disponível em: http://www.vatican.va/content/john-paul-ii/pt/apost_constitutions/documents/hf_jp-ii_apc_19921011_fidei-depositum.html.

Discurso aos participantes da Sessão Plenária da Pontifícia Academia de Ciências. Vaticano, 13 de novembro de 2000. Disponível em: http://www.vatican.va/content/john-paul-ii/pt/speeches/2000/oct-dec/documents/hf_jp-ii_spe_20001113_plenary-acad-science.html.

Discurso do Papa aos participantes no Congresso promovido pelo Conselho das Conferências Episcopais da Europa. Vaticano, 8 de maio de 2003, n. 3. Disponível em: http://www.vatican.va/content/john-paul-ii/pt/speeches/2003/may/documents/hf_jp--ii_spe_20030508_ccee.html.

Discurso do Santo Padre na XV Jornada Mundial da Juventude: vigília de oração. Tor Vergata, 19 de agosto de 2000. Disponível em: http://www.vatican.va/content/john-paul-ii/pt/speeches/2000/jul-sep/documents/hf_jp-ii_spe_20000819_gmg-veglia.html.

Exortação Apostólica *Familiaris Consortio*: sobre a função da família cristã no mundo de hoje. Roma, 22 de novembro de 1981. Disponível em: https://w2.vatican.va/content/john-paul-ii/pt/apost_exhortations/documents/hf_jp-ii_exh_19811122_familiaris-consortio.html.

Exortação Apostólica Pós-sinodal *Catechesi Tradendae*. Roma, 16 de outubro de 1979. Disponível em: http://www.vatican.va/content/john-paul-ii/pt/apost_exhortations/documents/hf_jp-ii_exh_16101979_catechesi-tradendae.html.

Exortação Apostólica Pós-Sinodal *Christifideles Laici*: sobre a vocação e a missão dos leigos na Igreja e no mundo. Roma, 30 de dezembro de 1988. Disponível em: http://www.vatican.va/content/john--paul-ii/pt/apost_exhortations/documents/hf_jp--ii_exh_30121988_christifideles-laici.html.

Exortação Apostólica pós-sinodal *Ecclesia in America*: sobre o encontro com Jesus Cristo vivo, caminho para a conversão, a comunhão e a solidariedade na América. Cidade do México, 22 de janeiro de 1999. Disponível em: http://www.vatican.va/content/john-paul-ii/pt/apost_exhortations/documents/hf_jp-ii_exh_22011999_ecclesia-in-america.html.

Exortação Apostólica pós-sinodal *Ecclesia in Africa*: sobre a Igreja em África e a sua missão evangelizadora rumo ao ano 2000. Yaoundé, 14 de setembro de 1995. Disponível em: http://www.vatican.va/content/john-paul-ii/pt/apost_exhortations/documents/hf_jp-ii_exh_14091995_ecclesia-in-africa.html.

Exortação Apostólica pós-sinodal *Ecclesia in Asia*: sobre Jesus Cristo Salvador e a sua missão de amor e serviço na Ásia. Nova Deli, 6 de novembro de 1999. Disponível em: http://www.vatican.va/content/john-paul-ii/pt/apost_exhortations/documents/hf_jp-ii_exh_06111999_ecclesia-in-asia.html.

Exortação Apostólica pós-sinodal *Ecclesia in Europa*: sobre Jesus Cristo, vivo na sua Igreja, fonte de esperança para a Europa. Roma, 28 de junho de 2003. Disponível em: http://www.vatican.va/content/john-paul-ii/pt/apost_exhortations/documents/hf_jp-ii_exh_20030628_ecclesia-in-europa.html.

Exortação Apostólica pós-sinodal *Ecclesia in Oceania*: sobre Jesus Cristo e os povos da Oceania seguindo o seu caminho, proclamando a sua verdade e vivendo a sua vida. Roma, 22 de novembro de 2001. Disponível em: http://www.vatican.va/content/john-paul-ii/pt/apost_exhortations/documents/hf_jp-ii_exh_20011122_ecclesia-in-oceania.html.

Exortação Apostólica Pós-Sinodal *Pastores Gregis*: sobre o Bispo, servidor do Evangelho de Jesus Cristo para a esperança do mundo. (Documentos Pontifícios, 31). Brasília: Edições CNBB, 2017. Disponível em: https://www.edicoescnbb.com.br/produto/documentos-pontificios-31-%E2%80%93-exortacao-apostolica-pos-sinodal-%E2%80%93-pastores-gregis-70747.

Exortação Apostólica pós-Sinodal *Vita Consecrata*. In: CONGREGAÇÃO PARA OS INSTITUTOS DE VIDA CONSAGRADA E AS SOCIEDADES DE VIDA APOSTÓLICA. *Textos fundamentais para a vida consagrada*. Brasília: Edições CNBB, 2015, p. 33-178. Disponível em: https://www.edicoescnbb.com.br/produto/documentos-da-igreja-20-%E2%80%93-textos-fundamentais-para-a-vida-consagrada-70545.

Homilia do Santo Padre no Santuário da Santa Cruz. Mogila, 9 de julho de 1979. Disponível em: http://w2.vatican.va/content/john-paul-ii/pt//homilies/1979/documents/hf_jp-ii_hom_19790609_polonia-mogila-nowa-huta.html.

SÃO JOÃO XXIII

Discurso de sua Santidade na abertura solene do Ss. Concílio. Basílica de São Pedro, 11 de outubro de 1962. In: SANTA SÉ. *Concílio Ecumênico Vaticano II*: Documentos. Brasília: Edições CNBB, 2018, p. 349-364. Disponível em: https://www.edicoescnbb.com.br/produto/concilio-ecumenico-vaticano-ii-71236.

Carta Encíclica *Mater et Magistra*: sobre a recente evolução da questão social à luz da Doutrina Cristã. Roma, 15 de maio de 1961. Disponível em: http://w2.vatican.va/content/john-xxiii/pt/encyclicals/documents/hf_j-xxiii_enc_15051961_mater.html.

SÃO PAULO VI

Carta Apostólica *Octogesima Adveniens*, por ocasião do 80º aniversário da *Rerum Novarum*, 14 de maio de 1971. Disponível em: http://www.vatican.va/content/paul-vi/pt/apost_letters/documents/hf_p--vi_apl_19710514_octogesima-adveniens.html.

Carta Encíclica *Ecclesiam Suam*: sobre os caminhos da Igreja, 6 de agosto de 1964. Disponível em: http://w2.vatican.va/content/paul-vi/pt/encyclicals/documents/hf_p-vi_enc_06081964_ecclesiam.html.

Carta Encíclica *Populorum Progressio*: sobre o desenvolvimento dos povos. Roma, 26 de março de 1967. Disponível em: http://www.vatican.va/content/paul-vi/pt/encyclicals/documents/hf_p-vi_enc_26031967_populorum.html.

Discurso na solene inauguração da 2ª sessão do Concílio Vaticano II. Vaticano, 29 de setembro de 1963. Disponível em: https://w2.vatican.va/content/paul-vi/pt/speeches/1963/documents/hf_p-vi_spe_19630929_concilio-vaticano-ii.html.

Discurso por ocasião da beatificação do Nunzio Sulprizio. Vaticano, 1º de dezembro de 1963. Disponível em: http://w2.vatican.va/content/paul-vi/it/speeches/1963/documents/hf_p-vi_spe_19631201_sulprizio.html.

Exortação Apostólica *Evangelii Nuntiandi*: sobre a Evangelização no Mundo Contemporâneo. Roma, 8 de dezembro de 1975. Disponível em: http://www.vatican.va/content/paul-vi/pt/apost_exhortations/documents/hf_p-vi_exh_19751208_evangelii-nuntiandi.html.

SÍNODO DOS BISPOS

Os jovens, a fé e o discernimento vocacional: Documento final da XV Assembleia Geral Ordinária do Sínodo dos Bispos. (Documentos da Igreja, 51). Brasília: Edições CNBB, 2018. Disponível em: https://www.edicoescnbb.com.br/produto/documentos-da-igreja-51-%E2%80%-93-os-jovens-a-fe-e-o-discernimento-vocacional--%E2%80%93-documento-final-da-xv-assem-70534.

XIII Assembleia Geral Ordinária: A nova evangelização para a transmissão da fé cristã. Elenco final das proposições, 27 de outubro de 2012. Disponível em: http://www.synod.va/content/synod/it/assemblee-generali/xiii-assemblea-generale-ordinaria-la-nuova-e-vangelizzazione-per.html.

ÍNDICE TEMÁTICO

Os números deste índice temático referem-se aos do *Diretório para a Catequese*, no qual o tema é tratado ou mencionado. Os números fundamentais estão evidenciados em **negrito**. A seta (→) remete para outros temas correspondentes.

A

Abuso
141-142

Acompanhamento (Acompanhar)
3; 50; 55; 64; 68; 85; 111; **113**; 118; 132; **135**; 139; 155; 179; 203; 234-235; 244; 252; 259; 261; 263-265; 271; 352; 370-371; 404; 419; 423
→ *Amadurecimento (Maturidade); Catequistas; Pedagogia*

Adolescentes → *Jovens*

Adultos
77; 219; 232; 249; 256; **257-265**; 303; 371; 393; 422

Afetividade (Afetivo)
5; 59; 64; 66; 76; 106; 126; 139; 149; 208; 209; 241; 247; 256; 262; 336; 353; 371; 388
→ *Fraternidade (Fraterno); Relação (Relacional)*

Alegria
4; 41; 59; 68; 82; 84; 109; 161; 175; 211; 229; 249; 272; 324; 353; 427-428

Amadurecimento (Maturidade)

1; 3-4; 33; 50; 56; 64; 67; **77**; 80; **113**; 116; 136; **139**; 148-149; 158; 166; 180; 190; 224; 257; **259-260**; 313; 318; 323; 333; 389; 398; 404

→ *Acompanhamento (Acompanhar); Gradualidade (Gradual); Interiorização; Processo pessoal (Processo interior)*

Ano litúrgico

82; 98; 114; 170; 232; 239; 330; 405 (nota)

→ *Liturgia*

Antigo Testamento → *Sagrada Escritura*

Anúncio (Anunciar)

1-2; **13-16**; 38; 41; 48-52; 57-60; 68; 75; 92-93; 101; 108; 131; 133; 159; 163; **167-178**; 192; 196; 219; 227; 229; 231; 239; 280; 282; 285; 293; 303; 327; 342; 346; 350; 355; 370; 378; 389

→ *Catequese; Evangelização (Evangelizar); Missão (Missionário); Primeiro anúncio*

Apologética

145

Apóstolos

79; 93; 127; 176; 189

Arte

105; 109; **209-212**; 372

→ *Beleza (Belo)*

Associações e movimentos eclesiais

253; 265; 301; **304-308**; 421

Ato de fé

4; 21; 78; 113 (nota); 135 (nota); 157; 179; 257; 322; 336; 396

→ *Fé; Processo pessoal (Processo interior); Profissão de fé; Resposta de fé*

B

Batismo
1; 21; 41; 61; 69-70; 78; 83; 110; 122; 177; 232; 240; 262; 264; 285; 288; 294; 298; 305; 344
→ *Sacramentos; Vida nova*

Beleza (Belo)
5; 13; 41; 47; 57; 84; 104-105; **106-109**; 124; 159; 172; **175**; 191-192; 209; 212; 230; 247; 272; 303; 334; 406
→ *Arte*

Bíblia → *Sagrada Escritura*

Bispos
10; 24; 93; 110; **114**; 115; 123; 153; 156; 241; 277; 289; 294; 296; 298; 312; 316; 401; 409-410; 411; 412; 416
→ *Igreja particular; Magistério*

C

Caridade
1; 31; 34-35; 65; 72; 74; 84; 100; 116; 117-118; 240; 262; 299; 304; 340; 385; 390; 421
→ *Testemunhas (Testemunho)*

Carisma
64; 85; 120; 133; 138; 195; 288; 299; 304; 307-308; 321 (nota); 341; 422

Catecismo da Igreja Católica
6; 143; 152; **182-193**; 378; 403; 408

Catecismos
143; 184; 189; 394; **401-408**; 410; 411; 413

Catecumenato
31; 34; **61-65**; 189; 242; 258; 262; 264; 421
→ *Catequese; Inspiração catecumenal da catequese*

Catecúmenos
63; 98; 125; 148; 221; 258; 291

Catequese
1-3; 34; **55-74**; 110; 133; 157; 164-166; 179-181; 189; 194; 197; 225; 297; 303; 313; 319; **396-398**; 426
→ *Anúncio (Anunciar); Catecumenato; Comunicação da fé; Educação da fé; Ensino e catequese; Evangelização (Evangelizar); Formação (Formativo); Iniciação à vida cristã; Iniciação cristã; Itinerários (Percursos); Pedagogia; Processo da catequese; Transmissão da fé*

– C. e missão
3; 5; **48-50**; 55; 65; 66; 139; 230; 252; 262; 297; **302-303**; 350; 400; 420
→ *Evangelização (Evangelizar); Missão (Missionário)*

– C. mistagógica
2; **64**; 74; **97-98**; 113; 232; 29
→ *Catecumenato; Inspiração catecumenal da catequese; Mistagogia*

– C. nos contextos
319; 325; 328; 330; 333; 340-341; 345-346; 348; 350; 353; 357; 370-372; 378; 380; 383-384; 388; 390-391; 393
→ *Cultura (contextos socioculturais)*

– C. ocasional
121; 223; 227; 254; 264; 278; 280; 282

– C. querigmática
2; **57-60**; 65; 66; 230; 232; 247; 253; 282; 303; 325; 327; 353; 420
→ *Anúncio (Anunciar); Primeiro anúncio; Querigma (Querigmático)*

– Finalidade da c.
3; **75-78**; 132; 194; 396; 426
→ *Comunhão com Cristo; Encontro com Cristo*

– Fontes da c.
27; 90-109

– Interlocutores da c. → *Pessoa; sujeitos*

– Tarefas/atividades da c.
79-89

Catequética
101; 114; 152; 156; 190-191; 417

Catequistas
4; 58; 64; **110-129**; 130-156; 164; 179; 186; 197; 216; 219;
232; 235; 241-242; 247-249; 254-255; 262-263; 268; 271-272;
296; 334-335; 353; 357; 362; 378; 388; 404; 413; 417-419;
423; 425
→ *Acompanhamento (Acompanhar); Bispos; Comunidade (Comunitário); Consagrados; Diáconos; Educadores;
Família; Formação (Formativo); Leigos; Pais; Presbíteros
(Sacerdotes); Mestres; Testemunhas (Testemunho)*

Ciência (Científico)
45-46; 53; 318; **354-358**; **373-378**; 381

Ciências humanas
114; 135; 146-147; 152; **180-181**; 225; 237; 247
→ *Educação (Educar; Educativo); Formação (Formativo);
Pedagogia*

Comunhão

– C. com Cristo

3; 15; 18; 50; **75**; **77-78**; 79; 112; 122; 138; 169; 303; 322; 391; 426

→ *Encontro com Cristo*

– C. eclesial

4; 21; 31; 50; 64; 79; 88-89; 93; 123; 131; 140; 150; 154;176; 182; 189; 293; 301; 305-306; 328; 372; 397; 415

→ *Igreja; Comunidade (Comunitário); Sínodo (Sinodal)*

Comunicação (Comunicar)

47; 208; 213-215; 217; 220; 271; 303; 323-324; 359; **362-364**; 372

→ *Linguagem*

– C. da fé

14; 27; 33; 64; 81; 83; 101; 113; 132; 136; 140; 148-149; 164; 184; 195; 205; 219; 372; 400; 401

– Meios de c.

45; 47; 245; 320; 324; 331; 361; 368-369

Comunidade (Comunitário)

2; 4; 28; 33-34; 41; 63-65; 71; 73; 76; **88-89**; 111; 116; 131; **133-134**; 150; 160; 164; 174; 176; 208; 218-219; 226; 229; 231-232; 234-235; 242; 244; 248-249; 251; 255; 261-262; 268; 269-270; 283; 294; 296-297; 298-303; 304; 306; 309-310; 322; 328-329; 339; 352-353; 370; 372; 399

→ *Associações e movimentos eclesiais; Comunhão eclesial; Escola católica; Grupo; Igreja; Paróquia*

Confirmação

70; 110; 122

→ *Sacramentos*

Confissão de fé → *Profissão de fé*

Conhecimento
4; 6; 17; 22; 34; 74; **79-80**; 81; 94; 113; 117; 122; 133; **143-147**; 152; 162; 177; 180; 185; 190; 210; 238-240; 309; 313-314; 322; 350; 353; 397

Consagrados
111; 119-120; 277; 292; 417

Consciência
84; 142; 227; 239-240; 261; 322; 361; 378; 381
→ *Moral (Ética); Pessoa; Vida cristã*

Conteúdos
4; 58; 60; 80; 92; 93; 101; 113; 143; 145; 154; 166; 179; 184; 193; 194; 196; 197; 202; 242; 282; 336; 349; 396-397; 403
→ *Depósito da fé; Doutrina; Mensagem*

Contextos → *Catequese nos contextos; Cultura (Contextos socioculturais)*

Conversão
15; 19-20; 31; 33-35; 61; 63-64; 66; 73; 77; 141; 160-161; 165; 171; 175; 179; 190; 212; 234; 282; 381; 384; 397-398

– C. pastoral (C. missionária)
5; 40; 49; 230; 244; 297; 300-303; 420

Coordenação
115; 156; 262; 410; 411; 413-414; 417; **420-421**

Credo → *Símbolo da fé*

Criação
91; 106; 109; 173; 236; 329-330; 357; 373; 377; **381-384**; 427
→ *Pai (Criador)*

Crianças (primeira e segunda infância)
98; 219; **236-243**; 268; 357; 422

Criatividade (Criativo)
40; 64; 129; 149; 151; 206; 244; 257; 300-301; 328; 405-406

Cristo → *Jesus Cristo*

Cristocentrismo
102; 132; 165; 169; 192; 427
→ *Jesus Cristo*

Cultura (Contextos socioculturais)
5; 31; **42-49**; 53; 73; 116; 143; 146; 151; 173; 180; 186; 206;
208; 213-216; 237; 250; 256; 269; 271; 289; 295-296; 302; 306;
309-312; 313-314; 318; **319**; **320-342**; **354-393**; 395-398; 401;
404; 407; 418
→ *Inculturação*

– C. cristã
102-105; 164

– C. digital → *Digital*

D

Deficiência → *Pessoas com deficiência*

Depósito da fé
44; 93-94; 113; 114; 186
→ *Conteúdos; Doutrina; Mensagem; Tradição*

Deus
2; **11-15**; 18-19; 23; 30; 33; 36; 50; 58 (nota); 64; 91; 105-106;
112; 157-158; 165; 168; 171; 174; 179; 187; 192; 197; 217; 236;
247; 271; 281; 283; 324; 326; 336-337; 347-348; 373; 378; 379;
382-383; 386; 427

→ *Espírito Santo; Jesus Cristo (Filho; Ressuscitado; Senhor; Verbo); Pai (Criador); Pedagogia de Deus; Revelação; Trindade (Trinitário)*

Diáconos
117-118; 151-153

Diálogo
31; 33; 41; **53-54**; 58; 89; 149; 151; 160; 165; 197; 203; 244; 252; 261; 268; 305; 315; 322; 325; 333; 358; 360; 391; 398; 419
→ *Anúncio (Anunciar); Escuta; Reciprocidade (Recíproco); Relação (Relacional)*

– **D. ecumênico** → *Ecumenismo*

– **D. inter-religioso** → *Religiões*

– **D. judaico-cristão**
347

Digital
213-217; 237; 245; **359-372**

Diocese → *Igreja particular*

Discernimento (Discernir)
33; 42; 64; 73; 84-85; 108; 122; 134; 147; 196; 216; 234; 252; 287; 289; 297; 302; 321 (nota); 325; 350; 356; 372; 391; 398; 405; 416; 419
→ *Sinais dos tempos*

Discípulos
1; 16; 21; 33-34; 42; 79; 86; 112; 121; 127; 135; 159-160; 162; 177; 261; 319; 344; 370; 386
→ *Seguimento de Cristo; Vida nova*

– D. missionários

4; 40; 50; 68; 89; 132; 135; 288; 303; 334-335; 419

→ *Alegria; Criatividade (Criativo); Evangelização (Evangelizar); Missão (Missionário); Testemunhas (Testemunho)*

Doutrina

12; 28-29; 44; 69; 80; 114; 183-184; 192; 205; 211; 253; 262; 317; 345; 353; 380

→ *Conteúdos; Depósito da fé*

– D. social da Igreja

146; 383; 390; 393

→ *Pobres; Sociedade (Social); Trabalho (Profissão)*

E

Eclesialidade

176; 192; 305; 308

→ *Igreja; Comunhão eclesial*

Ecologia → *Criação*

Ecumenismo (Ecumênico)

144; 185; 317; 322; **343-346**

Educação (Educar; Educativo)

55; 64; 77; 80; 105; 113; 118; 120; 124-125; 132; 133; 135; 136; 140; 149; 157-160; 164; 166; 176; **179-181**; 189; 194-195; 216; 227; 230-231; 238-239; 242; 249; 262; 299; 309-312; 314-315; 318; 323; 345; 368-369; 378; 384; 388

→ *Ciências humanas; Formação (Formativo)*

– E. na fé

31; 35; 74; 79-89; 98; 152; 269; 302; 393; 396

Educadores
113; 115; 125; 135; 148; 150; 158; 263; 362
→ *Acompanhamento (Acompanhar); Catequistas; Mestres*

Encarnação
29; 91; 159; 165; 172; 181; 194; 239; 269; 395
→ *Jesus Cristo (Filho; Ressuscitado; Senhor; Verbo)*

Encontro com Cristo
4; 29; 34; 48; 56; 63-65; 68; **75-76**; 97; 113; 130; 161; 190; 198; 220; 252-253; 265; 271; 387; 426-428
→ *Comunhão com Cristo*

Ensino

– E. da religião católica
37; 241; **311-312**; **313-318**; 408
→ *Escola*

– E. de Deus e da Igreja
30; 37; 127; 158; 164; 177-178; 185; 198; 226; 329; 355; 379-380; 409; 411

– E. e catequese
68; 79; 135; **166**; 189; 240; 299; 410

Escola
41; 241; 254; 309; 313-318; 324; 343; 369; 420
→ *Ensino da religião católica*

– E. católica
309-312

Esperança
28; 31; 72; 107; 113; 172; 244; 267-268; 327; 338; 426-427

Espírito Santo

2; 4; 12; **16**; 19-20; 22-24; 26; 31; 33; 36; **39**; **42**; 58; 78; 84; 86; 92-93; 110; 112; 131; **162-163**; **166**; 168; 171; 176; 197; 220; 260; 287; 289; 293; 295; 303; 304-305; 332-333; 338; 344; 394; 406; 425; 427-428

→ *Deus; Pentecostes; Trindade (Trinitário)*

Espiritualidade (Espiritual)

3-4; 24; 32; 34; 38; 40; 43; 71; 76; 88; 129; 135; 139; 142; 152; 163; 170; 184; 212; 217; 230; 232; 235; 244; 251; 253; 259; 262; 276; 277; 280; 291; 336-337; 341; 347; 354; 383

→ *Comunhão com Cristo; Encontro com Cristo; Formação (Formativo); Oração; Transformação (Transformar); Vida cristã*

Escuta

28; 58-59; 73; 84; 92; 134; 174; 197; 235; 245; 252; 258; 261; 282; **283**; **289**; 303; 304; 306; 325; 398; 419

→ *Anúncio (Anunciar); Diálogo; Reciprocidade (Recíproco); Relação (Relacional)*

Eucaristia

70; 81; 96-98; 160; 219; 242; 286; 294; 298; 340; 387

→ *Liturgia; Sacramentos*

Evangelho

1; 23; 31; 33; 41; 43-44; **58-59**; 66; 69; 74; 92; 99; 103; 107; 159; 164; 167; **172-173**; 175; 178; **179**; 207; 224; 227-228; 247; 284; 286; 293; 306; 313; 324; 327; 350; 380; 389; **395-400**; 406; 426

→ *Querigma (querigmático); Mensagem; Palavra de Deus; Sagrada Escritura*

Evangelização (Evangelizar)

1; 5-6; 16; 23; **28-48**; 60; 63; **66-74**; 88; 101; 109; 121; 132; 135; 160; 179; 230-231; 239; 242; 272; 274; 281; 283; 286-289; 290;

294-295; 300-303; 304-306; 311; 319; 321-322; 340-341; 344; 353; 387; 389; 393; 395-396; 410; 416; 420; 427-428
→ *Anúncio; Catequese; Missão (Missionário); Processo da evangelização*

– **E. da cultura**
42-44; 355; 358; 367; 371-372; 393; 397
→ *Cultura (Contextos socioculturais)*

– **Nova e.**
5-6; **38-41**; 48; 51; 54; 66; 288; 304; 338; 387; 406

Experiência
2-3; 5; 24; 42; 46; 56; 63-64; 74; 76; 80-81; 95-96; 135; 138; 144-146; 148-149; 159-160; 165; 175; 189; 194-196; **197-200**; 204; 208-209; 212; 219-220; 232; 242; 247; 252-254; 257; 260; 262; 265; 268; 293; 299; 303; 369; **371-372**; 400
→ *Comunhão com Cristo; Encontro com Cristo; Formação (Formativo); Pessoa; Vida cristã*

F

Família
117-118; 124-127; **226-235**; 238-239; 242; 249; 271; 300; 420
→ *Matrimônio; Pais*

Fé
2; **17-21**; 33-35; 43-44; 51; 56-57; 72; 79-80; 85; 88; 101; 113; 164-166; 176-178; 184; 199; 203; 204; 224; 227; 257; 261; 267; 287; 299; 318; 322; 333; 336; 354; 357; 370; 389; 394; 396; 399; 401; 426; 428
→ *Ato de fé; Comunicação da fé; Depósito da fé; Educação da fé; Inculturação; Interiorização; Mentalidade de fé; Mistério; Profissão de fé; Resposta de fé; Símbolo da fé; Transmissão da fé*

Finalidade da catequese → *Catequese*

Fontes da catequese → *Catequese*

Formação (Formativo)

2-3; 4-6; 50; 55; **63-64**; 71; **75**; 79-89; 97; 113; **131**; 160; 189; 219; 232; 253; 260; 265; 291; 306-307; 309; 314; 340; 344; 378; 383; 388; 393; 404; 410

→ *Ciências humanas; Educação (Educar; Educativo); Transformação (Transformar)*

– F. dos catequistas

116; **130-156**; 255; 263; 271; 276; 292; 357; 378; 413-414; 417; 419; 425

→ *Catequistas*

– F. permanente

56; **73-74**; 259; 277

Fraternidade (Fraterno)

14; 31; 34; 89; 105; 140; 218; 220; 226; 263; 265; 303; 328; 388

→ *Afetividade (Afetivo); Relação (Relacional)*

G

Graça

14; 19; 135; 148; 160; 162-163; 171; **174**; 189; 192; 195; 220; 232; 234; 288

– Primado da g.

33; 109; **174**; 195; 201

Gradualidade (Gradual)

53; 61; 63-64; 71; 77; 98; 113; 157; 160; 178; 179; 190; 195; 232; 240; 242; 260; 424

→ *Amadurecimento (Maturidade); Pedagogia*

Grupo
116; 134; 135; 149-150; **218-220**; 232; 235; 247; 253; 265; 304-308; 325
→ *Comunidade (Comunitário); Relação (Relacional)*

H

Hierarquia das verdades
178; 192; 345-346

História (Histórico)
21; 22; 42; 55; 73; 91; 100; 102; 144-145; 169; 171-172; 176; 180; 195-196; 197-198; 208; 295; 338; 348; 354-356; 427

– H. da salvação
12; 74; 113; 132; 144; 149; **157-163**; 170; **171-173**; 192; 201; 208; 210; 240; 347; 406 (nota)

I

Idosos
266-268

Igreja
1; 4; 11; **21-29**; 64; 67; 69; 78; 89; 92-94; 100; 110-113; 122-123; 128; 130; 132; 141; 164-167; 171-172; **176**; 177; 182; 186; 195-196; 204-205; 208; 214; 219; 226; 229; 231-232; 234; 244; 252; 256; 266; 269; 274-275; 279-280; 282; **283-289**; 290; 293-296; 299-300; 305-306; 308; 311; 319; 325; 331-334; 344; 347-348; 355; 370; 377; 380; 385-386; 389; 394-395; 401; 407; 410; 411; 416; 426-428
→ *Comunhão eclesial; Comunidade (Comunitário); Eclesialidade; Povo de Deus*

– I. local
243; 271; 275; 293 (nota); 335; 401, 404-405; 407; 410; 413

– I. particular

10; 114; 123; 130; 143; 152; 155-156; 225; 273; 276; 277; 289; **293-297**; 298; 301; 305; 311; 325; 353; 394; 399-400; 407; 412; 414; **416-425**

→ *Bispos*

Igrejas orientais

144; 276; 277 (nota); 289; **290-292**; 411

Inculturação

3; 10; 42-43; 64; 114; 165; 186; 206; 319; 325; 336; 350; 358; 372; **394-406**; 418

→ *Cultura (Contextos socioculturais); Evangelização (Evangelizar)*

Iniciação à vida cristã

61; 65; 125-126; 240-242; 421

→ *Catequese; Inspiração catecumenal da catequese; Vida cristã*

Iniciação cristã

4; 31; 34; 56; **61-65**; **69-72**; 79; 81; 98; 112; 135; 166; 176; 189; 227; 232; 240-243; 264; 277; 282; 297

→ *Catequese; Liturgia; Sacramentos; Vida cristã; Vida nova*

Inspiração catecumenal da catequese

2; **61-65**; 135; 232; 242; 262; 297; 303; 328; 421

→ *Catecumenato; Catequese; Iniciação à vida cristã; Mistagogia*

Instrumentos

114; 116; 149; 192-193; 222; 247; 316; 353; 357; 364; 371; 401-402; 404-405; 407-408; 411; 413; 424

Interiorização
3; 71; 73; **76-77**; 105; 113 (nota); **131**; 139; 202-203; 210; 220; **396**
→ *Amadurecimento (Maturidade); Processo pessoal (Processo interior)*
Interlocutores da catequese → *Pessoa*; *Sujeitos*
Itinerários (Percursos)
31; 33-35; 41; 63-65; 69-70; 98; 116; 117; 125; 149; 151; 195-196; 225; 230-232; 240; 243; 253; 257; 262; 271; 277; 291; 303; 307; 330; 357; 370; 378; 393; 394; 403-404; 417; 419; 422; **424**

J

Jesus Cristo (Filho; Ressuscitado; Senhor; Verbo)
1-4; **11-18**; 22; 27; 29; 33-37; 38; 51; 55; 58; 75-76; 78; 83-84; 86; 91-93; 96; 101-102; 107; 110; 112-113; 117; 122; 131-132; 143; 157; **159-165**; **168-173**; 174-177; 187; 198-200; 201; 209; 218; 239; 244; 247; 252-253; 260; 269; 279; 283; 287-289; 303; 327; 329; 332-333; 338; 344-345; 348; 350; 353; 384-387; 392; 395; 406; 409; 426-428
→ *Comunhão com Cristo; Cristocentrismo; Deus; Encarnação; Encontro com Cristo; Páscoa (Pascal); Seguimento de Cristo; Trindade (Trinitário)*
Jovens
126; 129; 214; 216; 219; 232; **244-256**; 268; 303; 309; 357; 360; 362-363; 367-370; 393; 420

K

Kerygma (kerygmático) → *Querigma (querigmático)*

L

Laboratório
134-135; 149; 155

Leigos
111; **121-129**; 262; 277; 292; 304-308; 391; 393; 417; 421; 425

Liberdade (Livre)
17-19; 39; 47; 59; 85; 102; 131; 135; 139; 142; 149; 163; 248; 252; 261-262; 281; 322; 349; 370; 387; 396
→ *Pessoa*

Libertação (Libertar)
58; 78; 107; 158; 161; 171; 173; 229; 281-282; 333
→ *Salvação (Salvífico)*

Linguagem
41; 44; 98; 149; 167; **204-217**; 221; 245; 271; 326; 359; 363-364; 370; 394; 400
→ *Arte; Comunicação (Comunicar); Narrativa (Narrativo); Símbolos (Simbólico)*

– **L. digital** → *Digital*

Liturgia
1; 34; 63-65; 74; 76; 81-82; 87; **95-98**; 109; 110; 113; 116; 144; 170; 188-189; 202; 205; 211; 240; 253; 262; 272; 286; 290-291; 340; 353; 372; 421
→ *Ano litúrgico; Eucaristia; Sacramentos*

M

Magistério
26-27; 89; **93-94**; 144; 152; 184; 188; 205; 264; 285; 354; 357; 378; 383; 402; 410
→ *Depósito da fé; Romano Pontífice; Bispos*

Maria
87; 99-100; 109; 127; 159; 201; 239; 283-284; 338; 428

Mártires (Martírio)
99-100; 176; 205; 338; 344

Matrimônio
118; 124; 226; 228; 231-232; 264
→ *Família; Pais; Sacramentos*

Memória (Memorização)
113; 139; 164; 171; 193; **201-203**; 210; 266; 268; 360; 368

Mensagem
36; 53; 73; 80; 91; 105; 131; 136; 143-145; **167-178**; 194; 196;
199-200; 206; 208; 219; 260; 309; 313; 330; 388; 394; 403
→ *Conteúdos; Depósito da fé; Doutrina; Palavra de Deus;
Tradição; Evangelho*

Mentalidade de fé
3; 34; 65; 71; **77**; **260**
→ *Fé; Moral (Ética); Vida cristã; Vida nova*

Mestres
24; 82; 93; 100; 113; 135; 143; 158; 160-161; 193; 236; 362
→ *Catequistas; Educadores*

Método
4; 38; 41; 179; 190; **194-196**; 197; 242; 271; 307; **397**

Ministério

– M. da catequese
110-111; 122-123; 185; 231; 255; 263
→ *Catequese; Catequistas*

– M. da Palavra de Deus
36-37; 55; 110; 112; **283-289**; 299; 311; 313
→ *Anúncio (Anunciar); Catequese*

Misericórdia
14-15; **51-52**; 58; 133; 158; 175; 234; 279-281; 328; 341; 380

Missão (Missionário)
3; 5; 16; 20-21; **22-23**; 28; 31; 33; 40-41; 44; 48-50; 55; 61; 64-65; **66-67**; 69; 75; 79; 92; 98; 110; 112-113; 135; 139; 159-160; 164; 206; 231; 252; 277; 281; 284; 289; 294; 298; **303**; 306; 311; 338; 350; 387; 400
→ *Catequese e missão; Conversão pastoral (Conversão missionária); Discípulos missionários; Evangelização (Evangelizar)*

Mistagogia
35; **63-64**; 98; 113; 152; 232; 291
→ *Catequese mistagógica; Inspiração catecumenal da catequese; Liturgia*

Mistério
2; 4; 6; 11-12; 14; 19; 25; 37; 51; 53; 55; 63-64; 71; 79; 81-82; 96-98; 113; 130; 144; 157; 159; 168; 170-172; 176; 179-180; 186; 191; 194-195; 200; 208; 221; 224; 228; 236; 239-240; 270; 286; 291; 338; 341; 347-348; 358; 372; 378; 384; 402; 404; 418; 426-427

Moral (Ética)
38; 79; **83-85**; 93; 141; 144; 169; 183; 253; 264; 291; 323; 355-356; 364; 373-374; 378; 383-384; 391
→ *Consciência; Vida cristã*

Movimentos eclesiais→ *Associações e movimentos eclesiais*

N

Narrativa (Narração)
59; 145; 149; 171; 192; **207-208**; 271; 328; 363-364
→ *Linguagem*

Novo Testamento → *Sagrada Escritura*

O

Oração
35; 79; 82; **86-87**; 126; 144; 160; 189; 227; 251; 268; 272; 328; 338; 345; 394; 428
→ *Liturgia; Espiritualidade (Espiritual)*

Ordem sagrada → *Bispos; Diáconos; Presbíteros (Sacerdotes)*

P

Padres da Igreja
92; 97; 170; 176; 188; 205; 290-291

Pai (Criador)
12; 22; 52; 58; 75; 78; 86; 91; 109; 112; 131; 158; 163; 164; 168; 227; 239; 244; 252; 274; 329; 357; 379-380; 384; 428 → *Criação; Deus; Trindade (Trinitário)*

Pais
124-125; 228; 232; 236; 238-239; 310; 314
→ *Família; Matrimônio*

Palavra de Deus
17; 23; **25-27**; 36; 55; 65; 74 (nota); **90-92**; 93-94; 117; 151; 165; 167-169; 172; 180; 194-195; 197; **283-287**; 291; 294-295; 298-299; 304, 306; 327; 347-348; 358; 395; 398; 406; 428
→ *Ministério da Palavra de Deus; Sagrada Escritura; Tradição*

Paróquia
116; 154; 240; 277 (nota); **298-303**; 304-305; 308; 328; 425
→ *Igreja particular; Comunidade (Comunitário)*

Páscoa (Pascal)

14; 55; 60; 63-64; 98; 107; 113; 144; 162; 171; 208; 243; 253; 291; 328; 353; 378; 426

→ *Jesus Cristo (Filho; Ressuscitado; Senhor; Verbo)*

Pecado (Pecadores)

12-15; 33; 64; 107; 159; 161; 175; 229; 282; 390; 398; 426

Pedagogia

114; 135; **146-147**; 149; 152; **180-181**; 195; 204; 220; 225; 236-237; 312; 402

→ *Acompanhamento (Acompanhar); Ciências humanas; Educação (Educar; Educativo); Formação (Formativo); Gradualidade (Gradual)*

– P. da fé

52; 65; 148-150; **164-166**; 179; 194; 201; 218; 402

→ *Educação da fé*

– P. de Deus

79; **157-165**; 167; 192; 234

→ *História da salvação*

Penitência → *Conversão*

Pentecostes

67; 295; 428

→ *Espírito Santo*

Pessoa

17-18; 21; 47-48; 54; 64-65; **75-77**; 102; 105; 131; 136-142; 168; 172; 179-180; 195; 197-198; 204; 208; 212; 213; 219-220; **224**; 226; 235; 246; 248; 252; 256; **257-263**; 265; 267-268; 269; 273; 279; 281; 314; 325; 328; 352-353; 356; 360-361; **362-364**; 370; 373-378; **379-380**; 381; 388; 392; **396**; 404; 418

→ *Consciência; Experiência; Liberdade (Livre); Sujeitos; Processo pessoal (Processo interior)*

Pessoas com deficiência
269-272

Piedade popular
37; 82; 202; 262; 264; 278; **336-342**; 353

Pluralismo religioso → *Religiões*

Pobres
15; 131; 159; 175; 279-280; 298; 306; 319; 335; 336-337; 340; 382; **385-388**

Povo de Deus
21; 93-94; 96; 110; 114; 158; 165; 176-177; 184; 283; **287-289**; 293; 299; 336; 338; 347-348; 394; 399-400; 416
→ *Igreja*

Pré-adolescentes → *Jovens*

Presbíteros (Sacerdotes)
110; **115-116**; 123; 134; **151-153**; 249; 254; 277; 292; 293; 298; 417; 425

Primeiro anúncio
31; 33; 37; 41; 56-58; 63; **66-68**; 78; 117; 152; 230; 232; 238; 240; 280; 297; 303; 341; 421
→ *Catequese querigmática; Querigma (Querigmático)*

Processo

– P. da catequese
3; 63-74; 75; 135; 150; **166**; 180; 190; 197; 203; 225; 242; 262; 325; 328; 372; 398; 403; 422
→ *Catequese*

– P. da evangelização
4-6; **31-37**; 39; 43; 56; **66-74**; 286; 303; 334; 419; 427
→ *Evangelização (Evangelizar)*

– P. pessoal (P. interior)
3; 43; 78; 113 (nota); 130; 149; 190; 198; 216; 220; 224; 246; **257**; 259-260; 313; 396
→ *Acompanhamento (Acompanhar); Amadurecimento (Maturidade); Interiorização; Mentalidade de fé; Pessoa*

Profissão de fé
34; 58; 69; 78; 188-189; 202-203; 338; 342; 348; 426
→ *Ato de fé; Fé; Processo pessoal (Processo interior); Resposta de fé; Símbolo da fé*

Programa de ação → *Itinerários (Percursos)*

Projeto
43; 114; 116; 134-135; 253; 274; 297; 413; 417; **422-424**

Q

Querigma (Querigmático)
2; 33; **57-60**; 63; 71; 145; 175; 196; 230; 232; 247; 253; 282; 303; 325; 327; 353; 420
→ *Anúncio (Anunciar); Catequese querigmática; Primeiro anúncio; Evangelho*

R

Reciprocidade (Recíproco)
33; 58; 133; 146; 179; 197; 229; 242; 245; 270; 289; 293; 303; 387; 397; 407
→ *Diálogo; Escuta*

Reforma das estruturas
40; 297; 300-302
→ *Conversão pastoral (Conversão missionária)*

Reino de Deus
15; 37; 50; 75; 79; 85; 138-139; 159; 172-174; 198; 200; 232; 261-262; 319; 326; 386

Relação (Relacional)
5; 17; 21; 47; 59; 76; 131; 136; **139-140**; 149-150; 164; 168; 176; 180; 197; 203; 204; **218-220**; 222-223; 226; 237; 241; 245; 247; 257; 261-263; 265; 270; 280; 282; 301; 303; 310; 326; 359; 361; 369; 386; 390; 397
→ *Afetividade (Afetivo); Diálogo; Grupo; Pessoa*

– R. com Cristo → *Comunhão com Cristo*

Religiões
33; 37; 43; 144; 258; 317; 320; 322; 325; 335; 343; **349-353**

Resposta de fé
3; 19; 21; 28; 33; 64; 73; 157; 159; 161; 166; 174; 189; **203**; 253
→ *Ato de fé; Fé; Processo pessoal (Processo interior); Profissão de fé*

Ressurreição → *Páscoa (Pascal)*

Revelação
11-30; 36; 40; 51-53; 93-94; 101; 157-158; 165; 168; 171; 178; 200; 201; 290; 355; 373; 377; 379; 402
→ *Deus*

Romano Pontífice
93; 289; 354 (nota); 380; 381; 409-410
→ *Magistério*

S

Sacramentos

16; 31; 34-35; 56; 62-63; 69-70; 74; 81; 83; 96; 98; 117; 122; 144; 171; 189; 240-241; 244; 264; 272; 274; 278; 282; 286; 293; 299; 335

→ *Batismo; Confirmação; Eucaristia; Iniciação cristã; Liturgia; Matrimônio*

Sagrada Escritura

25-27; **58**; 72; 74; 80; 87; **90-94**; 106-107; 135; 143-145; 158; 170; 171; 182; 187; 202; 205; 207; 240; 262; 264; 268; 282; 283; 286; 290; 340; 344; 348; 353; 383; 385; 426

→ *Palavra de Deus; Evangelho*

Salvação (Salvífico)

2; 11-16; 22; 25; **30**; 53; 58-59; 75; 85; 93-94; 98; 110; 113; 131; 158-159; 161; 165; **171-173**; 174; 181; 184; 189; 196; 201; 219; 239; 270; 282; 286; 293; 298; 348; 387; 428

→ *Libertação (Libertar); História da salvação*

Santos

99-100; 109; 164; 176; 188; 205; 264; 338; 342

Secretariado/Coordenação de catequese

243; 410; 412-414; 417-425

→ *Coordenação; Formação dos catequistas; Instrumentos; Itinerários (Percursos); Projeto*

Seguimento de Cristo

18; 31; 83; 169

→ *Conversão; Discípulos; Vida cristã*

Símbolo da fé

21; 63; 78; 80; 144; 189; 205

→ *Profissão de fé*

Símbolos (Simbólico)

64; 82; 205; 209; 239; 326; 336; 341; 353; 383; 406

→ *Arte; Linguagem; Liturgia*

Sinais dos tempos

5; 42; 319

Sínodo (Sinodal)

289; 321

→ *Comunhão eclesial*

Sociedade (Social)

16; 20; 43; 45-46; 53-54; 60; 73; 103; 173; 180; 196; 220; 226; 231; 237; 250; 259; 264; 266; 273; 304; 306; 314; 319-320; 323-324; 326-328; 330; 337; 352; 354; 359-362; 379; 381-383; **389-391**; 404; 418

→ *Cultura (Contextos socioculturais); Doutrina social da Igreja*

Sujeitos

4; 40; 77; 89; 111; 124; 132; 135; 148; 196; 203; 204; 218; 230-231; 242; 247; 261-263; 269; 287-288; 294; 311; 390; 396; 400; 403-404; 416; 423

→ *Adultos; Catecúmenos; Crianças (de primeira e segunda infância); Comunidade (Comunitário); Família; Idosos; Jovens; Pais; Pessoa; Pessoas com deficiência; Povo de Deus; Pobres*

T

Tarefas da catequese → *Catequese*

Teologia

37; 72; **101**; 114; **143-145**; 155; 176; 184; 190-191; 225; 355; 357; 411

Testemunhas (Testemunho)

16; 23; 31; 33; 51; **58-59**; 64-65; 74; 88; 97; 99-100; 110; **112-113**; 130; 135; **139**; 143; 162; 164; 205; 227; 240; 244; 249; 261; 268; 270-272; 279; 287; 315; 328; 346; 350; 357; 393

→ *Anúncio; Caridade; Vida cristã*

Trabalho (Profissão)

20; 117; 173; 250; 256; 264; 274; 318; 358; 391; **392-393**

Tradição

24-27; 72; 80; 91-95; 98; 112; 145; 170; 185; 188; 191; 206; 290; 385; 402; 410

→ *Depósito da fé; Mensagem; Palavra de Deus; Transmissão da fé*

Transformação (Transformar)

3; 20; 55; 71; **76**; 96; 98; **131**; 135; 175; 179; 209; 260; 314; 371

→ *Espiritualidade (Espiritual); Formação (Formativo); Interiorização*

– **T. missionária** → *Conversão pastoral*

(Conversão missionária)

Transmissão da fé

5; 21; **22-28**; 36; 74; 91; 93; 100; 112-113; 114; 124; 126; 143; 158; 167; 169; 175-177; 181; 201; 203; 204; 227; 231; 265; 268; 285; 290; 293; 338; 340; 371; 396; 399-400; 406; 409; 426-428

→ *Anúncio (Anunciar); Evangelização (Evangelizar); Fé; Tradição*

Trindade (Trinitário)

14; 51; 75; 78; 88; **168**; 189; 192; 344

→ *Deus; Jesus Cristo (Filho; Ressuscitado; Senhor; Verbo); Pai (Criador); Revelação; Espírito Santo*

V

Verdade
14-15; 17-19; 22-23; 41; 50-51; 59; 80; 83; 94; 101; 109; 113;
135; 145; 157; 160-162; 167; 172; 174; **178**; 181; 184; 191; 193;
195-196; 199-200; 210; 240; 252; 270; 315; 349; 358; 364; 379;
384; 394; 402

Via pulchritudinis → *Beleza (Belo)*

Vida

– **V. consagrada** → *Consagrados*

– **V. cristã**
4; 31; 34-35; 61; 63-65; 70-71; 73-74; 75; 77; 79; 86; 88; 95-96;
98; 113; 126; 135; 138; 189-190; 227; 239-240; 262; 265; 304;
313; 384; 405
→ *Consciência; Espiritualidade (Espiritual); Experiência; Iniciação à vida cristã; Iniciação cristã; Mentalidade de fé; Moral (Ética); Seguimento de Cristo; Testemunha (Testemunho)*

– **V. eterna**
12-13; 35; 85; 173-174; 426

– **V. nova**
1; 4; 13-14; 20; 56; 64-65; 76; 83-84; 113; 133; 163; 426; 428
→ *Batismo; Discípulos; Iniciação cristã; Mentalidade de fé*

Vocação (Chamado)
14; 17; 35; 83; **85**; **110-113**; 115-116; 122; 133; 138; 198; 224;
232; 249; 252-253; 370; 377; 386

Rua Dona Inácia Uchoa, 62
04110-020 – São Paulo – SP (Brasil)
Tel.: (11) 2125-3500
http://www.paulinas.com.br – editora@paulinas.com.br
Telemarketing e SAC: 0800-7010081